本书是教育部人文社会科学研究青年基金项目《国家碳市场法律风险合作治理机制研究》（项目编号：19YJC820054）、湖北省社科基金一般项目（后期资助项目）《〈中华人民共和国碳中和促进法〉立法论证》（项目编号：HBSKJJ20233103）、湖北省教育厅科学研究计划资助项目中青年人才项目《湖北碳市场风险内部控制法律制度研究》（项目编号：Q20191511）的阶段性研究成果，是湖北省社科基金一般项目（后期资助项目）《碳排放环境风险法律规制研究——以碳市场控排企业行为为对象》（项目编号：2021003）最终研究成果。

碳排放环境风险法律规制研究

以碳市场控排企业行为为对象

王国飞◎著

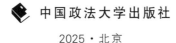中国政法大学出版社

2025·北京

图书在版编目（CIP）数据

碳排放环境风险法律规制研究 ： 以碳市场控排企业行为为对象 / 王国飞著. -- 北京 ： 中国政法大学出版社，2025. 6. -- ISBN 978-7-5764-2139-2

Ⅰ. D922.684

中国国家版本馆 CIP 数据核字第 20254TZ277 号

出　版　者　　中国政法大学出版社

地　　　址　　北京市海淀区西土城路 25 号

邮　　　箱　　fadapress@163.com

网　　　址　　http://www.cuplpress.com (网络实名：中国政法大学出版社)

电　　　话　　010-58908435(第一编辑部) 58908334(邮购部)

承　　　印　　固安华明印业有限公司

开　　　本　　720mm×960mm　1/16

印　　　张　　17.25

字　　　数　　264 千字

版　　　次　　2025 年 6 月第 1 版

印　　　次　　2025 年 6 月第 1 次印刷

定　　　价　　79.00 元

目　录

图目录

表目录

导　言

一、研究的缘起

（一）碳排放问题已成为重大环境议题

德国社会学家乌尔里希·贝克在《风险社会：走向另一种现代性》中指出，"在过去一个世纪，人类消耗了 1420 亿吨石油、2650 亿吨煤、380 亿吨铁、716 亿吨铝、418 亿吨铜。占世界人口 15% 的发达工业国家，消耗了世界 56% 的石油和 60% 以上的天然气、50% 以上的主要铁矿资源"①。大量的不可再生能源和资源消耗极大地增加了二氧化碳的排放量（见图 1）②。全球碳项目（Global Carbon Project，GCP）发布的《2016 年全球碳预算报告》进一步指出，2014~2015 年的全球二氧化碳排放量超越人类历史最高水平，甚至比 1990 年高 60%，其中 2015 年，煤炭燃烧、石油、天然气、水泥产生的排放量分别占全球排放总量的 41%、34%、19% 和 6%，主要的排放国家和地区依次为中国（29%）、美国（15%）、欧盟 28 国（10%）、印度（6%）；2006~2015 年，人类活动产生的二氧化碳总量约有 56% 累积在大气中，27% 累积在海洋中，17% 累积在陆地上。③ 显然，能源利用活动和工业生产活动是二氧化碳排放的最重要的人为因素。

对此，政府间气候变化专门委员会（Intergovernmental Panel on Climate Change，IPCC）曾评估认为，人类活动（尤其是能源活动和工业生产活动）

---

① 章国锋：《反思的现代化与风险社会——乌尔里希·贝克对西方现代化理论的研究》，载《马克思主义与现实》2006 年第 1 期。

② 图 1 来自《2016 年中国碳排放交易市场规模分析》，载北极星大气网，http://huanbao.bjx.com.cn/news/20170117/804035.shtml，最后访问时间：2017 年 1 月 22 日。

③ 参见全球碳项目：《2016 年全球碳预算报告》，载搜狐网，http://mt.sohu.com/20161229/n477241148.shtml，最后访问时间：2017 年 1 月 11 日。

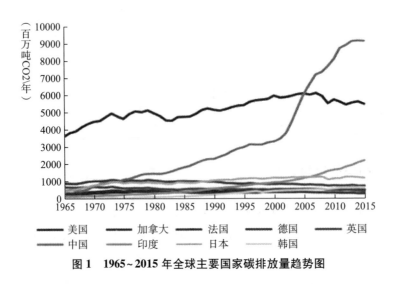

图1 1965～2015年全球主要国家碳排放量趋势图

所导致的地球系统碳循环变化是全球变暖的主因,[①] 并警示:若不能有效地控制全球变暖的趋势,一旦全球平均气温升高并突破2℃阈值,人类社会或将面临冰川大量融化导致的海平面上升,气候不适宜引致的物种灭绝,气候异常引起的飓风、厄尔尼诺现象等极端天气事件威胁,以及土地沙漠化加剧、全球粮食短缺、水资源供应不足、地区冲突加剧、病菌病毒繁殖和变异加速、传染性疾病蔓延、公众健康受损等灾难性的危险。[②]

　　这些潜在问题让国际社会达成了一种共识。即,大气环境容量的承载力、自净能力是有限的,不能无限度地排放温室气体,应采取措施控制排放活动,来应对气候变化问题。为此,国际社会进行了漫长而艰巨的谈判,先后达成了《联合国气候变化框架公约》(*United Nations Framework Convention on Climate Change*,UNFCCC)、《京都议定书》(*Kyoto Protocol*,KP)、《巴黎协定》

---

　　① 最近50年气候变化主要由人类活动驱动这一结论的可信度已由原来66%的最低限度提高到目前的90%。参见葛全胜、方修琦等编著:《中国碳排放的历史与现状》,气象出版社2011年版,第1、3页。

　　② 综合参见以下研究:[美]埃里克·波斯纳、戴维·韦斯巴赫:《气候变化的正义》,李智、张键译,社会科学文献出版社2011年版,前言第1页;唐方方主编:《气候变化与碳交易》,北京大学出版社2012年版,第11～12页;葛全胜、方修琦等编著:《中国碳排放的历史与现状》,气象出版社2011年版,第4页;林而达等:《气候变化国家评估报告(Ⅱ):气候变化的影响与适应》,载《气候变化研究进展》2006年第2期。

（Paris Agreement）等具有里程碑意义的国际公约或协定。其中，从《京都议定书》到《巴黎协定》历经 18 年，其间召开重要气候会议 20 次，达成多项成果。这些会议成果或催生了碳排放权交易机制，拉开了全球运用市场手段控制温室气体排放的序幕；或促进了该机制的国际认同与传播发展。① 例如，《联合国气候变化框架公约》明确了主要温室气体及其产生部门、排放源，并要求工业发达国家率先减排；②《京都议定书》进一步明确了附件一国家于第一承诺期的减排量和时间表，如为其设定了 2008~2012 年的减限排指标，也对非附件一国家（发展中国家）提出了采取措施减少排放的要求；《巴黎协定》要求各缔约国承诺采取必要措施（如碳减排或碳汇），并可采用市场机制（如欧盟碳排放权交易体系，EU-ETS）来实现"将全球平均气温较工业化前水平升高的幅度控制在 2℃以内"，并"尽一切努力使其不超过 1.5℃"的目标③。据世界银行发布的《2024 年碳定价现状与趋势》报告显示，全球有 75 个碳定价机制在运行，2023 年碳定价收入达到 1040 亿美元。④

　　近年来，我国政府也高度重视气候变化应对，先后出台多项政策法律，投入大量人力、物力、财力，努力解决碳排放问题。据不完全统计，2007~2016 年共出台控制碳排放相关政策 20 项（见表 1），采取了"碳排放量总量控制、使用清洁能源、推进技术节能、调整经济结构、推广低碳建筑、发展公共交通、提倡绿色消费、提升碳汇能力、研发二氧化碳捕获及埋存技术、改善畜牧种植管理"等方面的碳减排措施或手段。⑤ 另外，2018 年修正的

---

　　①　参见吕忠梅、王国飞：《中国碳排放市场建设：司法问题及对策》，载《甘肃社会科学》2016 年第 5 期。

　　②　《联合国气候变化框架公约》附件 A 列举了二氧化碳、甲烷等 6 种温室气体，并指出了主要的部门和排放源类别；附件 B 进一步明确了发达国家的排放量限制或削减承诺。矫正正义论者认为，让发达国家作出率先和更大减排贡献，是因为他们对大气中碳的吸收量造成的危害最大。参见［美］埃里克·波斯纳、戴维·韦斯巴赫：《气候变化的正义》，李智、张键译，社会科学文献出版社 2011 年版，第 138~139 页。

　　③　参见《巴黎气候协定要点》，载新华网，http://news.xinhuanet.com/world/2015-12/14/c_128528392.htm，最后访问时间：2017 年 1 月 11 日。

　　④　参见《世界银行发布〈2024 年碳定价现状与趋势〉报告》，载新浪网，https://finance.sina.com.cn/esg/elecmagazine/2024-06-18/doc-inazcrin3817017.shtml，最后访问时间：2025 年 3 月 3 日。

　　⑤　聂兵等：《碳普惠制的创新及应用》，载苏树辉、袁国林主编：《温室气体减排与碳市场发展报告（2016）》，世界知识出版社 2016 年版，第 232~233 页。

《中华人民共和国大气污染防治法》（以下简称《大气污染防治法》）提出将污染物和温室气体进行协同控制，国家发展改革委和"两省五市"试点分别以部门规章、地方政府规章（或地方性法规）等立法形式强化对温室气体的控制与管理。但是，国家依然面临着严峻的减排形势。国际能源机构（IEA）发布的《2009世界能源主要统计》数据显示，我国2007年整年的能源消耗排放的二氧化碳量达60亿2785万吨，超过同期美国的57亿6931万吨，位居世界第一。[①] 为此，2009年国家提出"到2020年单位国内生产总值二氧化碳排放比2005年下降40%—45%"的减排目标，2014年调整为"到2020年，单位工业增加值二氧化碳排放比2005年下降50%左右"，2015年进一步要求"二氧化碳排放2030年左右达到峰值并争取尽早达峰；单位国内生产总值二氧化碳排放比2005年下降60%—65%"，后又提出国家"十四五"期间实现"单位国内生产总值二氧化碳排放降低18%"的目标，其中2024年单位国内生产总值二氧化碳排放降低3.9%左右。为落实这些目标，2011年国家提出了"两省五市"碳排放权交易试点建设，2013年起7个试点相继启动，还于2017年启动国家碳市场建设，不断扩大交易范围，把全国范围内的高能耗、高排放、高污染企业纳入管控。显然，政府已将市场手段作为了控制和管理温室气体排放的重要举措。[②]

表1　2007~2016年国家应对碳排放主要政策一览表

公布时间	政策名称	重要措施要求
2007.6.3	《中国应对气候变化国家方案》（已失效）	提出"减量化、再利用、资源化"的减缓措施
2007.6.13	《中国应对气候变化科技专项行动》	把"控制温室气体排放"列为重点研究任务
2007.11.22	《国家环境保护"十一五"规划》（已失效）	引导企业"控制工业生产过程中的温室气体排放"

---

① 参见李传喜：《发达国家碳税优惠政策及其借鉴》，载《涉外税务》2010年第11期。

② 参见熊灵、齐绍洲、沈波：《中国碳交易试点配额分配的机制特征、设计问题与改进对策》，载《武汉大学学报（哲学社会科学版）》2016年第3期。

续表

公布时间	政策名称	重要措施要求
2008.10.29	《中国应对气候变化的政策与行动》	提出"政府推动、企业实施、全社会共同参与"的节能减排工作机制
2009.11.25	国务院常务会议研究决定我国控制温室气体排放目标	提出"到2020年单位国内生产总值二氧化碳排放比2005年下降40%—45%……非化石能源占一次能源消费的比重达到15%左右"的减排目标
2010.10.10	《国务院关于加快培育和发展战略性新兴产业的决定》	提出"建立和完善主要污染物和碳排放交易制度"
2011.3.14	《国民经济和社会发展第十二个五年规划纲要》	提出"建立完善温室气体排放统计核算制度，逐步建立碳排放交易市场"
2011.8.31	《"十二五"节能减排综合性工作方案》（已失效）	提出"政府为主导、企业为主体、市场有效驱动、全社会共同参与"的推进节能减排工作格局
2011.10.29	《国家发展改革委办公厅关于开展碳排放权交易试点工作的通知》	批准北京市、天津市、上海市、重庆市、湖北省、广东省及深圳市开展碳排放权交易试点
2011.12.1	《"十二五"控制温室气体排放工作方案》	提出"到2015年全国单位国内生产总值二氧化碳排放比2010年下降17%"的减排目标
2012.8.6	《节能减排"十二五"规划》（已失效）	构建"政府为主导、企业为主体、市场有效驱动、全社会共同参与"的节能减排工作格局
2014.5.15	《2014—2015年节能减排低碳发展行动方案》	提出"2014-2015年……单位GDP二氧化碳排放量两年分别下降4%、3.5%以上"的减排目标
2014.9.17	《国家应对气候变化规划（2014—2020年）》	提出"到2020年，实现单位国内生产总值二氧化碳排放比2005年下降40%—50%"
2015.6.30	《强化应对气候变化行动——中国国家自主贡献》	提出"二氧化碳排放2030年左右达到峰值并争取尽早达峰；单位国内生产总值二氧化碳排放比2005年下降60%—65%，非化石能源占一次能源消费比重达到20%左右"的自主减排目标

公布时间	政策名称	重要措施要求
2015.9.21	《生态文明体制改革总体方案》	要求"建立全国碳排放总量控制制度和分解落实机制";"深化碳排放权交易试点,逐步建立全国碳排放权交易市场,研究制定全国碳排放权交易总量设定与配额分配方案;完善碳交易注册登记系统,建立碳排放权交易市场监管体系"
2015.9.25	《中美元首气候变化联合声明》	提出"计划于2017年启动全国碳排放交易体系,将覆盖钢铁、电力、化工、建材、造纸和有色金属等重点工业行业"
2015.11.30	《携手构建合作共赢、公平合理的气候变化治理机制》	重申"建立全国碳排放交易市场"
2016.3.16	《国民经济和社会发展第十三个五年规划纲要》	提出未来五年单位国内生产总值二氧化碳排放量下降18%的目标
2016.6.30	《工业绿色发展规划（2016-2020年）》	要求"推进重点行业低碳转型……控制工业过程温室气体排放"
2016.10.27	《"十三五"控制温室气体排放工作方案》	提出"到2020年,单位国内生产总值二氧化碳排放比2015年下降18%,碳排放总量得到有效控制"的目标,并把"建立全国碳排放权交易制度"作为控制温室气体排放的重点任务
2021.3.11	《国民经济和社会发展第十四个五年规划和2035年远景目标纲要》	提出单位国内生产总值二氧化碳排放降低18%的目标
2024.5.23	《2024-2025年节能降碳行动方案》	提出2024年,单位国内生产总值二氧化碳排放降低3.9%左右的要求

可见,碳排放环境问题不仅受到了国际社会的关注,也已成为我国一项重大环境议题,并将市场机制作为了一条重要应对路径。虽然国家已有一些

碳减排的政策法律，但是在碳市场语境下，企业始终是碳市场中最重要的参与主体，也是碳市场政策法律中最重要的实施主体，其在碳市场的行为表现会传导至其生产、经营、管理中，进而影响相关决策的达成。若企业过多追求碳排放权之目的，而在碳市场中实施虚报历史排放数据、提供不实碳排放报告等非法获取行为，一旦得逞，那么其就可能在日常的能源利用、工业生产中过量排放二氧化碳等温室气体。当叠加的违法碳排放行为导致温室气体浓度超出大气环境的自净能力时，就会使空气污染不断加剧，生态安全遭受威胁，公众健康面临损害等。目前，政府针对企业环境违法行为通常采取关闭、停业整顿等行政管制措施，这很难适用于已经在碳市场中取得（非法）碳排放许可的企业的碳排放行为。因此，有效规制碳市场中企业的涉碳排放（权）行为，是政府应对碳排放环境问题的关键。那么，政府应如何通过规制碳市场中企业的涉碳排放（权）行为，以实现规制碳排放环境问题的目的呢？作为实践指向性的环境法，需要对这一社会现实问题作出回应：更新风险规制理念，识别重要风险环节，重视关键制度的设计，以寻求一条政府规制碳排放环境风险问题的实践路径。

（二）风险社会已对传统环境法律理念提出挑战

控排企业的碳排放行为通常具有碳排放许可的合法外衣。例如，在配额分配阶段，其以无偿或有偿的方式从碳市场主管部门处获得一定的碳排放许可量。实践中，其碳排放量是否超出许可量，须到碳市场的履约阶段才能认定，即在规定的履约截至日前，经过第三方核查机构对碳排放报告的核实和碳市场主管部门对碳排放报告和核查报告的审定后才能确定企业上年度的实际排放量。若控排企业的实际碳排放量超出（或未超出）主管部门的排放许可量，只要其能够在履约规定或依法延长的日期前足额履约，其排放行为则不构成违法，碳市场主管部门对之无法干预；反之，若控排企业未（足额）完成履约，其排放行为才有可能面临罚款等行政处罚。显然，政府构筑的碳排放秩序是以"绝对性、确定性、可计测性"为前提的。那么，控排企业就会基于自身发展的需要，以追求经济利益为动机，于碳市场中实施不法行为以便获得更多的碳排放机会。碳排放环境问题正是在这种秩序环境下，因众多控排企业的长期累积排放达到一定程度才被暴露出来的。它对环境、生态乃至公众健康的影响是深远的，甚至有些影响后果是无法估量的。因为控排企业长期过量排放的结果而导致的碳循环改变不仅"大大破坏了地球的生存环境"，还将产生一些未知的后果、危害①。例如，全球变暖后，热带传染病北上将会损及一些国家或地区的数以万计民众的健康问题，生物多样性锐减乃至绝迹，并且难以或无法恢复。然而，以环境损害后果的出现为前提、以风暴式应对为特色的环境行政管制理念无法有效应对碳排放环境问题。考察域外碳市场语境下政府规制碳排放环境问题的经验，一般把控排企业在碳市场中的涉排放行为作为控制的重点，相关资格（如会员、交易员等）管理、碳监测计划制定、碳排放报告、碳市场信息公开、公众参与等成为政府有效规制企业行为的关键环节，风险规制理念得以秉持，并体现在"风险评估—风险管理—风险沟通"这一风险规制分析框架中，体现了碳排放环境风险的源头预防、控制的思想。

现代社会处于贝克描绘的"文明火山上"，恰如吉登斯所说的现代性的"黑暗面或阴暗面"。具言之，生产力拓展带来诸多文明成就的同时，也存在大规模毁灭物质环境的潜力，② "更多更好的知识往往意味着更多的不确定性"，③ 因为科技愈发达，企业生产规模随之扩大，将加剧生态环境恶化和资源的争夺，从而制造出更多的环境风险。控排企业利用科学技术进行能源燃烧和工业生产等过程中过度碳排放而引起的生态环境和公众健康问题，已经成为突出的环境风险，并冲击着既有的"法治理念与制度构造"。此问题是科技发展的副产品，以环境污染、资源消耗等传统环境问题为规制对象的传统环境行政管制理念，无法作出解释并给出相应的解决方案。这体现在，"命令—控制"型的环境行政管制理念旨在应对有害性已经确定的物质和行为，相关的制度设计也是围绕这一理念构建的，以致不能消弭碳排放环境风险问题，碳排放环境风险问题是法学面临的新命题。但是，环境法学不应"否认

---

① 参见［英］安东尼·吉登斯：《失控的世界》，周红云译，江西人民出版社 2001 年版，第 17 页。

② 参见［英］安东尼·吉登斯：《现代性的后果》，田禾译，译林出版社、凤凰出版传媒集团 2011 年版，第 7 页。

③ ［德］乌尔里希·贝克：《世界风险社会》，吴英姿、孙淑敏译，南京大学出版社 2004 年版，第 7~8 页。

或漠视"这一新问题,① 相反,应将这一现实问题提炼为本学科的理论命题,② 将解决该命题作为研究的出发点、源泉、动力、最终目的和检验环境法学理论、环境立法有效性的"试金石"③,因为环境法学的发展正是一个"从发现问题到解决问题,再到发现新问题这么一个不断循环往复的过程"④。那么,就需要运用环境法的科学理性和民主理性优势,优化碳排放环境风险法律规制理念,并以此理念来推动环境法律制度的更新或变迁,继而能够帮助政府在"瞬息万变""相对化""不确定性"的情形下进行风险评估、风险管理和风险沟通。因此,在环境法学视野下,如何针对碳市场中控排企业的涉碳排放行为寻求一种碳排放环境风险规制理念,以构建完善的制度大厦,抵御碳排放环境风险的侵袭,为碳排放权交易管理立法提供些许助益,正是本书的选题理由所在。

二、研究的意义

基于上述研究背景,本书的研究意义体现两个方面:其一,探索政府规制碳市场碳排放环境风险的法律理念,在学理上论证该风险规制理念对碳排放环境风险的适应性;其二,提出政府规制碳市场碳排放环境风险的制度设想,在实践中为碳排放权交易立法的完善贡献微薄力量。

(一)理论意义

目前的法律理念建构在工业社会基础上,而时下社会已经展露不同于传统社会、工业社会的社会特质,现在的法律理念与时下的风险社会之间出现了理论与实践的脱节,当下的法律理念是否能够应对以及如何应对风险社会现实需求,目前并没有相应理念予以有力阐释、说明和回应。⑤ 就碳排放环境风险而

---

① 贝克认为,面对无所不在的风险,人们会作出"否认、漠视和转型"三种反应。否认态度植根于现代文化之中,但可能伴随政治风险;漠视态度则是受后现代主义中虚无主义论调的影响;转型则洞察到了人为未来多样性的预期及其所具有的风险性后果是如何影响和转变现代社会的认知、生存条件和制度的。贝克、邓正来、沈国麟:《风险社会与中国——与德国社会学家乌尔里希·贝克的对话》,载《社会学研究》2010 年第 5 期。

② 参见李香民:《风险社会与我国法律观念的变革》,吉林大学 2012 年博士学位论文。

③ 参见周珂、侯佳儒:《环境法学与民法学的范式整合》,载《河海大学学报(哲学社会科学版)》2007 年第 2 期。

④ 舒国滢等:《法学方法论问题研究》,中国政法大学出版社 2007 年版,第 3 页。

⑤ 参见何跃军:《风险社会立法机制研究》,中国社会科学出版社 2013 年版,第 4 页。

言，它虽发轫于工业社会时期，却于当下社会予以展现，而环境法学强烈依赖的"环境行政管制理念"① 对此却无能为力，这是因为该理念存在以下困境②：一是管制不足，该理念并不是针对风险的，而是针对行为后果的，理念不适应现实的需求，以致客观上出现制度供给不足、制度设计不够科学、制度实施困难等问题；二是管制不力，行政监管者主观上放松管制、纵容企业违法行为，导致出现"企业守法成本高—企业违法成本低—企业选择违法"的怪象；三是管制不能，环境行政管制存在着信息不对称、政府理性有限性、管制的合法性危机等现实困境。传统的风险规制理念又存在科学理性和社会理性断裂的问题，即在进行风险规制时片面地强调其中一种理性，忽视或否定另一种理性的作用。环境法学理念的滞后性，将影响政府、企业等主体应对碳排放环境风险的有效性，还可能因此产生更多、更大风险。

因此，本书将在深入分析碳市场语境下控排企业的行为逻辑、碳排放环境风险的生成机理、特性表现、规制困境、规制需求等基础上，检视传统风险规制的科学/民主二分进路，立足碳排放环境风险客观存在性和主观建构性的二元属性，寻求能够融合科学理性与民主理性的风险规制理念，并论证该理念应对控排企业行为引致的碳排放环境风险问题的实现路径。这将有助于弥补传统风险规制理论的不足，促进环境法学理论的丰富与完善，进而达致法治对碳排放环境风险调整的有效适配。

（二）实践意义

当前，我国正处于全国碳排放交易市场建设与发展的新阶段，面对严峻的"碳排放环境风险"，法学界尤其是环境法学界需要提出有效的解决思路与方案。因此，对碳排放环境风险的回应是环境法学的重要课题。本书以"碳排放环境风险法律规制研究——以碳市场控排企业行为为对象"为主题，研究结论也将促进适应碳排放环境风险规制需求的立法活动。

具体说来，人为活动，尤其是控排企业的能源利用和工业生产过程中产生的碳排放引致的碳排放环境风险问题已经成为重要的环境议题。但是，碳

---

① 参见柯坚：《环境法的生态实践理性原理》，中国社会科学出版社 2012 年版，第 4 页。

② 参见柯坚：《环境行政管制困局的立法破解——以新修订的〈环境保护法〉为中心的解读》，载《西南民族大学学报（人文社科版）》2015 年第 5 期。

排放对生态环境、公众健康的危害存在因果关系间接性、利益关系复杂性、危害后果多元性等特殊性。传统的环境污染认定通常有环境质量标准和污染物排放标准作为依据，而碳排放环境危害存在碳排放环境标准缺失的问题，这就给碳排放环境风险的评估工作带来了困难。控排企业于碳市场中的非法获取碳排放权的行为是其在能源活动和工业生产过程中过量碳排放的重要原因，但现行立法并未明确把利用会员、交易员资格非法获取碳排放机会的行为纳入立法调整范围，而是普遍由各交易所的交易规则予以规范，且交易所的规则存在不统一的问题；现行立法中的碳监测计划制度、碳排放报告制度等制度尽管对于实现总量控制目标、规范控排企业的排放行为和配额获取行为具有重要作用，但是在制度设计上存在重视科学理性、忽视民主理性的问题，使制度设计的科学精神和民主精神不协调，这正是重要的碳排放环境风险管理问题。另外，规制碳市场中控排企业的涉碳排放（权）行为，政府理性是有限的，还必须发挥社会的监督作用，但现行法律规定存在碳市场信息公开不足、公众参与缺失等问题，使碳排放环境风险规制的沟通难题亟待解决。因此，本书研究从这些现实问题出发，寻求一种新的风险规制理论解构现实，并提出一些制度构建设想，希望对正在推进的碳排放权交易管理立法有所助益。

三、研究的现状

（一）国外研究状况

1. 社会学学者关于"风险社会"的研究情况

社会学关于"风险"的研究成果，以乌尔里希·贝克、安东尼·吉登斯、尼克拉斯·卢曼、斯科特·拉什、道格拉斯和威尔达夫斯基等学者的贡献最为突出。具体来看，呈现了两种立场：

第一种是贝克和吉登斯倡导的风险客观主义立场。贝克在《风险社会》《世界风险社会》《风险时代的生态政治学》《第二现代性的社会与政治：世界主义的欧洲》等代表论著中提出并系统论证了风险社会理论。其中，《风险社会》专门论证了科学理性和社会理性间的关系，强调二者是互相交织、互相依赖的关系，没有社会理性的科学理性是空洞的，而没有科学理性的社会理性则是盲目的，① 但其关于风险的立场却是客观的。吉登斯在《失控的世界》《现代性的后果》《第三条道路》和《现代性与自我认同》等代表作中深入考究了风险概念的演进与时代内涵，指出风险是现代性的产物，并区分为外部风险和人造风险，② 其中，人造风险源自科技不加限制的发展，因为科技发展在创造稳定的可预测性的同时，也制造了新的不确定性，且这种不确定性难以消除传统经验③。

第二种是卢曼、拉什、道格拉斯和威尔达夫斯基提倡的风险主观主义立场。卢曼著有《社会分工》《法律社会学》等作，他从系统论的视角分析了风险产生的根源，认为风险是各社会子系统自身制造的，并在复杂的社会影响下愈加凸显，特别强调了风险与人的决定之间存在必然联系，若人的决定有导致损害的可能，则这个决定则是有风险的，若可能的损害完全不涉及人的决定，就是危险的；④ 拉什在《风险文化》《反身性现代化》《风险社会与风险文化》《自反性及其化身：结构、美学、社群》等作品中强调风险存在于一个需要通过自然调节的不确定的无序状态，而非一个确定性、制度化的社会秩序状态；⑤ 道格拉斯和威尔达夫斯基在《风险与文化》中，探讨了风险的主观性，他们认为，风险是特定文化情景中的群体和个人建构的产物。⑥

2. 法学学者关于"风险规制"的研究情况

国外法学关于"风险"的研究，主要是从"风险规制"的视角展开的，涉及环境资源保护、能源监管、食品药品安全、公共卫生健康以及职业安全监管等具体领域。自 20 世纪 80 年代以来，涌现出了原美国最高法院大法官

---

① 参见［德］乌尔里希·贝克：《风险社会》，何博闻译，译林出版社 2004 年版，第 30 页。

② 参见［英］安东尼·吉登斯：《失控的世界》，周红云译，江西人民出版社 2001 年版，第 22 页。

③ 参见［英］安东尼·吉登斯：《现代性的后果》，田禾译，译林出版社、凤凰出版传媒集团 2011 年版，第 117 页。

④ See Lumann, N., *Risk: A Sociological Theory*, De Gruyter Press, 1991, pp. 30-31.

⑤ 参见斯科特·拉什、王武龙：《风险社会与风险文化》，载《马克思主义与现实》2002 年第 4 期。

⑥ See Douglas, M. and Wildaysky, *A Risk and Culture*, University of California Press, 1982, pp. 89-124.

Stephen G. Breyer（中文译为史蒂芬·布雷耶）、哈佛大学法学院风险规制项目主任 Cass R. Sunstein（中文译为凯斯·R. 孙斯坦或凯斯·R. 桑斯坦）、牛津大学基督圣体学院环境法教授 Elizabeth Fisher（中文译为伊丽莎白·费雪）等一批著名的研究者，形成了一系列成果，其中一些优秀学术专著、论文被翻译成中文译本（见表2）。

　　值得一提的是，《打破恶性循环：政府如何有效规制风险》以健康和安全规制领域为中心，分析了公众的误解、国会的应答以及技术过程的不确定性；分析了三者是如何创设出一个类似于"铁三角"的"恶性循环"，从而使风险规制中存在井蛙之见、议程设定的随机性以及不连贯等问题；研究结论对思考政府规制机构的重塑、规制中所面临的技术不确定性，以及规制过程中立法、行政、司法的作用和专家、媒体和公众的作用等一般性的问题上，颇有裨益。①《风险与理性——安全、法律及环境》强调运用科技理性去减少风险，只有了解降低风险的成本和收益才能有效地控制风险，② 才能避免被公众"有效连锁反应"（或可得性启发）所俘获，以实现在严重风险和轻微风险间合理配置资源。《风险规制与行政宪政主义》批判了传统风险规制中的"科学/民主"二分法把法律对话在技术风险决策中的作用被边缘化的现象，进而提出行政宪政主义理念（即一种法律文化），该理念强调了法律在技术风险决策中的规范和形塑作用，③ "理性—工具范式"和"商谈—建构范式"作为理念的两个范式在不同法律文化情境中的运用各有侧重，认识到了科学理性和民主理性并举的重要性。总之，这些成果，不仅对我国学者了解国外不同法律文化语境下的风险规制理念、风险规制制度具有重要贡献，还对我国本土的风险规制理论及制度的建构具有参考作用。

---

　　① 参见［美］史蒂芬·布雷耶：《打破恶性循环：政府如何有效规制风险》，宋华琳译，法律出版社2009年版，第3页。

　　② 参见［美］凯斯·R. 孙斯坦：《风险与理性——安全、法律及环境》，师帅译，中国政法大学出版社2005年版，第2页。

　　③ 参见［英］伊丽莎白·费雪：《风险规制与行政宪政主义》，沈岿译，法律出版社2012年版，第1~4页。

表 2　国外法学学者的风险规制研究代表成果

作者	著作	备注
［美］史蒂芬·布雷耶	《打破恶性循环：政府如何有效规制风险》	宋华琳译，法律出版社 2009 年版
	《规制及其改革》	李红雷等译，北京大学出版社 2008 年版
［美］凯斯·R.孙斯坦	《社会因何要异见》	支振锋译，中国政法大学出版社 2016 年版
	《恐惧的规则——超越预防原则》	王爱民译，北京大学出版社 2011 年版
	《权利革命之后：重塑规制国》	钟瑞华译，中国人民大学出版社 2008 年版
	《信息乌托邦——众人如何生产知识》	毕竞悦译，法律出版社 2008 年版
	《风险与理性——安全、法律及环境》	师帅译，中国政法大学出版社 2005 年版
［英］伊丽莎白·费雪	《风险规制与行政宪政主义》	沈岿译，法律出版社 2012 年版
［英］安东尼·奥格斯	《规制：法律形式与经济学理论》	骆梅英译，中国人民大学出版社 2008 年版
［日］黑川哲志	《环境行政的法理与方法》	肖军译，中国法制出版社 2008 年版

作者	著作	备注
［英］珍妮·斯蒂尔	《风险与法律理论》	韩永强译，中国政法大学出版社2012年版
编译者	《风险规制：德国的理论与实践》	刘刚编译，法律出版社2012年版
	《风险规制与行政法》	金自宁编译，法律出版社2012年版

3. 法学学者关于"碳排放环境风险规制"的研究情况

目前，国外法学界鲜有专门研究碳排放环境风险规制的著作，涉及这一主题领域的代表著作有：荷兰学者迈克尔·福尔和麦金·皮特斯主编的《气候变化与欧洲排放交易：理论与实践》（鞠美庭等译，化学工业出版社2011年版）、英国学者斯科特·D.戴舍瑞兹著的《碳交易的法律与实践》（牛津大学出版社2011年版）、美国学者詹姆斯·萨尔兹曼和巴顿·汤普森著的《美国环境法》（徐卓然、胡慕云译，北京大学出版社2016年版）、美国学者罗伯特·V.珀西瓦尔著的《美国环境法——联邦最高法院法官教程》（赵绘宇译，法律出版社2014年版）及日本学者交告尚史等著的《日本环境法概论》（田林、丁倩雯译，中国法制出版社2014年版）等。同样，专门研究碳排放环境风险的法学研究论文也比较少见，相关代表成果有：Robert Baldwin 对碳交易存在目标、成本效益、公平、透明、合法性等问题的研究[①]；Markus Lederer 探讨了国家在碳市场中的角色，并认为碳交易的支持者和反对者低估了碳市场发展的制度和政治基础，目前只有国家和政府间的协议能为碳市场的存在和运行提供必要的监管，而市场参与者、非政府组织、公私合作关系均无公权力设置、调节或捕捉市场发展的结构[②]；Eric Helleiner 和 Jason Thistlethwaite

---

[①]　Robert Baldwin, "Regulation lite：The rise of Emissions Trading", *Regulation&governance*, 2008, Vol. 2, No. 2, pp. 193−215.

[②]　Markus Lederer, "Market Making Via Regulation：The Role of the State in Carbon Markets", *Regulation &Governance*, 2012, No. 6, pp. 524−544.

指出，2008 年的金融危机对美国的碳市场治理具有重要的影响，并催生了国内联盟的出现，该联盟基于金融危机的经验要求强化碳市场监管，并推动了《气候变化草案（2008-2010）》和《华尔街改革和消费者保护法案》有关碳市场监管的立法①。

4. 经济学学者和法学学者关于"控排企业行为与风险规制关系"的研究情况

国外现有研究中，专门探讨碳市场控排企业行为或者控排企业行为与风险规制关系的文献均不多见。而涉及控排企业行为及其与风险规制关系的文献则较多，典型成果主要分布在经济学和法学两个学科。

（1）经济学学者研究"控排企业行为与风险规制关系"的代表成果。主要有：WRI 和 UNEP-FI 发布的研究报告《碳资产风险：一个分析框架》、Martin Huth 的学术论文《碳市场中企业行为的变化：欧盟碳市场的情况》，以及 Tarjei Kristiansen、Richard Wolbers、Tom Eikmans、Frank Reffel 的学术论文《碳风险管理》等成果。其中，研究报告《碳资产风险：一个分析框架》探讨了碳风险的影响因素、企业碳风险的识别、企业碳资产风险的评估、企业碳资产风险的管理。《碳市场中企业行为的变化：欧盟碳市场的情况》一文指出，欧盟碳市场机制是世界上第一个强制企业从事低碳商业的交易体系，并探讨了控排企业的纳入、行为的影响和内在因素。《碳风险管理》的研究结论表明，碳市场中存在巨大的不确定性，企业渴望交易或者规避风险，但这需要理解关键因素的角色、潜在影响及因素间的相互作用。

（2）法学学者研究"控排企业行为与风险规制关系"的代表成果。主要有：A. Denny Ellerman、Barbara K. 、Carlo Carrao 主编的《欧盟碳排放权交易计划中的分配：权利、租金和公平》（剑桥大学出版社 2007 年版）等学术著作。另有，Robert N. Stavins 的《美国总量管制与交易体系对气候变化应对的意义》（《哈佛环境法律评论》2008 年第 1 期）、Jason Scott Johnston 的《国际温室气体总量管制与交易计划设计中的公平与效率问题》（《哈佛环境法律评论》2009 年第 1 期）等学术论文。值得一提的是，Jason Scott Johnston 认为，执行机制是

---

① Eric Helleiner, Jason Thistlethwaite, "Subprime Catalyst: Financial Regulatory Reform and the Strengthening of US Carbon Market Governance", *Regulation & Governance*, 2013, No. 7, pp. 496-511.

否具备应是碳市场的环境保护目的能否实现的关键，如针对控排企业的虚假或不实碳排放报告的行为是否有相关制度约束。

（二）我国研究概况

1. 社会学学者关于"风险社会理论"的研究

随着贝克、吉登斯、卢曼等西方社会学学者的风险社会理论书籍陆续被中国学者译成中文，我国一批社会学学者开始了对风险社会理论的探索。据不完全统计，从 2000~2016 年，我国社会学学者出版风险社会理论专著 13 本（见表 3），发表相关论文 328 篇。[1] 这些论著，多是从宏观上描绘风险社会、全球风险社会、现代性后果的样态，并从微观上对风险的概念、特征、表现、后果及对策进行分析，形成了不同的与风险相关的思想理论，或者翻译、梳理西方社会学学者研究风险问题的历史，展现风险社会理论的思想资源，并以马克思主义的立场审视西方风险社会理论存在的局限性，进而论及风险社会理论对中国社会的影响，如《乌尔里希·贝克风险社会理论及其对中国的影响》《风险社会理论新探》等著作均未超脱窠臼。所以，从本土研究的趋势来看，我国的风险社会理论研究正处于深化和拓展阶段。

表 3　我国社会学学者的风险社会理论研究代表专著

作者	著作	备注
王丽	《全球风险社会下的公共危机治理：一种文化视阈的阐释》	社会科学文献出版社 2014 年版
林丹	《乌尔里希·贝克风险社会理论及其对中国的影响》	人民出版社 2013 年版
卢琳	《制度转型及风险管理》	上海人民出版社 2010 年版
蔡定剑	《公众参与：风险社会的制度建设》	法律出版社 2009 年版

---

[1]　笔者于 2017 年 1 月 23 日登录中国期刊网，以题名"风险社会"、以时间段"2000 年 1 月 1 日~2016 年 12 月 31 日"进行专业检索，共有社会学学术论文 328 篇。

作者	著作	备注
刘岩	《风险社会理论新探》	中国社会科学出版社 2008 年版
杨雪冬等	《风险社会与秩序重建》	社会科学文献出版社 2006 年版
童星、张海波等	《中国转型期的社会风险及识别——理论探讨与经验研究》	南京大学出版社 2007 年版
高宣扬	《鲁曼社会系统理论与现代性》	中国人民大学出版社 2005 年版
薛晓源、周战超	《全球化与风险社会》	社会科学文献出版社 2005 年版
李惠斌	《全球化与现代性批判》	广西师范大学出版社 2003 年版
陈嘉明等	《现代性与后现代性》	人民出版社 2001 年版
顾忠华	《第二现代：风险社会的出路》	巨流图书公司出版社 2001 年版

2. 法学学者关于"风险规制理论"的研究

我国法学界对风险规制问题的研究，可追溯到 20 世纪 90 年代末台湾学者对科技风险决策问题的探讨①。进入 21 世纪，法学界出现了一股风险规制研究的清风，尤以行政法与环境法学界为代表，出版了一些专著，发表了一些论文。行政法学者中在这一领域研究较为成熟的有：沈岿、戚建刚、宋华琳、金自宁、王锡锌、赵鹏、王旭等。相较而言，环境法学界只有少数学者关注该领域，仅有刘超、杜辉、郭红欣、杜建勋等关注环境风险问题。

（1）行政法学者的代表成果。截至 2016 年，行政法学者先后出版了《风险规制与行政法新发展》（沈岿主编，法律出版社 2013 年版）、《环境风险的合作规制——行政法视角的分析》（李永林著，中国政法大学出版社 2014 年

---

① 有学者研究指出，20 世纪 90 年代末以来，我国台湾地区的陈春生、郭淑珍、李仲轩等对科技领域的风险决策问题进行了研究；另外，叶俊荣、陈慈阳等学者也对环境风险规制进行了关注，如叶俊荣教授先后出版了《环境政策与法律》（1993 年版）、《环境行政的正当法律程序》（1993 年版）、《环境理性与制度选择》（1999 年版）等专著。参见李永林：《环境风险的合作规制——行政法视角的分析》，中国政法大学出版社 2014 年版，第 9~10 页；黄凯：《环境与健康风险的法律规制研究》，中南财经政法大学 2014 年博士学位论文。

版）、《风险中的行政法》（金自宁著，法律出版社 2014 年版）和《灾难性风险行政法规制的基本原理》（戚建刚等著，法律出版社 2015 年版）等专著。沈岿教授发表《风险交流的软法构建》（《清华法学》2015 年第 6 期）、《行政自我规制与行政法治：一个初步考察》（《行政法学研究》2011 年第 3 期）、《风险治理决策程序的科学与民主——以防控甲流的隔离决策为例》（《行政法论丛》2009 年第 12 卷）等专题论文 7 篇；戚建刚教授发表《我国行政决策风险评估制度之反思》（《法学》2014 年第 10 期）、《风险规制的兴起与行政法的新发展》（《当代法学》2014 年第 6 期）、《我国食品安全风险规制模式之转型》（《法学研究》2011 年第 1 期）、《风险规制过程合法性之证成——以公众和专家的风险知识运用为视角》（《法商研究》2009 年第 5 期）、《风险认知模式及其行政法制之意蕴》（《法学研究》2009 年第 5 期）等专题论文 13 篇；宋华琳教授发表《论政府规制中的合作治理》（《政治与法律》2016 年第 8 期）、《风险规制中的专家咨询——以药品审评为例证》（《行政法论丛》2009 年第 12 卷）等专题论文 5 篇；王锡锌教授发表《我国行政决策模式之转型——从管理主义模式到参与式治理模式》（第二作者章永乐，《法商研究》2010 年第 5 期）、《专家、大众与知识的运用——行政规则制定过程的一个分析框架》（第二作者章永乐，《中国社会科学》2003 年第 3 期）等专题论文 14 篇；金自宁副教授发表《风险决定的理性探求——PX 事件的启示》（《当代法学》2014 年第 6 期）、《风险规制时代的授权与裁量——"美国货运协会案"的启示》（《法学家》2014 年第 3 期）专题论文 13 篇；赵鹏博士除博士论文《风险规制的行政法问题——以突发事件预防为中心》（中国政法大学 2009 年博士学位论文）外，还发表了《政府对科技风险的预防职责及决策规范——以对农业转基因生物技术的规制为例》（《当代法学》2014 年第 6 期）、《风险评估中的政策、偏好及其法律规制以食盐加碘风险评估为例的研究》（《中外法学》2014 年第 1 期）等专题论文 7 篇；另有，季卫东教授发表的《风险社会如何进行决策与法律沟通——由"雷洋"事件和"万科"事件谈开去》（《探索与争鸣》2016 年第 10 期）、《决策风险、问责以及法律沟通》（《政法论丛》2016 年第 6 期）、《依法风险管理论》（《山东社会科学》2011 年第 1 期）3 篇；石佑启教授等发表《论跨界污染治理中政府合作的法律规制模式》（第二作者黄喆，《江海学刊》2015 年第 6 期）；王旭教授发表的《公民参与行政的风险及法律规制》（《中国社会科学》2016 年第 6 期），等等。可见，行政法学者的系列专题论文比较系统，主要涉及食品安全、公共卫生两个领域。个别学者的论著虽论及环境风险规制领域，却又不够深入。

（2）环境法学学者的代表成果。截至 2016 年，先后出版了《环境规制与裁量理性》（周卫著，厦门大学出版社 2015 年版）、《环境法风险防范原则研究——法律与科学的对话》（唐双娥著，高等教育出版社 2004 年版）等几部专著。另有，刘超教授的《环境风险行政规制的断裂与统合》（《法学评论》2013 年第 3 期）、《页岩气开发中环境风险规制法律制度的完善》（《环境保护》2013 年第 Z1 期）；郭红欣博士的《论环境公共决策中风险沟通的法律实现——以预防型环境群体性事件为视角》（《中国人口·资源与环境》2016 年第 6 期）；裴敬伟博士的《试论环境风险的自主规制——以实现风险最小化为目标》（《中国地质大学学报（社会科学版）》2015 年第 3 期）；杜建勋博士的《论我国邻避风险规制的模式及制度框架》（《现代法学》2016 年第 6 期）；杜辉博士的《挫折与修正：风险预防之下环境规制改革的进路选择》（《现代法学》2015 年第 1 期）；沈百鑫博士的《法治国家和风险社会理念下的环境治理机制》（《中国环境管理》2016 年第 2 期）；蓝华生副教授的《风险社会视阈下环境风险法律规制研究》（《中南林业科技大学学报（社会科学版）》2015 年第 5 期）；林森博士等的《环境风险的不确定性及其规制》（《广西社会科学》2015 年第 5 期）、《试论环境风险的法律规制》（《西北民族大学学报（哲学社会科学版）》2015 年第 3 期）；董正爱博士等的《迈向回应型环境风险法律规制的变革路径——环境治理多元规范体系的法治重构》（《社会科学研究》2015 年第 4 期）；周卫博士的《美国环境规制中的风险衡量》（《中国地质大学学报（社会科学版）》2008 年第 5 期）；吴卫星博士的《棕地再开发中的环境风险规制——武汉长江明珠小区土壤污染事件的法学追问》（《南京大学法律评论》2012 年第 2 期）；胡帮达博士的《专家制度与价值制度之间——环境风险规制的困境与出路》（《河南科技大学学报（社会科学版）》2014 年第 1 期），等等。显然，与行政法学者的系列专题成果相比，环境法学界的这些研究成果相对有限且分散，高水平研究成果更为鲜见。

3. 法学学者关于"碳排放环境风险规制"的研究

目前，我国尚无专门研究"碳排放环境风险规制"的法学专著，也没有专门研究碳排放环境风险规制问题的学术论文①。而与该主题较为相关的"碳市场（碳排放）监管"方面的论著较多。

（1）碳市场（碳排放）监管方面的法学代表著作。主要有：曹明德教授等著的《中国碳排放交易法律制度研究》（中国政法大学出版社 2016 年版）、杨解君教授等著的《面向低碳未来的中国环境法制研究》（复旦大学出版社2014 年版）、郭冬梅副教授著的《中国碳排放权交易制度构建的法律问题研究》（群众出版社 2015 年版）和《应对气候变化法律制度研究》（法律出版社 2010 年版）、王燕副教授和张磊副教授合著的《碳排放交易法律保障机制的本土化研究》（法律出版社 2016 年版）和《碳排放交易市场化法律保障机制的探索》（复旦大学出版社 2015 年版）、张运书副教授著的《碳金融监管法律制度研究》（法律出版社 2015 年版）、夏梓耀博士著的《碳排放权研究》（中国法制出版社 2016 年版）、李兴锋博士著的《温室气体排放总量控制立法研究》（中国政法大学出版社 2015 年版）、胡炜博士著的《法哲学视角下的碳排放交易制度》（人民出版社 2013 年版）、黄小喜博士著的《国际碳交易法律问题研究》（知识产权出版社 2013 年版）、刘明明博士著的《温室气体排放控制法律制度研究》（法律出版社 2012 年版）、郝海青博士著的《欧美碳排放权交易法律制度研究》（中国海洋大学出版社 2011 年版）、韩良博士著的《国际温室气体排放权交易法律问题研究》（中国法制出版社 2009 年版），以及周亚成、周旋两位律师编著的《碳减排交易法律问题和风险防范》（中国环境科学出版社 2011 年版）等。

（2）碳市场（碳排放）监管方面的法学代表论文。主要有：吕忠梅教授的《中国碳排放市场建设：司法问题及对策》（第二作者王国飞，《甘肃社会科学》2016 年第 5 期）、曹明德教授的《欧盟、德国温室气体监测统计报告制度立法经验及政策建议》（第二作者崔金星，《武汉理工大学学报（社会科学版）》2012年第 2 期）、李艳芳教授的《二氧化碳的法律定位及其排放规制立法路径选择》

---

① 　笔者于 2017 年 1 月 23 日登录中国知网，以篇名"碳排放环境风险"进行模糊检索，结果显示为 0。

（第二作者张忠利，《社会科学研究》2015 年第 2 期）和《美国联邦对温室气体排放的法律监管及其挑战》（第二作者张忠利，《郑州大学学报（哲学社会科学版）》2014 年第 3 期）、徐以祥教授的《碳排放权初始分配法律制度的基本构造》（第二作者冯翠华，《学习论坛》2013 年第 7 期）、李挚萍教授的《碳交易市场的监管机制研究》（《江苏大学学报（社会科学版）》2012 年第 1 期）、王曦教授的《欧盟温室气体排放控制的法律与政策及其对中国的方法论意义》（载李双元主编：《国际法与比较法论丛（第十四辑）》，中国方正出版社 2005 年版）、陈惠珍副研究员的《许可抑或备案：我国碳排放准入监管的法制进路》（《法学评论》2016 年第 5 期）、刘明明副教授的《欧盟温室气体排放标准立法及经验借鉴》（第二作者李佳奕，《中国环境管理干部学院学报》2016 年第 3 期）、张忠利博士的《韩国碳排放交易法律及其对我国的启示》（《东北亚论坛》2016 年第 5 期）等学术论文。另有，胡斌博士的《欧盟温室气体〈减排分担决议〉研究》（武汉大学 2016 年博士学位论文）、崔金星博士的《碳监测法律制度研究》（西南政法大学 2014 年博士学位论文）和付璐博士的《欧盟温室气体排放交易机制的立法研究》（武汉大学 2010 年博士学位论文）等博士论文。从上述文献来看，研究欧盟、美国等国家或地区的碳市场法治情况的较多，论著的大体思路是立足中国碳市场实际，通过比较分析，发现我国碳市场立法和实践中存在的不足，进而提出一些完善建议或者措施。

4. 经济学学者和法学学者关于"控排企业行为与风险规制关系"的研究

国内现有研究中，鲜有专门研究碳市场控排企业行为的成果，[①] 而涉及控排企业行为与风险规制关系的文献也不多见，仅有的少数文献主要出自经济学学者和部分法学学者。

（1）经济学学者研究"控排企业行为与风险规制关系"的代表成果。主要有：杜莉教授的《低碳经济模式下国有企业行为目标的选择》（第二作者李阳，《江汉论坛》2011 年第 9 期）、朱淀博士的《工业企业低碳生产意愿与行为研究》（第二作者王晓莉、童霞，《中国人口·资源与环境》2013 年第 2 期）、周利博士的《欧盟碳排放交易市场价格行为特征与市场有效性研究》（第二作者杜

---

① 笔者于 2017 年 3 月 27 日登录中国知网，以篇名"控排企业行为"进行检索，显示结果为 23。但是，这些文献多是新闻报道，并无学术论文专门对控排企业行为进行研究。

劲，《金融纵横》2015 年第 11 期）、周志方博士的《基于支持向量机的重污染工业企业碳风险预警研究》（第二作者肖恬，《环境污染与防治》2016 年第 1 期）、杜丽娟教授的《企业碳风险评估与管理——以河北钢铁集团为例》（第二作者张英华、杜美卿，《企业经济》2014 年第 4 期）、王君彩教授的《碳信息披露项目、企业回应动机及其市场反应——基于 2008-2011 年 CDP 中国报告的实证研究》（第二作者牛晓叶，《中央财经大学学报》2013 年第 1 期）、贺建刚博士的《风险、机会与碳管理应对偏差——基于 CDP 的实证检验》（第二作者孙铮、唐清亮，《经济管理》2013 年第 10 期）等学术论文。另有，聂力博士的《我国碳排放权交易博弈分析》（首都经济贸易大学 2013 年博士学位论文）、梁敬丽的《欧盟碳排放权市场行为特征与价格预测研究》（暨南大学 2016 年硕士学位论文）、陈瑾华的《关于企业碳排放数据与能源数据管理不协调性的分析研究——以广东碳交易试点为例》（对外经济贸易大学 2015 年硕士学位论文）等硕博士学位论文。这些研究主要涉及碳市场中企业的行为目标、行为表现、行为特征、行为动机、行为影响等方面，然后针对存在的行为问题，从碳信息披露、碳风险评估、碳风险管理等方面提出解决方案。

（2）法学学者研究"控排企业行为与风险规制关系"的代表成果。主要有：王燕副教授和张磊副教授合著的《碳排放交易法律保障机制的本土化研究》（法律出版社 2016 年版）等学术专著。于杨曜教授的《论政府在发展低碳经济中的行政行为及其法律控制》（《华东理工大学学报（社会科学版）》2014 年第 5 期）、薄晓波博士的《应对气候变化背景下我国碳排放交易立法框架内容探析》（第二作者冯嘉，《江苏大学学报（社会科学版）》2013 年第 6 期）等期刊论文。还有，崔金星博士的《碳监测法律制度研究》（西南政法大学 2014 年博士学位论文）、梁睿博士的《美国清洁空气法研究》（中国海洋大学 2010 年博士学位论文）等博士学位论文。其中，值得一提的是王燕副教授和张磊副教授的专著、崔金星的博士论文。《碳排放交易法律保障机制的本土化研究》一书比较了上游规制、下游规制和混合规制等三种规制中控排企业排放行为的优劣，并探讨了控排企业的违约惩罚机制。《碳监测法律制度研究》较为系统地研究了碳监测法律制度问题，并把企业维度作为构建碳监测法律制度的一种重要面向，然后从温室气体的统计核算制度、温室气体排放报告制度、社会化管理制度等方面提出了具体构想。

（三）文献评述

由上述研究文献梳理可以看出，社会学、行政法学、环境法学等学科对风险社会、风险规制、环境风险规制等主题倾注了研究热情，对碳市场（碳排放）监管给予了一定关注；经济学和法学还对控排企业行为与风险规制问题进行了一些理论与实践的探索。囿于研究视角和研究方法的不同，不同学科研究风险议题的侧重点也不同。

社会学尤其是风险社会学主要侧重于解释、描绘不加限制的知识政策带来的科技副产品——技术风险，以及政府、专家、公众对科技风险认知的分歧及其原因。为此，现代性后果、反思性现代化、科学即真理的批判、全球化等成为风险社会学关注的重点，风险客观主义、风险主观主义等对立立场随之被提出、强化。

行政法学的研究主要围绕如何克服政府在规制食品安全、公共卫生及自然灾难等风险领域的合法性危机而展开，重点是关注科学理性（科学专家）和社会理性（公众参与）、科学精神和民主精神、专家制度和价值制度的作用与局限，继而提出行政监管理念、体制、机制改革，重释、优化风险预防原则，强化风险交流，完善决策程序，明确责任与救济等。

经济学的研究倾向于对碳市场中控排企业的交易风险、行为影响、行为特征等内容进行微观研究，针对企业行为的碳风险问题，提出碳监测制度构建、碳信息披露、碳风险评估、碳风险管理等解决路径。

环境法学则重点关注邻避、棕地开发、页岩气开发、土壤利用等几个具体领域的环境风险，继而提出环境行政规制在规制理念、规制制度、规制机构、规制过程等方面的问题，进而提出进行价值选择、环境风险交流和市场化手段的运用等解决方案。

不可否认，既有研究对"碳排放环境风险法律规制"的专门研究来说，拓宽、丰富了研究视野，并为本书的研究奠定了一定程度的认知基础。但是，当下研究依然存在些许缺憾，这些缺憾恰为本书研究留下了空间。具体说来：

第一，碳排放环境风险规制研究尚未形成自身的法律理念和制度大厦。尽管上述诸学科的相关文献数量较多，但是并没有专门的研究。戚建刚教授在学术论文《食品安全风险属性的双重性及对监管法制改革之寓意》中对风险属性的研究①，也仅局限在行政法视角的理解、食品安全这一具体语境，是否可运用于碳排放环境风险领域尚有待论证。

第二，既有研究多从不同学科、采用不同方法对风险规制困境进行描述并提出完善建议。然而，并不涉及碳市场语境下的碳排放环境风险规制的困境根源及改进的法律理念，共性对基础认知固然重要，但个性千差万别，只有了解问题的特殊之处才能开对"处方"。

第三，既有法学视域研究成果基本遵循"问题—对策"的线性思路②，最终落脚到制度完善或构建，在问题与对策间却缺乏"科学、民主、法律"三重维度的综合考量，这正是本书在制度设计上将要突破的。

四、研究的思路与方法

（一）研究思路

1. 基本思路

近年来，我国的碳减排工作面临着日趋严峻的形势，不加约束的企业碳排放将会带来环境、资源、生态、公众健康等方面的问题。在碳市场语境下，如何建构体现科学理性、民主理性的碳排放环境风险法律规制体系是当下碳减排工作的当务之急。所以，碳排放环境风险规制是一个颇具实践性的选题，需要提出有效的解决方案。然而，我国碳排放的法律监管一直恪守的是"放松管制"或"风暴式应对"的传统思路，这导致难以及时、准确获取企业碳排放的真实信息，更难以构建出体现源头控制理念的制度。

本书将以走出碳排放环境风险传统环境行政管制的"困境"为目标，尝试寻求新的"风险规制理念"，来解构我国碳排放环境风险规制现实，建构规制我国碳排放环境风险的新模式。基此目标，本书遵循"立足实践—发现问题—提炼命题—作出预设—展开理论论证—解决问题"的思维逻辑，以"风

---

① 参见戚建刚：《食品安全风险属性的双重性及对监管法制改革之寓意》，载《中外法学》2014年第1期。

② 对环境法学研究中的"问题—对策"思路的批判，可参考张宝：《环境监管的法理审视》，中南财经政法大学2012年博士学位论文。

险规制"为视镜,以碳市场中控排企业的行为为对象,通过分析控排企业的行为逻辑,描绘碳排放环境风险的两重景象以呈现当下碳排放环境问题的现实状况,并从规制理念、规制制度等方面审视当下碳排放法律监管的窘境。接着,借鉴社会学、行政法学、经济学等学科理论成果,在批判传统风险规制"科学/民主"二元进路弊病的基础上,基于风险二元属性(客观存在性、主观建构性)的综合考量,从科学理性和民主理性的融合视角探寻新的风险规制理念,并在此理念指导下构建碳排放环境风险法律规制的制度体系。

2. 思路导图

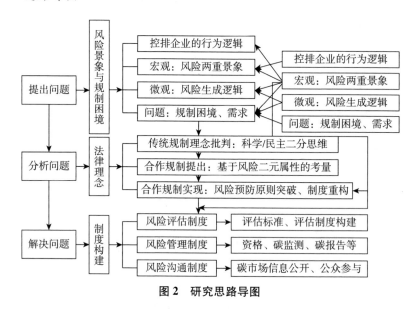

图2　研究思路导图

(二)研究方法

就本书研究而言,需选择采用的方法主要有:

1. 规范分析方法

规范分析方法以逻辑为进路,主要关注法的合法性、法的运行效果、法的实体内容,全方位考察法的构成要素,制度事实构成规范分析的对象。[①] 本书从试点碳市场、国家碳市场立法文本中发现问题,剖析相关案例中反映出

———————————

① 参见谢晖:《论规范分析方法》,载《中国法学》2009年第2期。

的规制制度问题，运用新的风险规制理念从价值目标到具体建构方面解构现行法律制度，这些都离不开这一基本的法学研究方法的运用。

2. 实证分析方法

与规范分析方法的逻辑进路不同，实证分析方法以经验为基础，包括定性研究和定量研究两类。定性的实证研究主要采用观察和访谈等形式，而定量的实证研究则多运用统计分析、回归分析等工具。[①] 为深入研究碳市场中企业的行为与碳排放环境风险的关系，本书采用兼具定性、定量研究成分的问卷调查形式，面向发展最为强劲的 H 试点碳市场的控排企业进行问卷调查。这种研究方法，对进一步揭示政府规制碳排放环境风险的困境具有重要意义，也为从制度建构上有效规制企业行为打下实证基础。

3. 比较研究方法

比较研究的方法是指对不同法系、不同国家的法律或者法律制度进行比较，发现其异同及各自的优点和缺点的方法。[②] 概言之，该方法有助于取长补短。由于我国碳市场起步较晚、立法存在滞后性，有关碳排放环境风险法律规制方面的研究成果也很少。与我国不同，欧盟碳市场建设较早，金融市场工具指令、反市场滥用指令等涉及风险规制的立法跟进及时，学界关注较多，其中的一些制度，如碳排放监测计划制度、碳排放报告制度等，可被借鉴。因此，对欧盟碳市场的有关法律制度及学界研究进行梳理、比较，并结合我国碳市场实践情况加以运用，将对我国碳排放环境风险规制制度的构建具有重要参考价值。

4. 经济分析方法

经济分析方法旨在解释法律规则及其结果——而非改变和改善它们，但其分析结论可为立法、执法、司法、法律监督的完善提供参考。该方法强调，若社会为追求达到其目标而使用的方法是无效率的，那么社会可采用符合成本—收益的其他方法来进行更有效的预防；倘若更具效率的方法不损及其他价值，尽管效率在社会价值的图腾柱上处于次要等级，这种方法仍然是值得社会追求的。[③] 国内外法学界的研究实践也表明，政府资源配置是有限的，不

---

① 参见黄辉：《法学实证研究方法及其在中国的运用》，载《法学研究》2013 年第 6 期。
② 梁慧星：《法学学位论文写作方法》，法律出版社 2012 年版，第 84 页。
③ ［美］理查德·波斯纳：《法律的经济分析》，蒋兆康译，法律出版社 2012 年版，第 32 页。

能不计成本的消除"最后 10% 的风险"或者实现"零风险"的目标。就本书研究而言，涉及碳市场语境下风险规制制度的构建，政府需要借助"成本—收益"分析等经济学分析工具，权衡规制手段的成本与收益，以实现合理配置环境行政资源、有效规制碳排放环境风险之目的。

五、可能的创新之处与研究的不足

（一）可能的创新之处

从国内外研究来看，风险规制主题受到学者不同程度的关注。然而，国外的研究主要从行政法的角度来探讨风险规制的基础与原理，涉及环境风险规制的环境法学研究成果，也仅是从一般意义上进行展开，鲜见学者能够在碳市场语境下对碳排放环境风险规制问题进行专门研究。国内研究，也仅有部分行政法学者和少数环境法学者关注了该主题领域，其中，行政法学者关注的重点集中在食品安全、公共卫生及自然灾难等领域，因专业限制他们多是论及环境风险而少有专门论证，环境法学者关注的环境风险规制则在页岩气开发利用、土壤利用、邻避等有限领域的环境风险，但鲜见学者专门研究碳排放环境风险这一具体领域。

1. 理念选择的可能创新

对碳排放环境风险的既有研究多集中在碳市场的政府管理、监督方面，有过度依赖环境行政管制理念的"烙印"，且这种模式存在着信息不对称、管制成本高、制约其他主体参与等弊端。本书在对传统环境行政管制理念批判、碳排放环境风险的二元属性等基础上，提出引入合作规制理念以对现行立法进行解构，并探讨了该理念的发展演进、思想基础（环境善治观、协商民主观）、基本特征以及碳排放环境风险合作规制的正当性。以此理念为指导，充实控排企业碳排放环境风险评估制度、风险管理制度、风险沟通制度的内涵，提升具体制度设计的科学性和民主性。

2. 制度构建的可能创新

可能的制度内容创新体现在：在"风险评估—风险管理—风险沟通"这一风险规制分析框架内，以合作规制理念为指导，以实现风险源头预防为目的，面向碳市场控排企业行为构建熔铸了科学精神和民主精神的碳排放环境风险评估制度（如，碳排放环境标准制度）、碳排放环境风险管理制度（如，碳市场资格管理制度、碳监测计划制度和碳排放报告制度）、碳排放环境风险沟通制度（如，碳市场信息公开制度和碳市场公众参与制度），这是对传统上述制度的一种革新。

（二）研究的不足

不过，就本书研究来看，仍存在一些不足，归纳起来，主要表现在两个方面：

1. 文献掌握不足

从 2014 年初确定该研究方向以来，不断收集一些文献资料，既有我国的中文资料，也有美国、欧盟、澳大利亚、日本等国家和地区的英文资料，并努力跟踪国内外最新研究资讯。但是，不论如何努力收集、跟踪，在信息大爆炸的今天，难免挂一漏万。再者，囿于外语能力，对中英文以外的文献几乎没有涉及，即使收集到的法国、日本、韩国等国文献也均是翻译成中文的二手资料。另外，对风险社会理论、风险规制理论、碳排放权交易法理基础等方面理论文献的消化、理解，也可能与作者的本意存在一些偏差，当然，这也有译文本身误读、误解的原因。最后，虽然选择了最具代表性的 H 试点碳市场进行问卷调查，并选择了目前国内强制减排碳市场下的第一例行政诉讼案件进行引申讨论，对发现控排企业行为与碳排放环境风险的关系、政府规制碳排放环境风险的困境有一定的说服力，但也存在支撑力稍弱的问题。

2. 结论价值待检

本书采用新的风险规制理念，是建立在对风险的客观存在性、主观建构性二元属性及其对风险规制不同意蕴，以及传统风险规制科学/民主对立进路弊病等认知的基础上，提出的一些制度构想也均是这一理念下的产物。这些结论是否符合碳排放环境风险规制的现实需求，能否为碳排放权交易的立法完善有所助益，尚难以有定论，需假以时日观察、检验。

第一章 碳排放环境风险的现状梳理：
风险景象与规制困境

第一节 "碳排放环境风险"的概念界定

若要对某一议题展开深入研究，首先需要对该议题中的核心概念进行界定。因为概念的探讨"是保留一种有意义的讨论赖以进行的结构。在这个意义上，识别问题是重要的，因为我们想知道两个正在讨论相同主题的人是否事实上说的是一个东西。"[①] 进一步讲，"概念乃是解决法律问题所必需的和必不可少的工具。没有限定严格的专门概念，我们便不能清楚地和理性地思考法律问题。没有概念，我们便无法将我们对法律的思考转变为语言，也无法以一种可理解的方式把这些思考传达给他人。"[②] 就本书而言，涉及碳排放、控排企业、碳市场，风险、环境风险、碳排放环境风险两组基本概念，这些概念对研究范围界定、后续问题研究的展开极其重要，下面将尝试厘清之。

一、碳排放、控排企业、碳市场

（一）碳排放的内涵

碳排放译自英文"Carbon Emissions"，并被普遍采用。公众通常从字面上将之理解为二氧化碳的排放，这种理解并不够准确。虽然政府间气候变化专门委

---

① ［美］布赖恩·比克斯：《法理学：理论与语境》，邱昭继译，法律出版社 2008 年版，第21页。

② ［美］E. 博登海默：《法理学：法律哲学与法律方法》，邓正来译，中国政法大学出版社 2004年版，第504页。

员会（IPCC）报告等国际主流观点认为，二氧化碳是对温室效应贡献最多的一种温室气体，但是，这并不是说碳排放仅指二氧化碳的排放。从实践看，在应对气候变化领域，碳排放和排放（Emissions）的概念常被视为同一概念而为官方或学界使用。例如，在官方门户网站，"湖北碳排放权交易中心"被翻译成"China Hubei Emission Exchange, CHEEX"；英文"Emissions Rights"也常被学者译为"碳排放权"或"排放权"。严格来讲，碳排放是以二氧化碳为主的温室气体排放，这是从温室气体内部构成比重的意义上来说的，如 2005 年中国温室气体排放构成中（见表4）[①]，二氧化碳占比达 78.82%，其他温室气体所占比重较低；而排放则是指包含二氧化碳在内的所有温室气体的排放，这是就温室气体具体覆盖范围而言的。因此，在应对气候变化语境下，"碳排放"和"排放"概念除了观察视角的不同，其内涵和外延方面并无实质差异。

表4 2005 年中国温室气体排放构成[②]

温室气体种类	排放量（万 tCO_2e）	比重（%）
二氧化碳	555 404	78.82
甲烷	93 348	13.25
氧化亚氮	39 377	5.59
含氟气体	16 500	2.34

在一些环境法律文件中，受 IPCC 等国际主流观点影响，《联合国气候变化框架公约》第 1 条将"排放"界定为人为因素的"温室气体和（或）其前体在一个特定地区和时期内向大气的释放"。[③] 欧洲议会和欧盟理事会第 2003/87/EC 号指令第 3 条把"排放"界定为"指源于排放装置的温室气体在空气中的释放"。我国环境立法多采用"碳排放"概念。例如，《碳排放权交易管理办法（试行）》第 42 条将碳排放界定为"煤炭、石油、天然气等化石能源燃烧活动和工业生产过程以及土地利用变化与林业等活动产生的温室气体排放，也包括

---

① 国家应对气候变化战略研究和国际合作中心、清洁发展机制项目管理中心（碳市场管理部）：《2016 中国碳市场报告》，中国环境出版社 2016 年版，第 10 页。

② 数据来源：《中华人民共和国气候变化第二次国家信息通报》。

③ 郭冬梅：《应对气候变化法律制度研究》，法律出版社 2010 年版，第 252 页。

因使用外购的电力和热力等所导致的温室气体排放。"另外，《碳排放权交易管理暂行条例》未对碳排放作出界定，但《碳排放权交易管理暂行条例（征求意见稿）》第 26 条在《碳排放权交易管理暂行办法》（已失效）第 47 条的基础上，将农业领域的碳排放也纳入进来了。此外，我国的 7 个碳排放权交易试点的立法文件也作了类似界定，除重庆市外，其他试点政策与立法文件均把碳排放暂定为人为因素产生的"二氧化碳的排放"。[①] 可见，国内外立法对碳排放和排放的概念界定存在些许差异，如欧盟精确到"装置排放"，我国则是抽象列举排放的领域。这些差异往往与国际控排义务、本区域或本国（或试点行政区）的政策要求、经济可承受性、产业结构、行业分布、业界的反响、基础数据完整性等因素有关，进而选择性的纳入温室气体种类、行业领域、具体装置。[②] 但是，我们可以观察到，随着减排要求的趋紧、减排压力的增大，将所有温室气体纳入立法调整是未来碳排放权交易立法的趋势。

可见，上述法律文件普遍把重要的人为活动产生的碳排放纳入调整。这里的碳排放主要由能源燃烧和工业生产过程中的碳排放，土地利用（变化）、林业活动导致的碳排放，采用外购电力和热力产生的碳排放，农业活动伴生的碳排放等组成。本书所要研究的碳排放主要是指企业在能源利用、工业生产过程中所产生的温室气体排放，其具有三个显著特征：①排放主体是高能耗、高排放、高污染的企业，不涉及覆盖行业之外的或者未达到纳入标准的企业；②排放对象是所有温室气体，且不限于《京都议定书》列举的二氧化碳、甲烷、一氧化二氮、六氟化硫、全氟化氮、氧化亚氮六种气体，因为排

---

① 参见《北京市人民代表大会常务委员会关于北京市在严格控制碳排放总量前提下开展碳排放权交易试点工作的决定》第 2 项、《上海市碳排放管理试行办法》（已失效）第 44 条、《天津市碳排放权交易管理暂行办法》（2018 年）第 38 条、《深圳市碳排放权交易管理办法》第 55 条、《湖北省碳排放权交易管理暂行办法》（2023 年）第 41 条第 2 项、《广东省碳排放管理试行办法》（2020 修订）第 41 条、《深圳市碳排放权交易管理暂行办法》第 82 条均仅把二氧化碳纳入调整；《重庆市碳排放权交易管理办法（试行）》第 33 条把二氧化碳、甲烷、氧化亚氮、氢氟碳化物、全氟化碳、六氟化硫和三氟化氮 7 类温室气体纳入调整范围。《2006 加州气候变暖解决方案》第 3 章第 38505 条第 1 款 g 项把温室气体也界定为上述 6 类。《碳排放权交易管理条例（征求意见稿）》第 26 条拟将三氟化氮和上述 6 类温室气体一并纳入调整。

② 有学者指出，碳交易建设初期仅覆盖二氧化碳，是由于国家温室气体排放数据基础薄弱，二氧化碳排放在温室气体排放中占比较高。参见齐绍洲、黄锦鹏：《碳交易市场如何从试点走向全国》，载《光明日报》2016 年 2 月 3 日，第 15 版。

放对象的纳入是一个动态发展的过程，随着监测技术、方法学等进步与完善，更多的温室气体会被纳入管控范围；③排放源特指企业的能源利用活动和工业生产过程。

（二）控排企业的内涵

控排企业是本书的又一核心概念。但是，这一概念在国内立法实践中却出现使用不尽统一、表述缺乏法律思维的现象。因此，需要进一步明确，以便限定本书的研究对象。IPCC 第二次评估报告指出"全球应将温度控制在较工业化革命前增加不超过 2℃ 的范围，否则气候变化产生严重影响的风险将显著增加"，① 第三次评估报告认为全球变暖有 66% 的可能是人类活动造成的，第四次、第五次评估报告将这一可能性分别提高到 90%、95%。② 根据国际社会的这一主流观点，要防止全球气温突破警戒温度就需要对人类的主要碳排放活动进行控制。我国采纳了国际社会的这一观点，正通过市场机制等手段着力控制碳排放，一些"高能耗、高排放、高污染"的企业因此成了首要管控对象。这些企业因所在试点不同，在所属覆盖行业、适用的纳入标准等方面却存在差异，如从我国的"两省五市"试点碳市场和国家碳市场（见表5）③ 的比较可看出，试点省市在基准年选取、门槛标准、覆盖行业范围方面不尽相同，这与各地方的产业结构、经济发展水平等因素有关，拟启动的国家碳市场则统一了覆盖行业、纳入标准。

表 5　"两省五市"试点和国家碳市场覆盖行业和纳入标准的比较

试点省市	覆盖行业	纳入标准
北京市	电力、热力、水泥、石化、交通业、事业单位和大学、其他工业和服务业	年均直接和间接二氧化碳排放量 5000 吨（含）以上的固定设施和移动设施；移动源的移动设施的历史排放年份为 2011～2014 年，其余为 2009～2012 年

① 范英、莫建雷、朱磊等：《中国碳市场：政策设计与社会经济影响》，科学出版社 2016 年版，第 2 页。

② 参见戴彦德、康艳兵、熊小平等：《碳交易制度研究》，中国发展出版社 2014 年版，第 2 页。

③ 吕忠梅、王国飞：《中国碳排放市场建设：司法问题及对策》，载《甘肃社会科学》2016 年第 5 期。

续表

试点省市	覆盖行业	纳入标准
天津市	钢铁、化工、电力、热力、石化、油气开采	2009 年以来年均二氧化碳排放量 2 万吨以上的企业或单位
上海市	钢铁、石化、化工、有色、电力、建材、纺织、造纸、橡胶、化纤等工业行业；航空、港口、机场、铁路、商业、宾馆、金融等非工业行业	工业：2010~2011 年，任一年二氧化碳排放量 2 万吨及以上的重点排放企业；非工业：2010~2011 年，任一年二氧化碳排放量 1 万吨及以上的重点排放企业
深圳市	制造业、交通行业、服务业、公共建筑等	年碳排放量达 3000 吨二氧化碳当量的企业；大型公共建筑和建筑面积达一万平方米以上的国家机关办公建筑的业主
重庆市	电解铝、铁合金、电石、烧碱、水泥、钢铁等高耗能行业	2008~2012 年，任一年度排放量达 2 万吨二氧化碳当量的工业企业纳入配额管理
广东省	水泥、钢铁、电力、石化、陶瓷、纺织、有色金属、化工、造纸、民航	2011~2014 年，任一年排放量 2 万吨二氧化碳（或综合能源消费量 1 万吨标准煤）及以上的企业
湖北省	电力、钢铁、化工、水泥、汽车制造、有色、玻璃、造纸等 12 个行业	2010~2011 年，任一年的年综合能源消费量 6 万吨标准煤及以上工业企业
全国第一阶段	石化、化工、建材、钢铁、有色、造纸、电力、航空等 8 大行业	2013~2015 年，任一年综合能源消费总量在 1 万吨标煤以上的企业法人或独立核算企业单位

对这样的一类企业，国内试点碳市场立法还存在"控排企业""重点排放单位""试点企业""纳入企业""配额管理单位"概念使用乱象。其中，湖北省、广东省及深圳市试点立法将之称为"控排企业"；上海市和天津市分别称之为"试点企业""纳入企业"；北京市和重庆市则分别称之为"重点排放单位""配额管理单位"。《碳排放权交易管理暂行条例》第 7 条将之称为"重点排放单位"。从实践来看，"控排企业""试点企业""纳入企业"三个概念都比较明确，均指那些被政府按照一定标准强制纳入减排的企业，相较而言，"控排企业"的"强制意味"更显著，彰显了政府的"管制色彩"，渐

渐成为学界、业界乃至政界普遍使用的概念，也更能为公众所理解。与上述概念不同，"重点排放单位""配额管理单位"概念则较为抽象。需要考察试点碳市场纳入的"重点排放单位"或"配额管理单位"名单构成，才能得知它是由控排企业和事业单位构成，这对一般公众来说是较为难理解的。

就本书研究而言，不包括重点排放单位中的事业单位，而仅限于那些被纳入控排的企业。这是因为，企业构成了重点排放单位最重要的主体。例如，在2014年，北京市试点碳市场重点排放单位中企业占到74%，其他6个试点的企业均占100%。[①] 然而，现行立法却未对"控排企业"这一重要概念予以专门界定。《碳排放权交易管理暂行办法》（已失效）第47条、《碳排放权交易管理条例（送审稿）》第36条虽然对包含控排企业的"重点排放单位"予以了界定，即"满足国务院碳交易主管部门公布或者批准的纳入碳排放权交易标准且具有独立法人资格或者独立进行核算的温室气体排放单位"，但是这一界定缺乏法学思维。因为从法学的角度来讲，"主体"的界定不能脱离特定的"法律关系"，其在特定的法律关系中既是一定权利的享有者也是一定义务的承受者。例如，在一级碳市场，控排企业与碳交易主管部门间存在着行政许可法律关系；[②] 在二级碳市场，控排企业与其他交易主体之间存在着合同法律关系；在履约阶段，控排企业与碳交易主管部门之间又存在着行政合同法律关系。[③] 综上，本书认为，控排企业是依法被纳入碳排放权交易活动，在特定的法律关系中享有一定权利和履行一定义务的企业法人或独立核算企业。显然，控排企业除了具有以营利为目的这一企业本质特征外，还具有以下显著特征：其一，组织形式上，其必须是碳市场中从事商品交易的企业法人或独立核算单位，其在财产、生产经营、经济利益、责任承担、诉权等方面均应是独立的；其二，产生方式上，其由政府根据碳市场政策与法律规定的覆盖行业、纳入标准及程序等，强制列入管控对象范围；其三，权利义务上，其既享有从碳市场主管部门或其他交易主体依法获取配额的权利，也须履行相应的法定或约定义务。

---

① 吕忠梅、王国飞：《中国碳排放市场建设：司法问题及对策》，载《甘肃社会科学》2016年第5期。

② 杨解君等：《面向低碳未来的中国环境法制研究》，复旦大学出版社2014年版，第41~42页。

③ 吕忠梅、王国飞：《中国碳排放市场建设：司法问题及对策》，载《甘肃社会科学》2016年第5期。

（三）碳市场的内涵

对碳市场（Carbon Market）进行界定，首先应溯源至排污权交易理论。在20世纪70年代，著名经济学家约翰·戴尔斯（John·Dalaes）在其著作《污染、财富和价格》（*Pollution, Property and Price*）中提出了排污权交易理论。该理论认为，解决经济发展和环境保护矛盾的冲突，不应依赖于行政干预模式，而应把排污主体的企业一并纳入，否则只会出现环境持续恶化、资源大肆浪费的政府失灵现象。因此，可通过创设一种特殊的市场机制，即政府或者其环境主管部门基于测算的环境承载力推算出排污总量，并把排污总量换算为配额后分配给排污企业，激励企业以减少污染、盈余配额、出售配额的方式获取额外利润。这一理论后被美国《清洁空气法》所首倡，后见诸于德国、英国、澳大利亚等国环境保护立法。

碳市场正是基于上述原理而创设，并在国际、国内环境立法中得以体现。[1] 例如，在国际环境法层面，根据《联合国气候变化框架公约》重要原则、《京都议定书》强制减排目标要求，具有强制减排义务的国家将本国目标分解给所属企业，若某国无法按期实现其减排目标时，可通过向具有强制减排义务的国家购买配额或向未纳入强制减排义务的国家购买排放许可证的方式实现减排目标。[2] 在国内环境法层面，在碳排放总量的控制下，控排企业也可以根据本国国家立法或区域立法、试点省市立法，基于成本效益的考虑，相互调剂自身碳排放量，超量排放者可以通过购买配额或一定比例的排放量（如中国核证自愿减排量，CCER）以完成减排目标；其他的排放者因企业战略调整、经营模式改良、发展方式转变、低碳技术引进、能源结构优化等方式出现配额、CCER盈余，则可出售多余配额、CCER以获得经济利益。

根据不同的标准，碳市场又可划分为不同的类型。依交易产品的不同，碳市场可分为基于配额的总量与交易型（Cap-and-Trade）碳市场和基于项目的基线减排与信用交易型（Baseline-and-Credit）碳市场两类。前者交易产品以配额为主；后者则为CDM机制下产生的核证减排量（CER）和JI机制下产

---

① 参见郭冬梅：《中国碳排放权交易制度构建的法律问题研究》，群众出版社2015年版，第12~13页。

② 参见郭冬梅：《应对气候变化法律制度研究》，法律出版社2010年版，第231~232页。

生的减排单位（ERU）、自愿减排量（ER）等。① 根据交易主体是自愿减排还是强制减排，碳市场又可分为自愿减排交易市场和强制减排交易市场。自愿减排交易市场是基于树立社会责任形象、加强品牌建设、把握环保政策趋势等考量，部分企业以内部协议约定彼此碳排放量，并通过交易方式调剂余缺，实现协议约定目标，在此基础上所形成的碳市场。自愿减排交易市场又可以细分为纯自愿碳交易市场和协议式碳交易市场。纯自愿碳交易市场中的交易企业是"自愿加入，自愿减排"，以日本自愿排放交易体系（Japan's Voluntary Emissions Trading Scheme，J-VETS）为典型；而协议式碳交易市场的交易企业则是"自愿加入，强制减排"，即交易双方自愿进入该市场后，开始受相关法律约束，承担强制减排义务，否则可能面临受到相应惩罚的风险，该类市场以芝加哥气候交易所（Chicago Climate Exchange，CCX）为代表，但 2010 年该交易所已名存实亡，未再有交易。强制减排市场通常是由国家或地方政府立法设定温室气体排放总量，并通过无偿或者有偿（包括完全有偿和部分有偿，前者如配额全部以拍卖形式获取，后者如配额部分免费分配、部分实行拍卖）将排放量以配额的方式分配给控排企业，配额不足的控排企业通过向配额盈余的控排企业购买碳排放权，避免法定惩罚，这样基于法律强制减排要求所形成的碳市场就为强制减排市场。例如，京都市场（Kyoto Markets）、欧盟排放交易体系（EU-ETS）、新南威尔士温室气体减排体系（New South wales GHG Abatement Scheme）、英国排放交易体系（UK-ETS）等。目前，7个试点碳市场和启动的国家碳市场均属于基于配额的总量与交易型（Cap-and-Trade）碳市场（或称为强制减排交易市场），其交易产品以排放配额为主和一定比例的 CCER。② 本书的研究也限于这一类碳市场。

这类碳市场的本质是碳交易产品买卖的场所，是政府基于大气环境容量资源的稀缺性，以产权界定、分配为手段，以配额、核证减排量等为商品，平衡解决控排企业等排放主体发展权与环境保护冲突的一种政策工具。换言

---

① 郭冬梅：《中国碳排放权交易制度构建的法律问题研究》，群众出版社 2015 年版，第 13 页。
② 《碳排放权交易管理办法（试行）》第 29 条规定："重点排放单位每年可以使用国家核证自愿减排量抵销碳排放配额的清缴，抵销比例不得超过应清缴碳排放配额的 5%。相关规定由生态环境部另行制定。用于抵销的国家核证自愿减排量，不得来自纳入全国碳排放权交易市场配额管理的减排项目。"

之，它是一种政府主导、市场运作的政策与制度安排，[①] 具有区别于环保市场、能源市场等市场的特殊性：其一，市场主体的多元性，例如涉及政府、交易所、第三方核查机构、控排企业、投资机构和个人等多元主体，其中，控排企业是碳市场中的基本主体，政府是碳市场中的最重要监管主体，交易所是交易平台的提供者、交易活动的监管者，第三方核查机构是核实控排企业碳排放报告真实性的评估机构，投资机构和个人则是其他一般参与主体。其二，市场客体的特殊性。碳市场的主要产品为配额、核证减排量、碳金融衍生品等。其三，市场利益关系的复杂性。碳市场中涉及上述多元主体间的经济利益、环境利益、社会利益等。其四，市场风险的多重性。不仅碳市场政策、法律等因素的变动会给控排企业等市场主体带来风险，控排企业自身的市场不法行为也会引致不利的法律后果。其五，综合市场属性。碳市场不仅具有环保市场、能源市场的属性，还具有金融市场的属性。这是因为碳市场机制设计的初衷首先是应对气候变化问题，其次更是涉及企业的能源结构调整、能源供需，最后这套机制需要银行等金融机构的扶持与监管。例如，欧盟碳市场的监管，不仅受环境法和能源法调整，还受金融监管法的调整。

二、风险、环境风险、碳排放环境风险

（一）风险的内涵

长期以来，学界对"风险"这一话题饶有理论兴趣，但实际上并未达成一致的共识。[②] 实践中，一般从科学和文化的角度探讨风险的概念，据此将风险分为客观的风险概念和主观的风险概念。[③] 科学意义上的客观风险观认为，风险是一种纯粹的科学上的概念；文化意义上的主观风险观主张，风险是人们的一种心理上的反映。

1. 客观的风险概念

科学意义上的客观风险观最早可追溯到 1901 年美国威雷特博士在《风险与

---

① 参见康艳兵、熊小平、赵盟：《碳交易本质与制度框架》，载《中国发展观察》2015 年第 10 期。

② 参见 ［英］珍妮·斯蒂尔：《风险与法律理论》，韩永强译，中国政法大学出版社 2012 年版，第 3 页。

③ 唐双娥：《环境法风险防范原则研究——法律与科学的对话》，高等教育出版社 2004 年版，第 5 页。

保险的经济理论》一文中对"风险"概念的首次界定。即，风险是"关于不愿发生的事件发生的不确定性之客观体现"。可见，他主张风险是一种客观存在的不确定性。此后，关于客观的风险概念的探讨逐渐增多。例如，美国经济学家奈特（1921）在著作《风险、不确定性和利润》中认为风险是"可测定的不确定性"；美国明尼苏达大学教授威廉和汉斯（1964）在《风险管理与保险》认为风险是"客观的状态"；日本学者武井勋（1983）在著作《风险理论》中认为"风险是在特定环境中和特定期间内自然存在的导致经济损失的变化"。[1]

客观风险观论者有两个显著共同点：其一，从概率的角度去描述风险，认为风险是"事件发生概率与可能导致的不利后果的乘积"。也就是说，风险是发生不利影响概率与其影响程度（如不严重、可逆转、非常严重、不可逆转）之结合，若不利影响概率越高和影响程度越严重则风险发生的可能性则会随之增加。[2] 其二，风险是价值无涉的。风险发生的概率是通过科学观测、估算或者凭借经验数据得出的，估算过程并不考虑价值判断。但是，客观风险观不仅未能告知人们风险的可接受水平，还忽略了科学和专家的局限性。因为科学并非永久的真理，它也要不断接受实践检验，以前所谓的真理可能随着时间推移而被推翻，专家的视野往往局限于某一领域，专家内部也存在知识结构、认知水平的差异，超出该领域的知识往往是欠缺的，那么在涉及复杂的风险认知上就容易犯错。

2. 主观的风险概念

与科学意义上的客观风险观不同，文化意义上的主观风险观则指向非专家（公众）对风险的认知，[3] 强调风险是一个文化上的概念。它通常将风险描述为："心情的一种状况，其特征是有关未来的不确定性；风险是在未来可能产生不被希望的后果且这些后果不能完全被控制等的意义上使用的。当心情的这种状况变得更加严重时，风险随之增加。"[4] 这种风险观强调了公众价值判断的重

---

① 参见李小海：《企业法律风险控制》，法律出版社 2009 年版，第 89 页。

② 唐双娥：《环境法风险防范原则研究——法律与科学的对话》，高等教育出版社 2004 年版，第 6 页。

③ 参见 Baruch Fischhoff, Stephen R. Watson, Chris Hope：《界定风险》，载金自宁编译：《风险规制与行政法》，法律出版社 2012 年版，第 4 页。

④ See Douglas. J. Crawford-Brown, "Risk-based Environmental Decisions Culture and Methods", *Kluwer Academic Publishers*, 1999, p. 9. 转引自唐双娥：《环境法风险防范原则研究——法律与科学的对话》，高等教育出版社 2004 年版，第 7 页。

要性，体现了现代社会的民主要求。但是，公众的价值判断并不总是正确、理性的，这是因为公众认知受到了对风险的了解程度、可能的伤害特征、产生源的不同、成本—收益衡量等诸多因素的影响。例如，公众通常漠视日常生活中习以为常的风险而高估、夸大那些不够熟悉但实则科学上发生概率很低或者损害可能性很小的风险，公众也倾向于关注那些可能产生即时伤害的风险而非跨代的、遥远的伤害可能性更大的风险，倾向于接受来自自然源的、能够带来更多收益的风险而不愿接受那些人造源的、需要付出更多成本的风险。

本书认为，法学上的风险概念，不能仅停留在"损害发生的可能性"这一简单认识上，[①] 更要注意到"损害发生的可能性"的科学面向（即客观风险观）和文化面向（即主观风险观），这犹如"一枚硬币的两面"，缺一不可。正如沈岿教授指出的："现代社会中的风险并不完全是纯粹的物质存在，在相当程度上风险是由社会定义和建构的。"[②] 因此，法学意义上的风险概念应统合科学和文化意义上的风险概念，形成优势互补，以便全面地认知复杂的风险。

（二）环境风险的内涵

"环境风险"是本书研究中的又一核心概念，学界对此研究较多，但存在学科认知上的差异。在公共管理视域下，有学者认为环境风险属于一种公共风险，涉及人权保障、利益平衡、社会公平的确保等公共事务与公众利害关系，[③] 也有学者认为环境风险是指生态环境存在潜在遭受破坏的可能性。[④] 在环境法学学者看来，环境风险是由人类行为引致或者由人类行为与自然界运动过程一起作用造成，并经环境介质传导，对人类及其生存和发展的环境基础产生破坏、损失乃至毁灭性作用等不利后果事件发生的概率或程度。[⑤] 环境法学学者中关于环境风险的代表观点有：日本学者黑川哲志教授强调环境风

[①] 德国学者出于界分"危害"和"风险"之目的，以可能性标准将风险界定为"损害发生的可能性"。参见刘刚编译：《风险规制：德国的理论与实践》，法律出版社 2012 年版，第 182 页。

[②] 金自宁编译：《风险规制与行政法》，法律出版社 2012 年版，总序第 3 页。

[③] 参见宋明哲：《公共风险管理——ERM 架构》，财团法人金融研训院 2015 年版，第 8、46 页。

[④] 沈一兵：《从环境风险到社会危机的演化机理及其治理对策——以我国十起典型环境群体性事件为例》，载《华东理工大学学报（社会科学版）》2015 年第 6 期。

[⑤] 参见李小平等：《宝鸡城市土壤重金属生物活性与环境风险》，载《环境科学学报》2015 年第 4 期。

险是"环境污染所生损害的大小及其发生损害的可能性或者期待值"，① 我国学者吕忠梅教授主张环境风险是"环境遭受损害的可能性，包括环境遭受风险的可能性以及风险所致损害的严重性"。②

尽管上述不同学科或者同一学科的不同学者在界定环境风险时，存在学科思维、理解认知上的些许差异，但是内容上也呈现出一定的共识：其一，在产生背景上，环境风险具有高度的科技背景，③ 它伴生于人类的科技开发与利用等各种活动，侵蚀着不同的领域，如燃煤发电过程中二氧化碳的过度排放问题；其二，在风险认知上，环境风险属于未知风险，具有科学上的不确定性、不可预测性，人们对诸多环境风险的形成和作用机理存在着认识"盲区"或者"局限"，人们难以根据既有的科技知识揭开每一种环境风险的"神秘面纱"，况且科技进步的同时伴随着新的环境风险；其三，在风险后果上，环境风险的危害后果一般不具有即时显现性，而是表现为跨越时空的潜伏性的、不可逆转性的对环境、生态和人体健康的严重影响后果④，如长期大量碳排放引起两极冰雪消融导致的生物多样性破坏；其四，风险范围上，与传统环境问题的地域性特征不同，环境风险作为科技的副产品则呈现出国家性、区域性乃至全球性的样态，如过度碳排放诱发的温室效应带来的影响，任何国家都难以避免。

本书认为，"环境风险"概念不仅要体现上述基本共识，还要认识到其在科学意义上的客观性和文化意义上的主观性。简言之，环境风险作为未来环境生态损害的不确定性，不仅是一种科学意义上的事实存在，还是一种文化意义上的价值建构。这是因为，科学只能为认识环境风险奠定认知基础，至于是否对之进行规制、如何进行规制、规制到何种程度，则不是科学所要考虑、证明或解释的，而是一个价值追求、判断与选择的问题。

（三）碳排放环境风险的内涵

"碳排放环境风险"属于一种具体领域的环境风险，除具有科学上的客观

---

① ［日］黑川哲志：《环境行政的法理与方法》，肖军译，中国法制出版社 2008 年版，第 74 页。
② 吕忠梅主编：《环境法导论》，北京大学出版社 2008 年版，第 43~44 页。
③ 参见叶俊荣：《环境政策与法律》，中国政法大学出版社 2003 年版，第 133 页。
④ 参见周卫：《美国环境规制中的风险衡量》，载《中国地质大学学报（社会科学版）》2008 年第 5 期。

性和文化上的主观性外，其又有广义与狭义之分。广义的碳排放环境风险是指人类活动、自然作用过程中排放的温室气体对环境、生态与公众健康造成损害的可能性。其中，人类碳排放活动主要包括利用煤炭、天然气、石油等化石能源的活动，工业生产活动，土地利用、土地利用变化与林业活动，以及使用外购的电力和热力活动等；自然碳排放活动则是指地震、火山喷发等自然界作用过程中的温室气体排放。狭义的碳排放环境风险仅指人类活动过程中排放的温室气体对环境、生态与公众健康造成损害的可能性。

就本书而言，采用更为狭义的碳排放环境风险概念，即限于控排企业能源活动和工业生产过程中对环境、生态和公众健康造成损害的可能性。这主要基于以下认识：一般来说，自然界的碳排放活动人类无法控制，不宜纳入法律调整；而控排企业是最重要的碳排放主体，其排放活动最应该受到控制。具体来讲，狭义的碳排放环境风险是指控排企业的碳排放进入大气环境，再经过大气环境介质和其他环境介质间的"迁移、转化"，最后导致环境、生态和公众健康受到损害的一种风险。它的因果链条可以表示为："控排企业碳排放活动——大气环境等环境介质——环境质量、生态安全、公众健康"。碳排放环境风险的危害对象是环境、生态和公众健康，相应的风险表现为环境污染加剧、生态安全威胁、公众健康受损。

第二节　控排企业的行为逻辑和碳排放环境风险的两重景象

当今社会的环境风险通常是内生因素和外生因素共同作用的结果。即，环境风险具有双重来源——源自自然界和人类行为，且后者已经成为社会风险的主导性来源。[①] 碳排放环境风险亦是如此，呈现出"自然界的碳排放环境风险"和"人类行为的碳排放环境风险"两重景象。接下来，本节从分析碳市场内控排企业的行为逻辑入手，并从控排企业的角度来观察碳排放环境风险，这主要是因为控排企业是最重要的纳入国家管控的碳排放主体，是典型的碳市场行为主体。

---

① 参见林丹：《乌尔里希·贝克风险社会理论及其对中国的影响》，人民出版社 2013 年版，第 53 页。

在此视角下，该类风险可进一步分为非控排企业行为作用产生的外部碳排放环境风险（以下简称"外部风险"）和控排企业行为作用产生的人造碳排放环境风险（以下简称"人造风险"）。从文明分期的角度进一步考察可发现，随着生产力的发展，外部风险的主导风险地位渐趋削弱，而被人造风险取而代之。

一、控排企业的行为逻辑：碳市场语境的考察

在碳市场中，控排企业通常采取一定的行为来获取、筛选、核对、整合各类市场信息，并以现行的政策法律为基础，出于企业自身发展的需要，于市场中扮演不同角色，来追求自身利益最大化。但是，碳市场立法涉及的利益主体众多，且公共利益与私人利益冲突时前者往往处于优位，这就难以满足各种利益主体的需求，甚至在保护一种利益的同时而影响到另一些主体利益的实现。那么，实践中遵守法律或不遵守法律的现象就会发生。就控排企业的行为来说，依据是否遵守法律的标准，可区分为符合法律要求的行为和不符合法律要求的行为。符合法律要求的行为通常与立法的目的一致，能够实现政府借助市场机制控排的初衷。例如，在配额初始分配阶段，控排企业按照国家或地方碳市场主管部门的要求，如实报送本单位特定年度的碳排放信息以免费或有偿方式获取相应数量配额的行为；在配额交易阶段，控排企业根据有关立法或交易所规定，依法获取会员资格、进行买卖交易的行为；在配额清缴阶段，控排企业根据报告和核查规定，按期如实向核查机构提交碳排放报告并配合其核查的行为、向主管部门提供碳排放报告和核查报告并完成配额清缴的行为。故，碳市场中控排企业的符合法律要求的行为不是本书分析的重点。而不符合法律要求的行为则往往与国家的立法初衷相悖，影响到政府规制控排企业碳排放目的的实现，因而这一类行为更值得研究。碳市场中，控排企业的不符合法律要求的行为主要有以下两类：

（一）违法行为

所谓违法行为，这里是指控排企业违反碳市场法律规定，致使法律所要保护的市场秩序和利益关系遭受破坏，须依法承担相应法律责任的行为。控排企业既是碳市场立法的重要实施主体，也是检验这些立法良恶与否的主体。若法律赋予碳市场主管部门、相关部门等主体的规制行动不符合基本的公平正义要求，且当违法所产生的不利益不足以令控排企业产生畏惧时，控排企

业就会产生"逆反"心理，进而采取公然的或者隐蔽的违法行为。

1. 公然的违法行为

公然的违法行为体现在控排企业以积极或者消极的外在方式表明，其将不履行碳市场法律设定的有关义务的行为。主要表现在：其一，在配额分配中，控排企业拒绝履行企业历史排放数据报告义务；其二，在配额交易中，其不缴纳交易费等相关费用、不履行大户持有量报告义务、不按规定方式交易、不办理买卖结算等行为；其三，在配额清缴中，其不（按时）提交碳排放报告，抗拒、阻挠、干扰第三方核查机构的核查工作，不（按时）提交碳排放报告和核查报告供碳市场主管部门审定，不按期、不足额上缴经主管部门审定的配额等行为。

2. 隐蔽的违法行为

隐蔽的违法行为体现在控排企业以较秘密的手段、方式，掩盖其不履行碳市场法律设定的有关义务之目的的行为。在碳市场中，常见的隐蔽违法行为主要有：其一，在配额分配阶段，控排企业提供编造、伪造历史排放数据以争取更多的碳排放量，因为根据现行碳市场政策法律有一部分行业的配额分配采取历史排放法，即根据企业历史碳排放数据确定下一年度分配配额，历史排放越多往往获得的配额也较多；其二，在配额交易阶段，控排企业采取欺诈、恶意串通等方式操纵市场价格，扰乱市场秩序，以违法交易的方式获得更多的碳排放机会；其三，在配额清缴阶段，虚报、瞒报上年度企业的碳排放情况，以侥幸的心理影响核查工作、审定工作，来减少企业实际应履行的配额清缴数量，从而间接获取更多的碳排放机会。

（二）规避行为

与违法行为不同，规避行为并非控排企业的行为违反碳市场管理立法的禁止性规定，而是其意识到制定法及其权威的存在，利用法律制度适用的主体、时间、空间等条件的不同，进而通过改变主体身份、时空等适用条件而令相关规定无法发挥规范作用的行为。若纳入政府规制的控排企业实施规避行为，碳排放控制制度的效果就难以实现，实践中就会转移碳排放。碳市场中，控排企业的规避行为主要有以下情形：

1. 变更主体身份的行为

在碳市场中，控排企业变更主体身份的现象十分常见。例如，控排企出现了合并和分立。企业合并是两个或两个以上的企业基于生产经营的目的，经协商一致达成协议，并依法定程序合并为一个企业的行为。企业分立则指依法设立的企业按照法定条件和程序，通过一定形式分为两个或两个以上企业的法律行为。① 控排企业发生这两种情形时，那么履行对外碳市场义务主体则会发生变化。具体来说：

第一，控排企业的合并。控排企业的合并，通常是出于整合资源、扩大规模、提升竞争力等目的。它又分为控排企业间的合并、控排企业与非控排企业的合并两种情形。以配额清缴义务为例，若属于这两种情形的合并，则配额清缴义务由吸收合并后的存续企业或新设合并后的新设企业履行。不同的是，按第一种情形合并后的企业的排放边界为两控排企业的排放边界之和，相应的配额清缴义务也为二者经确认的义务之和；而按第二种情形合并后的企业的首年排放边界为控排企业的排放边界，相应的配额清缴义务仅为控排企业的义务，次年排放边界及配额清缴义务须重新核定。在新设合并情形下，无论是第一种还是第二种情形的合并，均是由新设的企业作为主体履行配额清缴义务。但是，碳市场履约周期往往较长，确定控排企业的时间较固定，如我国"两省五市"规定的一年履约期，控排企业的重新确定一般在履约期内、下一年度配额分配前进行，那么在新设合并情形下，新设企业承继合并前企业的部分义务自不待言，问题是若新设企业在履约期到来前尚未被纳入管控体系而进行大肆碳排放，对此现行立法并未明确，那么规避的现象就出现了。

第二，控排企业的分立。若控排企业发生创设分立，则原控排企业主体资格消灭，出现两个或两个以上的新设企业。若控排企业发生存续分立，则原控排企业主体资格保留，另出现一个新的企业。但是，无论是控排企业的创设分立还是存续分立，排放边界及配额清缴义务均为分立后企业的边界和义务之和，相应的配额清缴等义务由双方约定确定。但是，问题是分立后的新设企业在履约期到来前尚未被纳入管控体系时的碳排放行为也存在规避之嫌。

2. 变更时空条件的行为

控排企业改变时空条件的行为也很常见。表现在控排企业关闭所在管控

---

① 参见张士元主编：《企业法》，法律出版社 2005 年版，第 59 页。

地区的厂子，或者将企业迁至非管控地区、管控宽松地区。例如，"两省五市"试点地区的企业注销企业后，在西部非试点地区注册建厂，不但不受试点地区碳交易体系的管控，还享受国家对西部地区经济发展的一些扶持政策。尽管国家碳市场统一后这种现象会有所改变，但是国家仍会照顾一些经济落后地区的经济发展，所以控排企业改变时空条件的规避行为仍会继续存在。

二、外部风险（external risk）：非控排企业行为作用的结果

英国著名社会学家安东尼·吉登斯在《失控的世界》解释现代性的风险观念时，将"来自外部的、因为传统或者自然的不变性和固定性所带来的风险"称之为"外部风险"。[①] 详言之，这类风险是在一定条件下某种自然现象、生理现象或者社会现象是否发生，及其对人们的社会财富是否造成损失和损失程度，对环境、生态、公众健康是否造成损害和损害程度的客观不确定性。[②] 也就是说，它是无涉人类行为的、源自自然界的风险，诸如地震、极端天气等，不变的或恒定的自然法则是其成因，但人们通常可以依据时间、经验、知识对风险的发生作出一定程度的预测。[③]

自然因素产生的碳排放环境风险显然属于这类风险，且表现形式多样。天然森林火灾、地震、火山、海啸等自然作用过程，均可导致大气中二氧化碳等温室气体浓度升高，进而出现大气环境污染加剧、生态安全受到影响、公众健康面临威胁的风险。以森林火灾为例，气候变暖、雷电、火山喷发、陨石降落等自然因素可诱发森林火灾，大面积森林燃烧与灭失不仅会释放出大量的二氧化碳，而且会削减森林的消纳二氧化碳的能力，进而影响森林生态系统的碳循环和碳平衡，[④] 还可能令一些珍贵动植物资源面临灭绝，甚至威胁到周边公众正常的生产、生活，乃至生命财产安全。英格兰哈德利中心的彼得·库克斯（Peter Cox）

---

① 参见［英］安东尼·吉登斯：《失控的世界》，周红云译，江西人民出版社 2001 年版，第 22 页。

② ［英］安东尼·吉登斯、克里斯多弗·皮尔森：《现代性——吉登斯访谈录》，尹宏毅译，新华出版社 2001 年版，第 195 页。

③ 参见戚建刚、易君：《灾难性风险行政法规制的基本原理》，法律出版社 2015 年版，第 83 页。

④ 参见胡海清等：《1953—2011 年小兴安岭森林火灾含碳气体排放的估算》，载《应用生态学报》2013 年第 11 期。

与其团队曾利用综合气候与植被的模型预测指出，亚马逊森林天然火灾还将导致大片的热带雨林最终变成稀树草原系统，甚至半沙漠化。①

自然因素产生的碳排放环境风险具有两个显著特点：其一，在诱发因素上，主要由自然界自身的自然现象、周期性运动等伴生的产物，而非控排企业行为生产、经营等活动带来的影响。其二，在风险控制上，人们一般可根据有关自然现象、自然规律的科学知识和经验常识等作出一定的预测或者判断，进而采取一定的措施降低风险造成的损失，如周期性火山喷发前会有一些征兆，人们可以事先采取转移周围群众及其财产、迁移珍贵动植物资源等方式降低风险带来的可能损失。

三、人造风险（manufactured risk）：控排企业行为等作用的产物

与外部风险相区分，吉登斯还提出了人造风险的概念。他将之定义为"由我们不断发展的知识对这个世界的影响所产生的风险，是指我们没有多少历史经验的情况下所产生的风险。"② 易言之，人造风险源自人类行为活动，由于人类的知识，特别是科学技术不合理使用或不受限制肆意作用于自然界而产生的风险，诸如全球气候变暖的风险、核能利用的风险等。由于它是人类以往没有体验到的，并具有很多新的不确定性，人类甚至不知道这些风险是什么，传统的经验法则和科技手段难以预估和消弭这些不确定性。③ 控排企业行为因素产生的碳排放环境风险就属于这类人造风险。《斯特恩报告》（Stern，2007）将此类风险的表现归结为自然灾害频发、食物供给紧张、公众健康影响、基本生存条件改变、生态危险严重五个方面。④ 从环境法的角度来看，控排企业等人为因素产生的碳排放环境风险则主要表现在以下方面：

---

① See Cox P M, Betts R A, Collins M, et al. "Amazonian forest dieback under climate-carbon cycle projections for the 21st century", *Theoretical and Applied Climatology*, 2004, Vol. 78, No. 1/3, pp. 137–156.

② 参见安东尼·吉登斯：《失控的世界》，周红云译，江西人民出版社 2001 年版，第 22 页。

③ 参见［英］安东尼·吉登斯：《现代性的后果》，田禾译，译林出版社、凤凰出版传媒集团 2011 年版，第 109~115 页。

④ 参见王弟海、邓祥征等：《经济发展与二氧化碳排放》，载陈诗一等主编：《应对气候变化：用市场政策促进二氧化碳减排》，科学出版社 2014 年版，第 19 页。

（一）碳排放浓度增加，气象灾害和大气环境污染呈现加剧趋势

2016 年 10 月，世界气象组织（WMO）发布的《2015 年全球温室气体公报》显示：2015 年全球大气中主要温室气体的浓度再次突破有仪器观测以来的最高点，二氧化碳、甲烷和氧化亚氮的浓度较工业革命前分别提高了 44%、156% 和 21%，① 这将加剧一些国家或地区气象灾害的发生。《斯特恩报告》（Stern，2007）曾指出，受温室效应影响，我国部分地区、印度次大陆和美国南部安第斯山脉地区成为气象灾害的多发地区。

以我国为例，2017 年 1 月，气象局发布的《2016 年中国气候公报》显示：2016 年，国内气候出现异常，极端天气事件多，暴雨洪涝和台风灾害重，长江中下游出现严重汛情，气候年景差。例如，这一年暴雨日数为近 50 年来最多，长江流域出现近 18 年来最大洪水，强台风登陆创历史最高且经济损失超近 10 年平均值，2000 多个县（市）出现损失严重的冰雹或龙卷风天气，多地高温突破历史极值。② 上述现象与控排企业的碳排放活动有关，也会对环境构成影响。据统计，近二十余年来，我国控排企业等主体碳排放行为增加了空气中的二氧化碳浓度（见图 3）③，上述气象灾害不仅加速了一些大气污染成分的前体物的排放，还通过改变其化学反应速率和边界层高度等因素以影响空气污染物的正常扩散速度、传输方式，导致化学物质的毒性增强，④ 污染物的光化学反应加剧，⑤ 使部分地区空气污染加重或者更易遭受污染，从而令空气环境整体质量下降。

---

① 参见《中国气象局发布〈2015 年全球温室气体公报〉超强厄尔尼诺助推温室气体浓度增长》，载中国气象局网，http：//www.cma.gov.cn/2011xwzx/2011xqxxw/2011xqxyw/201701/t20170110_385666.html，最后访问时间：2017 年 2 月 7 日。

② 参见《中国气象局发布〈2016 年中国气候公报〉受超强厄尔尼诺"牵制" 2016 全年气候年景差降水量达历史最多 气象灾害造成经济损失大》，载中国气象局网，https：//www.cma.gov.cn/2011xwzx/2011xqxxw/2011xqxyw/202110/t20211030_4082772.html，最后访问时间：2017 年 3 月 20 日。

③ 《中国气象局发布〈2015 年中国温室气体公报〉超强厄尔尼诺助推温室气体浓度增长》，载中国气象局网，https：//www.cma.gov.cn/2011xwzx/2011xqxxw/2011xqxyw/202110/t20211030_4082773.html，最后访问时间：2017 年 2 月 10 日。

④ 参见［瑞典］克里斯蒂安·阿扎：《气候挑战解决方案》，杜珩、杜珂译，社会科学文献出版社 2012 年版，第 2 页。

⑤ 参见许吟隆等：《气候变化对中国生态和人体健康的影响与适应》，科学出版社 2013 年版，第 39 页。

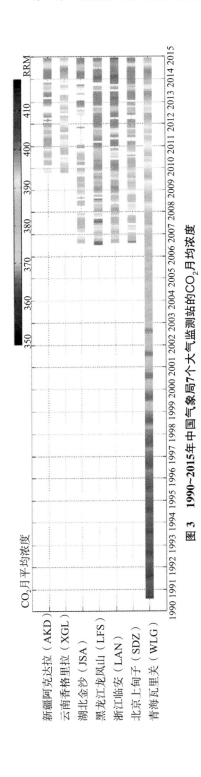

图 3 1990~2015年中国气象局7个大气气监测站的CO_2月均浓度

（二）碳排放量累积，生态安全会面临多重威胁

当过量的控排企业排放造成二氧化碳等温室气体大量累积，正常的碳平衡将被打破，陆地和海洋生物的生命周期会随之发生改变，最终生物多样性也因此受到威胁。[①] 例如，《自然》杂志曾刊文称，若气温上升超过 1.5℃，预计 9%~31% 的物种将会灭绝；若温度升至 3.5℃，就会有 20%~52% 的物种——地球一半的生物将灭绝。[②] 类似地，《斯特恩报告》（Stern，2007）指出，若全球气温上升超过 2℃，全球 15%~40% 物种将面临灭绝危险；若海水二氧化碳浓度的增加产生海洋酸化，将会直接影响海洋生态系统，继而会对一些渔业资源造成不可逆转的影响。[③]

就我国来说，有学者研究指出，近一百年来，以企业为主的化石燃料消费产生的碳排放变化呈现出逐渐增多的趋势：先后经历了低值缓慢增长期（1900~1950 年前后）、波动上升期（1951~2000 年）和快速增长期（2001~2006 年）三个阶段，其中碳排放量由 1900 年的近零排放，上升到 1950 年的 0.021GtC，增加至 2000 年的 0.929GtC，再增加到 2006 年的 1.667GtC。[④] 碳排放量的增加会对我国生态安全构成威胁，主要体现在：①陆地和海洋生物多样性可能遭受严重损害，野生动植物的分布、种群密度及行为、生态系统空间格局等会受到影响[⑤]，因为森林和其他生态系统将难以适应快速变化的气温，生态系统固有的自然过程会受到气候变化的强烈影响。例如，1961~2003 年间分布在大兴安岭的兴安落叶松及小兴安岭及东部山地的云杉、冷杉等树种的可能分布范围和最适分布范围因气候变暖均发生了北移。②草原、森林、水资源等生态资源退化或者减少，沙漠、荒漠化面积扩大。例

[①] See "Climate change poses risks for ecosystems, human health and economy in Europe", https://public. wmo. int/en/media/news/climate-change-poses-risks-ecosystems-human-health-and-economy-europe, last visited on February 8th, 2017.

[②] See Root T L, Price J T, Hall K R, et al. "Fingerprints of global warming on wild animals and plants," *Nature*, 2003, Vol. 421, No. 6918, pp. 57–60.

[③] 参见《斯特恩报告》，载中国网，http://www. china. com. cn/tech/zhuanti/wyh/2008 – 02/26/content_10795149_2. htm，最后访问时间：2017 年 2 月 8 日。

[④] 参见葛全胜、方修琦等编著：《中国碳排放的历史与现状》，气象出版社 2011 年版，第47 页。

[⑤] See IPCC Working Group Ⅱ, at 11（2011）.

如，受气候变暖影响，我国草地退化面积以每年 $2×10^6 hm^2$ 的速度发展。①
③农作物歉收，粮食供给减少，西北半干旱、干旱地区可能出现闹饥荒的
风险。

（三）碳排放量失控，公众健康将遭受诸多疾病威胁

控排企业过量的碳排放可能对公众健康造成显著影响。世界卫生组织认
为，过量的碳排放引起的气候变暖导致了许多虫媒传染病（如疟疾）发病率
增加、水源传染病（如腹泻）发病率增加和高温热浪带来的疾病与死亡，特
别是在一些发展中国家，情况尤为严重。② 类似研究也指出，虽然高纬度地区
的人口因寒冷因素所导致的死亡率将会下降，但营养不良和炎热因素将会导
致全球人口的死亡率急剧上升；如果控制措施不到位的话，亚洲虎蚊、蜱虫
和其他疾病携带者有可能使蜱虫脑炎、利什曼病、疟疾和登革热等虫媒疾病
肆意泛滥。③

诚如 IPCC 预测，过量碳排放影响下，疟疾和登革热传播的地理分布和发
病季节范围都将有所增加。以疟疾为例，美国学者埃里克·波斯纳和戴维·
韦斯巴赫研究指出，升高的气温有可能增加疟疾的发生率，因为它只在温热
气候下出现，若碳排放没有下降，到 2050 年疟疾将传播到我国的大部分地
区；④ 随着碳排放量的小幅减少，疟疾的致死率会最小化⑤。另有研究指出，
二氧化碳浓度的增加虽然能增强植物的光合作用，但可能导致人体必需的蛋
白质、氨基酸和铁、锌等微量元素含量下降。⑥

---

①　参见许吟隆等：《气候变化对中国生态和人体健康的影响与适应》，科学出版社 2013 年版，
第 18 页。

②　参见［美］詹姆斯·萨尔兹曼、巴顿·汤普森：《美国环境法》，徐卓然、胡慕云译，北京大
学出版社 2016 年版，第 117 页。

③　See Climate change poses risks for ecosystems, human health and economy in Europe, https://pub-
lic. wmo. int/en/media/news/climate-change-poses-risks-ecosystems-human-health-and-economy-europe, last visi-
ted on Februrary 8th, 2017.

④　参见［美］埃里克·波斯纳、戴维·韦斯巴赫：《气候变化的正义》，李智、张键译，社会科
学文献出版社 2011 年版，第 24 页。

⑤　See Richard S. J. Tol and Hadi Dowlatabadi, "Vector-borne Diseases, Development and Climate
Change: An Editorial Comment", *Integreted Assessment*, 2001, Vol. 2, Nol. 173.

⑥　参见许吟隆等：《气候变化对中国生态和人体健康的影响与适应》，科学出版社 2013 年版，
第 40 页。

四、由"外部风险"向"人造风险"的发展演变

"周围的感性世界决不是某种开天辟地以来就直接存在的、始终如一的东西，而是工业和社会状况的产物，是历史的产物，是世世代代活动的结果。"[①]碳排放环境风险是一种社会历史的产物，其经历了一个历史演变过程，考察这一过程有助于从人类历史发展脉络中认识和把握此类风险及其发展转变。

（一）原始文明时期：人造风险缺乏产生的科技基础

这一时期，渔猎、采集是人类生存的主要手段，生产力极其低下。自然界中充斥着神秘而又恐怖的力量，人类的生存可能时刻遭受威胁。这种未知的自然界力量，对当时的人类来说是一种不确定性，也正是吉登斯所指的"外部风险"。出于生存的本能，他们必须面对天灾的肆虐、猛兽的侵袭等外部风险源。在强大的自然力面前，他们是自然支配的对象。正如马克思和恩格斯所指出，"自然界起初是作为一种完全异己的、有无限威力的和不可制服的力量与人们对立的，人们同自然界的关系完全像动物同自然界的关系一样，人们就像牲畜一样慑服于自然界，因而，这是对自然界的一种纯粹动物式的意识（自然宗教）。"[②] 但是，迫于生存压力，当时的人们又不得不进行冒险和探险等本能的求生行为，这说明其正在努力摆脱"物种"式的顺应自然的生存模式，开始探索自身生存方式的"人化自然"活动。

伴随着"人化自然"活动，人类活动虽然会导致一些污染环境、破坏生态、导致资源枯竭的现象，但这些活动影响是"局部的、零星的、可恢复的、可补救的"，可以通过环境的自净能力和资源的再生能力消除。[③] 例如，当时的温室气体排放主要源自火山喷发、地震等自然过程，少量源于人类低下的生产生活方式，而非近现代意义的科技产物，可以被环境稀释、消纳、净化。因此，这一阶段的主导风险是大自然内在的固有的风险，而极度落后的生产

---

① 马克思、恩格斯：《德意志意识形态》，载中共中央马克思恩格斯列宁斯大林著作编译局编：《马克思恩格斯选集（第一卷）》，人民出版社 1995 年版，第 76 页。

② 马克思、恩格斯：《德意志意识形态》，载中共中央马克思恩格斯列宁斯大林著作编译局编：《马克思恩格斯选集（第一卷）》，人民出版社 1995 年版，第 81~82 页。

③ 参见柯坚：《环境法的生态实践理性原理》，中国社会科学出版社 2012 年版，第 13 页。

力对生态环境的施加影响却是微不足道的，作为科技副产品的碳排放环境风险因而缺乏产生的基本科技条件。

（二）农业文明时期：人造风险非属"冷铁器"使用的产物

步入农耕文明社会，青铜器、铁器等生产工具的发明，使生产力得以较快发展。人们利用这些新式生产工具开垦土地以进行大规模的集中种植。这不仅为人们提供了较以往更多的粮食等必需的生活资料，也促进了人口增长和地域性定居。定居式生活方式以血缘和地缘为基础，有助于发挥人们改造自然的"合力效应""规模效应"，这一方面提高了其生存能力，另一方面提升了其改造、利用、控制自然的能力。[1] 毁林开荒，种植和灌溉农作物，是其利用定居、集聚优势，改造自然取得"局部性"胜利的体现。[2] 与"局部性"胜利一同产生的是人们不合理的生产实践活动带来的局部性环境改变。因为囿于简单的"冷铁器"生产工具的使用和谋取生存必需品的活动目的，所以对生态环境的干预仍是局部性，当时人们面临的风险依旧是来自自然界的外部风险。这一时期，人类的碳排放活动主要是使用"冷铁器"满足生存需要的毁林、开荒、烧柴等损及"碳汇"的活动，产生的温室气体排放量极其有限，空气中温室气体的浓度也极低，其可以通过自然界的循环利用、稀释作用而得以消解，但相较于自然界的外部风险，这些影响远不足以扰乱或打破自然界的碳循环或碳平衡，依旧是微不足道的。

（三）后工业文明时期：人造风险是后现代性的副产品

受文艺复兴和启蒙运动的影响，人类的理性和科技知识不断发展，人们的实践活动也由农耕活动发展为工业实践活动。诚如学者所说"伴随着近、现代社会科学技术力量的革命性变化以及人类物质欲望的不断膨胀，人类对于自然的认识和观念发生了巨大的改变：从原始社会和农耕文明时期对自然的敬畏、崇拜和顺应，逐步转变为工业革命以来对自然的改造、控制乃至征服。"[3] 在工业革命和科技革命极大地推动了人类"征服自然"活动的同时，

---

[1] 参见刘岩：《风险社会理论新探》，中国社会科学出版社2008年版，第3页。

[2] 参见林兵：《环境伦理的人性基础》，吉林人民出版社2002年版，第4页。

[3] 柯坚：《环境法的生态实践理性原理》，中国社会科学出版社2012年版，第16页。

人类的生存状况也随之经历着空前的变化。具言之，社会物质财富得到空前丰富的同时，也出现了前所未有的严重环境问题；工业发展方式在提高人类改造自然的能力的同时，也由被动依赖自然转变为积极改造自然，但环境问题制造能力却在"提高"，环境污染、生态恶化、资源枯竭等传统环境问题凸显。但是，这些问题属于贝克所说的简单现代性——工业文明时期内在创新的产物，一般较为确定，且人们可通过科技手段对其进行监测、评估、预测，并可借助科技手段进行事前预防、事中治理、事后补救。

到了后工业文明时期，即贝克所指的自反现代性阶段，科技发展在增强人的生存能力的同时，却在不断改变和威胁着工业社会的基础，令社会展现出自我抵抗的风险社会的样态。碳排放环境风险这一不同于传统环境问题的环境风险问题出现，它的高风险、广影响正以频繁发生的气象灾害、生物多样性减少、公众健康受损等样态呈现出来。其主导形式也由原始文明、农业文明时期的自然源的碳排放环境风险转变为了后工业文明时期的以控排企业为主的人造碳排放环境风险。诚如吉登斯所指出"在某一时刻（从历史的角度来说，也就是最近），我们开始很少担心自然能对我们怎么样，而更多地担心我们对自然所做的。这标志着外部风险所占的主导地位转变成了被制造出来的风险占主要地位。"[1] 在这个时期，以控排企业为主的人为活动使大气中二氧化碳等温室气体的排放量急剧增加，这很大程度上是因为大量燃烧矿物燃料、工业生产过程的活动。例如，当控排企业燃烧矿物燃料时，燃料中的碳就以二氧化碳的形式被排放出来，生产水泥、钢铁等过程也会释放大量温室气体。正如学者指出，矿物燃料是碳排放最大的罪魁祸首，其燃烧产生的碳排放量增长最快、存续于大气空间的时间也长，大约有60%来自矿物燃料。[2] 因此，控排企业的碳排放环境风险是后现代性带来的产物，也正是在这一阶段它取代了外部风险成为主导风险形式。第三节将结合问卷调查，从科学和文化的综合角度进一步探讨风险形式的生成与规制问题。

---

① ［英］安东尼·吉登斯：《失控的世界》，周红云译，江西人民出版社 2001 年版，第 23 页。

② 参见［瑞典］克里斯蒂安·阿扎：《气候挑战解决方案》，杜珩、杜珂译，社会科学文献出版社 2012 年版，第 14 页。

第三节　"碳排放环境风险"的生成机理与环境
行政规制的需求

环境法具有很强的科学技术性，其解决环境问题需建立在科学理论和科学技术的基础上。[1] 这是因为，确立行为模式和法律后果需以科学技术和科学推理的结论为前提，确立协调人与自然关系的法律准则又需以自然科学规律（生态规律）为根据。[2] 简言之，环境问题的法律化建立在环境问题科学成因正确分析的基础上。[3] 与此同时，环境法还是文化建构的产物，因为法律本身是一种文化现象，其产生和发展又受到一定文化背景的影响，[4] 环境法自然也不例外。人造风险的生成不仅具有复杂的科学机理，还融合了文化因素，从控排企业行为至生态环境、公众健康的受损来看，其因果链条较为复杂和特殊，风险法律规制也应具备这一特殊性。

一、碳排放环境风险的生成机理：基于控排企业行为的分析

综合碳市场实践和环境致人损害过程研究来看，从控排企业行为到环境、生态、公众健康受到影响或损害，可大致分为四个阶段：其一，碳市场中控排企业的不法行为：即碳市场中控排企业不法争取碳排放权的行为；其二，控排企业的碳排放源的排放：即控排企业将碳市场中非法争取到的排放权利转化为内部排放源的排放活动；其三，大气环境容量资源的不法侵占：即控排企业向大气环境中排放温室气体超过许可量且不依法通过购买配额等方式进行成本内化，出现的大气环境资源被肆意利用的状态；其四，生态环境和公众健康受损：即非法过量碳排放的累积，引起空气中温室气体浓度升高，进而对生态环境和公众健康带来影响或损害。下面将对这四个阶段进行分解，

---

① 参见蔡守秋主编：《环境资源法教程》，高等教育出版社 2004 年版，第 43 页。
② 参见汪劲：《环境法学》，北京大学出版社 2014 年版，第 27 页。
③ 参见张宝：《环境监管的法理审视》，中南财经政法大学 2012 年博士学位论文。
④ 参见易先良：《环境法文化初探》，载《比较法研究》1991 年第 3 期。

以尝试厘清碳排放环境风险的生成机理。

（一）碳排放环境风险的生成过程

1. 碳市场中控排企业的不法行为

根据碳市场的阶段性特征，从学理上可将第二节控排企业的不法行为划分为违法配额获取行为、违法配额交易行为和违法配额清缴行为。

（1）违法配额获取行为。配额获取行为是指在配额初始分配阶段，控排企业基于获得配额的目的所实施的、能够产生法律上的效力、产生一定法律的效果的行为。例如，为了获得免费配额，控排企业根据国家或者试点省市碳排放权交易主管部门的要求，报告自身二氧化碳历史排放情况的行为；为获得有偿配额，控排企业参与拍卖机构依法开展的配额拍卖行为。（足额）配额的获取是进行配额交易和履行清缴义务的前提和基础。

由于配额获取行为主要发生在配额初始分配阶段，因此这一阶段的控排企业行为具有如下特征：其一，配额获取行为是具有政府指向的行为。控排企业的配合获取行为不是一种纯粹的自我指向的行为，更是一种政府指向的行为。控排企业配额获取行为的发生，一定会对其以外的主体之利益和关系产生直接或间接的影响。这种影响可能是积极的、有益的，例如，国家温室气体控制要求得以落实；也可能是消极的、有危害性的，例如，企业超量排放二氧化碳等温室气体。其二，配合获取行为具有法律性。一方面，控排企业的配额获取行为被国家、试点省市相关立法纳入调整，这是因为该行为会对社会带来积极或消极的影响，可能影响到环境公共利益的实现。另一方面，配额获取行为是不平等主体间交互性行为，处于一方为行政主体政府、另一方为行政相对人企业的行政法律关系中，这种行为一旦形成就获得法律保护，甚至会产生配额占有、变更、注销等法律效果。其三，配额获取行为具有被动参与性。控排企业是由政府依法强制纳入碳排放权交易体系的。作为一级碳市场的配额初始分配市场，更是一个政府主导的、控排企业被动参与的市场。控排企业需要根据政府的要求，提交碳排放报告和核查报告，经政府审定通过后，方可取得一定数量的配额，具有明显的被动性。

在配额初始分配阶段，企业一般需要完成报告其历史或者基准年碳排放量、完成注册登记、保证账户金额充足等要求，才可能避免不必要的法律风险。然而，实践中大部分的企业未采取任何内部控制措施，少数的控排企业也只有一些口头要求。不难看出，控排企业的法律意识比较淡薄，仅有极少数企业建立了内控制度，大部分企业并未作规定；另外，这也说明政府对控排企业建立该制度规制不足。这样在此阶段，控排企业就可能基于追求更多的碳排放权或者获得额外的经济利益之目的，采取造假历史排放数据和不实的碳排放报告等违法行为。

（2）违法配额（或 CCER）交易行为。配额（或 CCER）交易行为是指在配额交易阶段，控排企业基于买卖配额（或 CCER）的目的所实施的、能够产生法律上的效力、产生一定法律的效果的行为。配额（或 CCER）交易行为，对作为卖方的控排企业来说，意味着盈余配额（或 CCER）的变现，并会获得额外减排利益；对作为买方的控排企业来说，则是不足配额的买入，会增加额外超排成本。

相较一级碳市场中的配额获取行为，二级碳市场中的控排企业配额（或 CCER）交易行为具有如下特点：一是配额（或 CCER）交易行为的多元指向性。若控排企业作为买方，卖方可能是其他富余配额的控排企业、控排事业单位或者出售储存配额的投资主体或 CCER 的拥有者等。若控排企业作为卖方，买方可能是超配额排放的控排企业、控排事业单位或者储存配额的投资主体或 CCER 的需求者等。二是配额（或 CCER）交易双方地位的平等性。配额（或 CCER）交易行为所属的法律关系属于平等主体间的合同法律关系，双方地位是平等的。三是配额（或 CCER）交易行为开展的自主性。控排企业可依规定自主选择交易的时间、数量、可接受碳价等内容。

在配额交易阶段，控排企业严格按照规定方式交易，履行大户配额持有量报告义务，缴纳交易费等相关费用，给予交易操作员必要权限等，是确保交易行为合法，避免承担不利后果的充分条件。实际上，控排企业在规范自身的碳交易行为方面也是不够健全的，这也说明主管部门在引导、规制企业行为方面存在不足。那么，这一阶段就可能出现不缴纳交易费等相关费用、不履行大户持有量报告义务、不按规定方式交易、不办理买卖结算等违法情况。如果碳市场主管部门、交易机构等放松管制，企业可能会从中获得非法的利益，这种利益（如非法配额）获取本质上是非法取得碳排放权，最终可能使总量控制失效。

（3）违法配额清缴行为。配额清缴行为是指在配额上缴阶段，控排企业基于完成履约的目的所实施的、能够产生法律上的效力、产生一定法律的效果的行为。这里的"履约"不是指交易阶段中平等主体间的履约，而是指作为义务方的控排企业向作为权利方的代表的政府，来上缴上年度经政府审定排放量的等额配额或超额配额。上缴超额配额，是指控排企业出于公益目的注销非免费路径获取的有偿配额的行为。一般来说，配额清缴行为是反映控排企业温室气体控制情况的一面"镜子"。按期完成配额清缴行为的控排企业，多是在配额许可范围内排放的企业；超期完成或不完成配额清缴行为的控排企业，常常是在配额许可范围外排放的企业。

与配额获取行为、配额（或 CCER）交易行为相比，配额清缴行为具有如下特点：首先，配额清缴行为具有目的的双重性。对大多数控排企业来说，清缴配额是基于完成履约义务，即目的具有私益性；还有一些控排企业，超配额量的履约往往出于环境保护的目的，即目的具有公益性。其次，配额清缴行为选择具有灵活性和局限性。控排企业需提交足额的配额来履约，若履约前出现或可能出现配额不足时，其需要在碳市场上购买配额以补足差额，或者选择购买在其组织边界外产生（有的地方有本土产生要求的，还需同时满足该要求）的 CCER 抵消全部或部分不足的配额，但是抵消的比例不得违反法律规定，或者在权衡成本—收益的基础上，选择接受处罚。最后，配额清缴行为后果具有多重意义。若配额清缴义务按期完成，控排企业可以避免受到碳市场主管部门、其他相关部门的惩罚，同时可以享受节能减排项目优先资助、银行贷款、企业评优等方面的优惠；若配额清缴义务未如期完成，控排企业可能会面临着罚款、配额扣减发放、纳入诚信黑名单等行政处罚，构成犯罪的还将面临刑事追责，甚至会影响到企业的生存与发展。

在配额清缴阶段，控排企业按规定编制和提交碳排放报告、提交资料配合核查、提交碳排放报告和核查报告供审定、及时完成配额清缴等工作，是企业避免在履约阶段承担不利法律后果的重要保障。那么，控排企业对此是否采取了一些保障措施或活动？实践中大多数的企业能较为完整地保存组织边界内的排放数据，并依照所属行业报告指南要求编制碳排放报告，也能够在期限内提交碳排放报告和辅助资料，配合核查机构核查，这说明企业对履约持"积极"态度，诚如调研访谈中企业普遍认为碳交易是一种"负担"，因此积极履约有早日摆脱"负担"之嫌。但是，控排企业履约中存在着原始数据保存不够完整或者数据伪造、编造问题，也存在着不接受、不配合、干扰和阻挠核查等现象，不按期、不足额上缴审定配额等违法问题，从而影响核查、审查、清缴工作的有序推进。例如，深圳翔峰容器有限公司诉深圳市发展和改革委员会行政处罚行为一案，原告（上诉人）在一审、二审均败诉的一个原因是，深圳翔峰容器有限公司未依法在规定的期限内完成履约。[①]

2. 控排企业的碳排放源的排放

虽然控排企业的碳市场中的违法行为并不直接给生态环境和公众健康带来影响，但是其争取更多碳排放的目的最终会反映到其能源活动、工业生产过程等排放活动中，而过量的碳排放则可能间接对生态环境与公众健康造成影响。实践中，碳排放的排放源复杂多样，既有生产端（如工业生产过程）的碳排放，也有消费端（如能源燃料的利用）的碳排放，还有一些农牧业排放源等。[②] IPCC 指南中确定的碳排放来源包括能源活动、工业生产过程和产品使用、农业、土地利用变化和林业、废弃物五大类（见图4）。[③] 其中，能源活动、工业生产过程和产品使用是我国控排企业碳排放的主要来源[④]。

（1）能源活动。控排企业能源活动的碳排放主要来自煤、石油、天然气等化石燃料燃烧利用。《中国煤炭工业发展报告蓝皮书 2006-2010》指出，我国 2005 年原煤产量和消费量均接近 22 亿吨，占世界的 37%，占国内一次能源生产和消费的 70%。[⑤] 在 2010 年，我国煤炭消费量达 16.8 亿吨石油当量位

①　参见广东省深圳市中级人民法院行政判决书（2016）粤 03 行终 450 号。

②　孙永平主编：《碳排放权交易概论》，社会科学文献出版社 2016 年版，第 34 页。

③　图转引自林健主编：《碳市场发展》，上海交通大学出版社 2013 年版，第 147 页。

④　参见殷培红、王媛、李蓓蓓等：《金融危机前主要经济体温室气体减排路径研究》，气象出版社 2014 年版，第 208 页。

⑤　王毅刚：《中国碳排放权交易体系设计研究》，经济管理出版社 2011 年版，第 124 页。

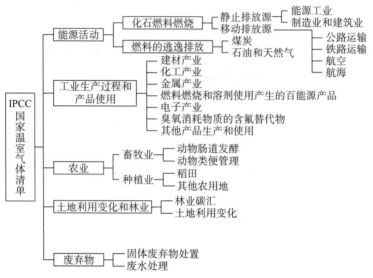

图 4　IPCC 指南中确定的碳排放来源

居世界第一，占世界煤炭消费总量的 47.5%，占国内一次能源消费总量（24.0 亿吨石油当量）的 69.8%；石油、天然气分别占国内一次性能源消费总量的 18.2% 和 4.0%。以二氧化碳排放为例，能源生产及加工转换排放占二氧化碳排放总量的比例明显上升，由 1990 年的 31.3% 上升至 2005 年的 40.3%，成为能源领域第一大排放源。①

（2）工业生产过程和产品使用。控排企业工业生产过程的碳排放主要源自水泥、石灰等产品的生产过程。有学者研究二氧化碳的排放指出，1994~2005 年间，我国工业生产过程除石灰生产减排 18.5% 外，其余主要部门二氧化碳排放均增排；2005 年水泥生产二氧化碳排放 4.1 亿吨，占工业生产过程二氧化碳排放总量的 72.3%，比 1990 年上升了 15.5%。② 另外，钢铁、电石、石灰岩和白云石等其他生产过程也会产生一定量的温室气体。例如，钢铁生产中，铁矿石软化炉、高炉、无回收电烧焦炉、推焦过程、烧结过程、电弧

---

① 参见殷培红、王媛、李蓓蓓等：《金融危机前主要经济体温室气体减排路径研究》，气象出版社 2014 年版，第 204~209 页。

② 参见殷培红、王媛、李蓓蓓等：《金融危机前主要经济体温室气体减排路径研究》，气象出版社 2014 年版，第 209 页。

炉、氩氧脱碳炉和直接还原炉均会产生一定量的二氧化碳。[①]

3. 大气环境容量资源的不法侵占

环境容量的概念最早由日本学者提出，后于 20 世纪 60 年代末被日本政府用于设计污染物总量控制制度，以改善大气、水体等环境质量状况，而后深受学界关注。[②] 通常而言，大气、水等环境要素对污染物具有自然净化功能，其通过"稀释—降解—氧化—还原"等功能，可以使进入环境中的污染物转为无害；但是，环境自然净化功能是有限度的，只有污染物数量未超出其净化能力时，其净化功能才能正常发挥，环境要素才能保持良好状态，反之，若污染物数量超越其净化能力时，其净化功能则难以奏效，环境质量也会下降。这种环境纳污能力即为"环境容量"。简言之，它是指在不损及人体健康、生态环境良好状态前提下，所能消纳的污染物的最大承载量。

大气环境容量具有自然资源属性。1972 年联合国环境规划署将自然资源定义为"在一定时间条件下，能够产生经济价值，提高人类当前和未来福利的自然环境因素的总称"，1987 年出版的《中国自然保护纲要》也作了概括性规定，即"在一定的技术经济条件下，自然界中对人类有用的一切物质和能量都称为自然资源"。[③] 尽管定义存在差异，但可以看出自然资源具有以下显著特征：其一，自然性，即自然资源不以人的意志为转移的自然要素，是自然环境的组成部分；其二，社会经济性，自然资源的开发利用及其管理与人们对其的认识、态度、利益关系和控制能力有关；其三，有用性，即自然资源可以被人类利用，满足人类生存或发展的需求；其四，稀缺性，即自然资源在受人力干预（如国家立法禁止或限制、政府垄断等）情况下会呈现稀缺性。[④] 大气环境容量契合自然资源的属性特征，体现在：首先，大气环境容量是客观存在的环境组成部分，而非人工制造物，可见其符合自然性的要求；其次，大气环境容量的利用与社会经济条件、科学技术水平等因素有关，显然其满足社会经济性的要求；再次，大气环境容量可被用来消纳一定的大气污染物，因此其具备有用性的要

---

① 参见刘兰翠等编译：《主要发达国家的温室气体排放申报制度》，中国环境科学出版社 2012 年版，第 87 页。

② 参见王小龙：《排污权交易研究：一个环境法学的视角》，法律出版社 2008 年版，第 45 页。

③ 汪劲：《环境法学》，北京大学出版社 2014 年版，第 3 页。

④ 参见蔡守秋主编：《环境资源法教程》，高等教育出版社 2004 年版，第 273~275 页。

求；最后，大气环境消纳温室气体的能力是有限的，一旦其承载量超出可以容纳的阈值，大气环境维系的生态平衡将被打破，也就不能实现正常的生态良性循环。随着大气环境容量趋向饱和，其稀缺性愈加显现，基本上类似于土地、矿产等自然资源，① 因而大气环境容量又体现有限性的特征。

然而，大气环境容量资源可能因控排企业行为出现"公地悲剧"。1968 年美国学者加勒特·哈丁在《科学》杂志发表了《公地的悲剧》一文。哈丁认为，"资源用尽和环境问题都源于对资源获取的动机，当没有人可禁止他人使用和进入时，有限的资源最终会被污染或用尽。"② 具体到大气环境容量资源，二氧化碳等温室气体本是大气的组成成分，若控排企业等人为排放不超过大气环境容量，则不会改变大气环境的良好状况，法律也没有对之调整的必要；若其需要超过碳排放许可进行排放则必须履行法定程序，如去市场购买更多的配额或者经主管部门依法批准。然而，控排企业具有理性、自利两个特质，其中，"理性"意味着企业决策时"具有思索分析的能力"，"自利"表现在"总是会设法追求自己的福祉③。这两个特质决定了其会出于利益最大化对各种方案进行比较与选择，即在一组可供选择的方案中，来择取能给其带来最大好处的一个。因此，它们会基于发展、利益追求目的而冒触犯法律之风险，进而大肆消耗资源能源，超量排放二氧化碳等温室气体进入大气环境，以最大限度地增加其利润，实现"金钱上的利益"的动机。例如，实践中，地方政府要么基于 GDP 追求，要么因为政策法律滞后或者执行不到位，而放纵控排企业不付出相应成本的任意使用大气环境容量资源，导致碳排放容量空间的非竞争性、非排他性的过量、无效率使用的"公地悲剧"的现象。

4. 生态环境和公众健康受损

大气环境容量遭不法排放侵占后，不必然对生态环境和公众健康带来影响，还需要通过一定时间、一定浓度的大气环境介质的接触。如果不法碳排放量没有超出大气环境容量消纳能力或者虽超过大气环境容量承载力但持续

---

① See Juval Portugali, "Population, society, and environment on the verge of the 21ˢᵗ Century: An overview", *Discrete Dynamics in nature and Society*, 1999, Vol. 3, No. 2−3, pp. 77−79.

② See Garrett Hardin, "The Tragedy of the Commons", *Science*, 1968, No. 162, p. 1243.

③ 参见熊秉元：《解释的工具：生活中的经济学原理》，东方出版社 2014 年版，第 10 页。

时间过短，则仍然不会对生态环境和公众健康带来显著影响。换言之，只有长期接触一定浓度的碳排放，气候变暖效应才能施加于正常的生态系统和公众健康。生态环境和公众接触控排企业的过量碳排放，主要通过三种途径：其一，利用大气的流动特性，使过量累积的碳排放扩散至其他环境介质。其二，采用碳捕获、利用与封存技术（CCS）将控排企业产生的温室气体捕获后，通过管道、船舶等方式运至已选定的储存地，运用封存技术进行地质封存或海洋封存。例如，澳大利亚颁布的《温室气体地质封存法》、英国《二氧化碳封存许可法令》和《二氧化碳海洋封存许可法令》等一些国家的立法将这一技术纳入了调整。但是，CCS 技术却备受争议，因为海洋封存会形成"巨大死亡带"，使深海生物面临威胁，地质封存又受地质条件稳定性的制约，还存在封存泄露侵权的问题。一旦出现大量泄露则会对周围生态环境和公众健康产生重要影响。其三，公众长期居住在过量碳排放企业的周围，通过呼吸等方式接触这些气体。

过量碳排放以上述方式进入环境介质和人体后，会使生态系统的正常功能和人体正常机能发生改变。当生态系统遭受长期过量碳排放入侵后，其周围气温会渐渐升高，这将改变植被群落、组成和生物量，从而使生态系统空间格局发生改变，造成生物多样性的减少等后果。同样，长期过量碳排放还会使一些虫媒疾病繁殖与蔓延，并加剧空气污染物的化学反应，进而使人体免疫能力下降，更易感染疟疾、革登热等虫媒疾病和诱发哮喘、心脑血管疾病等其他疾病。

（二）碳排放环境风险生成的过程模型

由上述分析可以看出，从碳市场中的控排企业不法行为到生态环境和公众健康受到影响，其过程非常复杂。若检视政府规制碳市场中控排企业的行为之得失，唯有厘清其作用机理。为使分析过程更加清晰，可建立因果关系模型予以呈现。以上碳排放环境风险生成过程的因果关系可示意如图5：

二、碳排放环境风险的特性表现

经过对碳市场控排企业行为对生态环境和公众健康影响过程的分析，可以看出碳排放环境风险问题特别复杂且具有不确定性，其具有区别于一般环

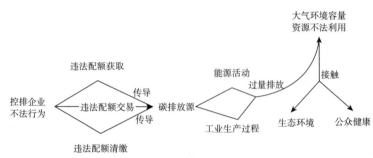

图5 碳排放环境风险生成的因果关系模型

境问题的显著特征：

（一）原因行为的特殊性

现代社会的风险主要不是源自外部自然界，而是来自人类行为自身。[①] 易言之，人们面临的主导风险主要与人的活动紧密相关。在传统文化中，乃至传统的工业社会中，饥荒、瘟疫、地震、火山、海啸等均是社会关注的焦点。但是，这些焦点的共同之处在于，其均源于人类行为之外，其实质是自然界基于内在规律而对人类生产与生活产生的负面影响。

与之不同，上文所分析的碳排放环境风险则与控排企业的行为密切相关。当然，控排企业自身行为具有多样性，部分行为与碳市场没有关系，而部分行为却具有碳市场指向性。引发碳排放环境风险的行为是控排企业内部产生的、具有碳市场（碳排放权）指向性的行为。在这个意义上，碳排放环境风险可称之为控排企业的碳市场行为所带来的"人造风险"。例如，配额获取过程中违规提交历史排放信息、配额交易过程中拒绝缴纳交易费用、配额清缴过程中的不按期上交配额等违法作为、不作为行为等，均具有获得更多排放机会的倾向性。申言之，碳排放环境风险是控排企业决策和选择的问题，而非外部风险，是控排企业行为活动中和碳市场不同制度中内生的风险。

（二）因果关系的间接性

传统环境侵权因果关系链条是"人—环境—人"，即人首先将其环境污染

---

① 参见［英］安东尼·吉登斯：《失控的世界》，周红云译，江西人民出版社2001年版，第31页。

行为和生态破坏行为作用于环境，然后环境介质性质或者功能发生改变，进而导致行为人或者他人人身损害和财产损害。[①] 与之不同，碳排放环境风险生成中的因果关系更为复杂。具体体现在：

第一，控排企业为了非法获取更多的碳排放量，其违法配额获取行为、违法配额交易行为和违法配额清缴行为分别作用于一级碳市场的配额分配、二级碳市场的配额交易和配额清缴三个阶段，主要表现在以提供虚假历史排放信息和数据、不如实报告碳排放量、不配合核查、不依法清缴配额等形式来非法获取更多的排放机会。

第二，碳市场中控排企业行为会传导至其日常的生产、经营、管理活动中，主要表现在将碳市场中非法行为争取到的排放机会转化为非法排放行为，如能源活动和工业生产过程等排放源过量排放二氧化碳等温室气体，且不支付相应成本。

第三，长期过量碳排放行为必然会导致大气环境容量空间的非法侵占，主要通过大气扩散作用、公众暴露接触等方式，当空气中温室气体含量达到一定浓度，则会对生态环境、公众健康产生不同程度的影响。

（三）利益关系的复杂性

碳市场涉及控排企业、主管部门、交易所、核查机构等多元主体。这些主体间存在着错综复杂的利益关系，并编织出一张复杂的"法律关系"网，主要体现在：

1. 初始配额分配中形成的法律关系

在初始配额分配中主要存在一种纵向法律关系。此种法律关系是在不平等或者不对等的法律主体间所建立的权力服从关系，其显著特征在于：①各主体间处于不平等或不对等的地位；②各主体间的权利和义务具有强制性，既不能随意转让，也不能任意放弃。[②] 在强制减排碳市场机制下，碳市场主管部门基于确定的总碳排放量，对控排企业的配额申请进行审查，根据审查结果给予其一定数量的排放许可，控排企业因而获取碳排放的资格或取得一定数量的

---

① 参见王国飞：《体育环境侵权的识别与定位——兼评〈侵权责任法〉环境污染责任条款》，载《西安体育学院学报》2016 年第 2 期。

② 参见舒国滢主编：《法理学导论》，北京大学出版社 2012 年版，第 149 页。

碳排放权份额，由此在碳市场主管部门和控排企业间就形成了行政许可法律关系。[①] 在这种行政许可法律关系中，碳市场主管部门和控排企业的地位具有不平等性、不对等性，二者因此而产生的权利义务具有强制性，任何一方均不能恣意改变。可见，初始配额分配过程中形成了纵向的行政许可法律关系。

2. 配额交易中形成的法律关系

在配额交易中则存在横向法律关系和纵向法律关系：

（1）横向法律关系：民事合同法律关系。横向法律关系是指平权法律主体间的权利义务关系，其特点体现在：各法律主体的地位是平等的，权利和义务的内容具有一定程度的任意性。在强制减排碳市场机制下，控排企业间或者控排企业与其他市场交易主体间基于富余配额买卖的合意形成了民事合同法律关系。在这种民事合同法律关系中，交易双方在不违反法律和交易所规则禁止性规定前提下，可以平等地就交易对象、数量和价格等事项进行商议。其中，控排企业可能是出让人一方（如出售配额时），也可能是受让人一方（如购买配额时），作为出让方时其负有出让配额的义务和享有取得对价的权利，而作为受让方时其又负有给付对价的义务和享有取得配额的权利。

（2）纵向法律关系：行政确认法律关系。行政确认是指行政机关或法定授权组织依据法定权限、程序审查有关法律事实，并以确定、证明等形式认定行政相对人处于何种法律地位的一种行政行为。在配额交易过程中，碳市场主管部门对控排企业的配额交易合同进行形式审查、确认和监管，因此形成了行政确认法律关系。

3. 配额清缴中形成的法律关系

在配额清缴阶段，控排企业与主管部门间的配额清缴关系，实质上是不平等主体间的行政合同关系。这是因为，配额清缴的目的在于实施配额管理，消灭二者之间的法律关系，这正是行政合同的目的。[②] 若控排企业不清缴、不按时清缴或者清缴不符合要求则会构成违约，将会面临来自主管部门的行政处罚。

---

① 参见杨解君等：《面向低碳未来的中国环境法制研究》，复旦大学出版社 2014 年版，第 40 页。

② 参见吕忠梅、王国飞：《中国碳排放市场建设：司法问题及对策》，载《甘肃社会科学》2016 年第 5 期。

另外，控排企业与中介机构基于配额供求信息、运营管理、运营咨询服务又存在服务合同法律关系，与交易所基于注册登记、规范交易、配额结转等形成监督管理法律关系，[①] 与核查机构基于委托核查碳排放报告而形成委托核查法律关系。在碳市场之外，长期的过量碳排放还会给生态环境、公众健康造成潜在影响，这又涉及环境侵权法律关系。综上可见，控排企业涉及的利益关系极其复杂多样，一旦出现违法行为，就会触及一种或几种法律关系中的其他主体的利益。

（四）危害后果的多元性

过量碳排放的危害后果通常是造成一定时间、一定范围内的环境质量下降、生态系统格局改变和虫媒疾病滋生与蔓延。与传统的环境问题危害后果不同，这种危害后果具有高度的科技背景，是控排企业采用化石燃料燃烧、冶炼、发电等方面的科学技术的副产品。一旦出现过量碳排放导致的生态环境问题和公众健康问题，通常短期内难以恢复。主要表现如下：

第一，生态安全方面。若过量碳排放导致气候变暖，继而引致生态系统内部动植物数量、质量和行为方面的改变，则人们短期内很难将其恢复到正常的状态，甚至无法恢复，如物种的灭绝。

第二，环境污染方面。当过量碳排放被排放到空气中，温室气体浓度则会升高，进而会加剧空气污染物的化学反应，使新旧污染物发生叠加、变异，从而带来环境治理难度大、治理成本增加等问题。

第三，公众健康方面。同样，过量碳排放引起的气候变暖，可能令热带传染疾病北移或者既有地区病毒异化，由于危害的潜在性、复杂性、滞后性不为人们所认识，更因为临床症状少见、罕见而确诊困难，这将会给不特定地区的公众健康带来巨大威胁。

三、碳排放环境风险的规制困境

贝克揭露了唯理性主义的现代性后果——风险社会，并将其主要特征归

---

① 参见曹明德、刘明明、崔金星等：《中国碳排放交易法律制度研究》，中国政法大学出版社2016年版，第64~65页。

纳为五个方面：其一，风险是超越人类感知能力的，存在于空气、水、食物等中的毒素和污染物，并伴以长期或短期的对动植物、公众健康的影响；其二，风险的出现会使一部分人较其他人更易受到影响，如气候变暖影响显著地区的人们更易遭受危害；其三，风险可以通过资本逻辑予以扩散，如可通过配额买卖转移碳排放环境风险；其四，风险是文明社会的产物；其五，风险具有政治可能性，如温室气体控制已经成为世界各国利益博弈的重要领域。[①] 碳排放环境风险是风险社会的显征，科学研究显然有助于提高人们对这一风险的理解，尤其是控排企业的碳市场行为与生态环境、公众健康的关系。然而，科学研究方法的局限与生态环境自身的复杂性，决定了科学难以精确探知风险的因果关系，也就无法消除未知的风险。在此情形下，为避免生态环境的恶化和公众健康受到威胁，就需要预先采用规制手段。从我国碳市场实践来看，碳排放环境风险规制的任务主要由碳市场主管部门来实现，其措施强调的是主管部门对控排企业行为的行政规制。但是，其规制理念、规制制度却未能走出传统环境行政管制的困境。

（一）规制理念：碳排放环境风险"命令—控制"的专断

20 世纪 60 年代政府干预环境治理的功能被不断重视、放大，[②] 到 20 世纪 70 年代政府的环境治理角色凸显，政府管制型环境治理模式渐趋形成[③]。例如，在 20 世纪 60 年代末至 20 世纪 70 年代初，美国环境治理呈现出将污染非难化的趋势，或采取严厉的干预性管制手段，诸如以立法形式确立治理机关、制订标准、明确禁限规定、课以行为义务，或者采用经济手段将污染成本内化为企业的生产经营成本。这一环境治理模式具有三个方面的显著特征：①政府及其部门对环境保护等公共事务进行垄断性、强制性管理；②政府及其部门负责公共物品与服务的供给；③政府及其部门负责环境危机的应对。

具体到碳排放环境风险规制，实则体现了"命令—控制"的环境行政管制理念。当前，我国面临着严峻的碳排放控制形势，一旦控排企业出现气候变化重大问题，政府通常遵循"命令—控制"的理念，包括中央层面设立国家应对气候变

---

① 参见胡炜：《法哲学视角下的碳排放交易制度》，人民出版社 2013 年版，第 92 页。

② 参见［英］阿瑟·塞西尔·庇古：《福利经济学》，金镝译，华夏出版社 2013 年版，第 73 页。

③ 参见殷杰兰：《论全球环境治理模式的困境与突破》，载《国外社会科学》2016 年第 5 期。

化领导小组或国务院节能减排工作领导小组，由国务院总理担任组长，分管气候变化工作的国务院副总理、国务委员任副组长，国务院相关部委负责人等任委员，负责研究、协调解决重大气候变化问题等事务；地方省级发改委设立应对气候变化处，负责研究、协调、采取措施解决本行政区内的气候变化问题等事务。例如，若发现控排企业超额排放，且不购买一定量的配额完成履约，试点碳市场主管部门则会采取纳入信用黑名单、限期改正、罚款、向征信部门通报并向社会公告、取消或限批财政资金资助，乃至关停等管制措施。

这样一种"命令—控制"管制思路，对规范控排企业的排放行为、维护正常的碳市场秩序等具有合理之处。然而，长远来看，"命令—控制"式的管制并不能很好地解决问题。这是因为：一是"命令—控制"式的管制思路针对的是"那些有害性已经明了的物质、行为"[1]，难以长效消弭风险。二是"命令—控制"式的管制思路难以根治控排企业的违法行为。尽管事后行政处罚令企业付出了一定经济代价，但抓获概率低的问题仍不能杜绝违法行为的发生，遭受影响的生态环境和公众健康问题更是难获及时补救。三是"命令—控制"式的管制思路无法实现有限环境行政资源的合理配置。用于降低碳排放环境风险的社会资源，尤其是行政资源总是有限的，而"命令—控制"式规制思路易过多地把资源错置于证明有害性、违反事实上，从而造成重要风险领域资源配置的不足。

（二）规制制度：碳排放环境风险"过程规制"的不足

环境法律制度要能满足碳排放环境风险规制的需求，但立法实践中并非如此。正如吕忠梅教授等学者概括指出，我国碳市场法治建设存在"政策依赖，立法较为滞后，司法困境存在"的问题，其中，法律制度的缺失是司法路径不畅通的原因。[2] 本书认为，法律制度的缺失还是碳排放环境风险规制不够理想的重要原因。下面，将以"深圳翔峰容器有限公司（以下简称翔峰公司）诉深圳市发展和改革委员会（以下简称深圳发改委）行政处罚行为一案"为例，试图通过案例的评析，来反思当下碳排放环境风险"过程规制"

---

① ［日］黑川哲志：《环境行政的法理与方法》，肖军译，中国法制出版社 2008 年版，第 13 页。

② 参见吕忠梅、王国飞：《中国碳排放市场建设：司法问题及对策》，载《甘肃社会科学》2016年第 5 期。

制度之不足。

1. 基本案情回顾

2015 年 5 月 20 日，深圳发改委向翔峰公司送达《深圳市发展改革委关于确定管控单位 2014 年实际配额数量和实际碳排放量的通知》，告知：依其提交的经第三方核查机构核查的 2014 年碳排放报告和经市统计部门核定的 2014 年统计指标数据，确定其 2014 年度目标碳强度为 2.362 吨/万元，实际工业增加值为 714 万元，实际配额数量为 1686 吨，实际碳排放量为 6614 吨，配额短缺量为 4928 吨，应于 2015 年 6 月 30 日前完成实际碳排放量履约。深圳发改委于 2015 年 7 月 1 日发现翔峰公司未按时足额履约，并于次日向其送达《深圳市发展改革委关于责令深圳翔峰容器有限公司补交配额的通知》并要求其于 7 月 10 日前补交差额配额。翔峰公司未在补交期限内履约，并认为，其用电量较 2013 年大幅下滑，工业产值受市场影响产值也下滑，不应提交这么多的配额。基此，深圳发改委于 2015 年 8 月 4 日向翔峰公司送达《深圳市发展和改革委员会违法行为通知书》，告知其未完成履约行为涉嫌违法，违反了《深圳市碳排放权交易管理暂行办法》（已失效）第 36 条第 1 款的履约规定，需依据该办法第 75 条第 1 款缴纳罚款人民币 633 642.24 元；于同年 8 月 19 日依翔峰公司要求举行了听证；于同年 9 月 7 日作出《深圳市发展和改革委员会行政处罚决定书》并于 9 月 10 日送达，认定翔峰公司未按时履约行为违反上述规定，决定从 2015 年度分配配额中扣除未补交部分，并处以未交部分市场均价 3 倍的罚款。翔峰公司不服，向深圳市福田区人民法院起诉要求撤销深圳发改委的行政处罚决定书。

一审法院审理认为，原告翔峰公司主张的 2014 年度用电量比 2013 年度减少，碳排放总量也应相应减少，缺乏事实和法律依据；深圳发改委的行政处罚符合规定，程序合法，适用法律正确，判决驳回原告的诉讼请求。翔峰公司不服一审判决，向深圳市中级人民法院提起上诉，要求：撤销一审判决和行政处罚决定书、由被上诉人深圳发改委承担诉讼费用。上诉人翔峰公司补充理由认为，核查机构无核查资质，且未收到核查报告，被上诉人深圳发改委不应据此作出行政处罚。可见，本案的焦点是：被上诉人确定的上诉人 2014 年度碳排放实际配额和实际碳排放量是否正确，对上诉人作出的行政处罚程序是否合法。二审法院审理认为，配额数量计算符合《深圳经济特区碳排放管理若干规定》第 4 条碳排放额度确定的规定和《深圳市碳排放权交易管理暂行办法》（已失效）第 19 条第 2 款实际配额数量计算的规定，用电量减少排放量也应减少的主张不成立；核查机构及工作人员符合《深圳经济特区碳排放管理若干规定》第 7 条第 1 款和《深圳市碳排放权交易管理暂行办法》（已失效）第 5 条第 2 款关于核查机构管理的规定，核查报告无效理由不成立；上诉人没有就核查报告疑义向被上诉人提出碳核查结果的复核，其单方疑义不构成不完成履约义务的正当事由。综上，二审法院最终判决"驳回上诉，维持原判"。

2. 规制制度追问

从上述案情来看，深圳发改委的行政处罚决定于法有据，一审、二审法院的认定事实、适用法律也并无不当。因此，本书引用该案不是为了指摘判决问题，而是以此导出碳排放环境风险行政规制中值得思考的制度问题。

（1）控排企业的核查质疑有无道理？本案二审中，上诉人翔峰公司为了推翻被上诉人深圳发改委的行政处罚决定书，对决定书的重要依据核查报告提出了质疑。虽最终未被法院采信，但提出了一个行政规制的前提问题。即核查的依据标准是否存在，若存在是否科学、合理？目前，我国先后分三批共公布了 24 个行业的碳排放核查与报告指南，其中发电、电网、钢铁生产等 10 个行业的碳排放核查与报告指南由全国碳排放管理标委会以碳排放国家标准的形式确定了下来，另有 14 个行业正处于标准的研究制定过程。碳排放标准制定主要以专家立项形式推进，包括控排企业在内的公众则难以参与其中。例如，中国标准化研究院陈亮主任主持了"支撑碳排放交易的典型共性技术与标准研究及集成应用示范"项目研究，项目经费高达 4500 万元，整个项目推进是典型的专家思维、科学思维。与此同时，7 个试点省市也有自己的碳排放核查与报告指南，并与国家的核查与报告指南存在核算边界、方法学等方面的差异，实践中甚至存在并用的现象。碳排放国家标准的不统一或者缺失不仅给核查控排企业层面的碳排放核算带来了困难，也令碳排放环境风险评估缺少（统一）依据。

（2）碳市场主管部门的市场监管是否存在不足？在本案中，尽管作为碳市场主管部门的深圳发改委在一审、二审中均胜诉，但是翔峰公司存在超量碳排放且拒不完成履约行为，也引发了对碳市场主管部门日常监管的一些疑问。例如，在资格管理方面，获得会员资格是控排企业参与碳交易活动的前提条件，碳交易员则是会员企业碳交易业务的执行者，那么深圳发改委对具有会员资格的翔峰公司及其交易员的碳市场行为监管方面是否存在不足，抑或管理制度上的障碍呢？在碳排放报告方面，是否需要进行制度重构，以帮助包括翔峰公司在内的控排企业更好的追踪和管理自身碳排放情况呢？在碳监测计划方面，翔峰公司过量排放显然是未严格执行碳监测计划，那么该监测计划是否存在科学或价值判断的问题，是否需要重构相关制度以避免类似现象发生呢？上述问题是碳市场试点中的个性问题，还是共性问题？若是共性问题，那么是否需要国家立法建构呢？由于本书所讨论的碳排放环境风险与控排企业的碳市场行为密切相关，所以上述问题也就关乎碳排放环境风险的规制。

（3）控排企业的"理解错误"谁之过？在本案中，两级法院均认为，翔峰公司"2014 年度用电量比 2013 年度减少，碳排放总量也应相应减少"的主张缺乏事实和法律依据，属于"理解错误"。但这里反映出一个问题，就是控排企业为何会出现这种"理解错误"？本书认为，至少可以说明深圳发改委和翔峰公司存在沟通不畅的问题。例如，碳市场主管部门的信息公开是否足够保障控排企业的知情权、监督权和表达权？是否存在公众参与的空间，若存在，是解构还是重构公众参与制度呢？这两个问题，同样关乎碳排放环境风险的有效规制。

四、碳排放环境风险的法律规制需求

上文阐述了碳排放环境风险的生成机理和司法实践所引发的碳排放环境风险规制的现状与问题。不难发现，碳市场中控排企业行为引起的碳排放环境风险具有危害后果的多元性、因果关系的间接性、引致主体及其行为的特殊性、利益关系的复杂性等特点，但是现行环境法的规制理念和法律制度却无法有效因应，现行碳排放环境风险规制不仅无视价值的作用，在制度设计上更是存在断片化的问题。尽管强调科学理性能在一定程度上规制传统环境问题，却无法有效应对现代社会所带来的复杂的科技不确定性及其涉及的风险与利益冲突。鉴于此，政府有效规制碳排放环境风险必须同时重视其生成的科学和文化面向、事实与价值、客观与主观方面。

在此，至少有四个方面的问题需要解决：

第一，碳排放环境风险的规制理念问题。环境法的科学技术性已是学界共识，见诸于环境法教材、论著。反映到立法中，环境保护法及各单行法中均有大量的技术规范。具体到碳市场领域的立法，部门规章《碳排放权交易管理办法（试行）》、各试点立法及配套规范也均有凸显科技理性的规范设置，如总量控制制度、碳监测计划制度、碳排放报告制度等均建立在科学理性的基础上，但这些制度存在合理性、法律意蕴不足等问题，因为多是一种简单的科技术语的表达，而缺乏一定的价值判断、法律语言转换。另外，部分环境法学者还强调民主理性的重要价值，环境保护法、各单行法及配套规定中也均有体现，如环境信息公开、公众参与等规定。但是，在碳市场立法实践中，民主理性却存在缺失立法保障的问题，如《碳排放权交易管理办法（试行）》并未明确设置公众参与的条款，也没有进行充分的信息公开。这两个方面的问题，实际上是立法理念滞后的原因。如上分析，碳排放环境风险的规制困境首先在于规制理念——"命令—控制"管制理念，这是一种传统环境问题的应对思路，将此作为制度设计的指导思想以应对复杂的碳排放环境风险自然难以适应。那么，就需要寻求一种兼具科学精神和民主精神的新理念，以满足复杂的碳排放环境风险规制的现实需求。

第二，碳排放环境风险的评估问题。碳排放环境风险危害后果的多元性、严重性、不可逆性要求必须事先对碳市场中控排企业的有关行为进行有效规制。然而，目前的环境影响评价主要针对的是规划和建设项目的环境影响，作为评估依据的环评标准也几乎不涉及碳排放，评估过程还存在科学理性与民主理性的割裂。现行的国家和试点碳市场立法也尚未确立碳排放环境风险的评估制度。那么，碳排放环境风险评估如何进行参与主体角色定位、克服合法性危机及建构，则是未来立法面临的新问题。

第三，碳排放环境风险的管理问题。碳排放环境风险的引致主体及行为具有相对确定性。这些行为分散于碳市场的各个阶段，均有可能出于争取过多的碳排放权而违法，这将对碳排放环境风险的生成产生影响。那么，规制碳排放环境风险，就需要对控排企业的碳市场行为活动进行适当管理。例如，正如上文案例分析所追问的，如何在富有科学理性和民主理性的规制理念指导下，以立法的方式明确会员制度、交易员制度等资格管理制度，进行碳监测计划制度、碳排放报告制度等制度的重构，就显得尤为重要。

第四，碳排放环境风险的沟通问题。碳排放环境风险涉及多元的利益主体，过度依赖碳市场主管部门是行不通的，还需要相关主体进行碳市场信息的公开，发挥公众参与的作用。然而，目前的碳市场信息公开的范围仅仅是一些基本信息，难以满足规制碳排放环境风险的信息需求，而全面公开则又涉及控排企业的商业秘密和个人隐私问题，那么如何在保密性与公开性间获得适当平衡，是需要立法回应的问题。同样，公众通常只关注那些涉及自身利益的事项，而对利益之外的事项则不关注或关注度不够，甚至其参与活动还会基于自身利益而损及公共利益，那么如何构建公众参与的良性机制，亦是需要立法回应的问题。

接下来，本书将在对传统风险规制理念展开更为深入批判的基础上，结合反思传统风险规制实践所产生的基本共识，基于碳排放环境风险的二元属性尝试提出合作规制理念并论证碳排放环境风险合作规制的正当性，并拟在此理念指导下面向碳市场控排企业行为进行有关法律制度的重构，以期能够为上述问题的解决提供切实可行的方案。

第二章　碳排放环境风险的规制
理念：合作规制

经过对我国碳排放环境风险规制困境的审视，可以看出，其主要原因是传统的环境法律规制理念、规制制度不能因应碳排放环境风险的特殊性、复杂性，而出现了环境行政规制"捉襟见肘"的断片化问题。环境风险行政规制是面向未来决策于未知的活动，这必然给基于确定性而构筑的传统环境法律制度体系带来冲击。是故，尽管一方面国家和试点省市在不断推进碳市场立法，但控排企业的减排形势依然严峻，其碳市场违法行为仍旧时常发生，过量碳排放且不依法履约的现象依旧存在，碳排放环境风险也不断扩散并危及生态环境和公众健康。显然，要克服上述困境，首先需要找到适应碳排放环境风险规制的理念，这一理念应能为风险规制制度建构提供一种理想的向导。反之，若不能在理念上有所突破，那么碳排放环境风险规制的制度构建将会面临重重困难，甚至成为"无源之水"或"无本之木"。我们不应将此遗憾带到未来国家碳市场建设中去，若国家可能会因此而付出沉重的生态环境和公众健康代价的话，这是我们所不愿看到的。

第一节　传统风险规制理念的批判与省思

与工业文明时期出现的传统环境问题（亦称"第一代环境问题"）不同，后工业文明时期出现的环境风险问题（亦称"第二代环境问题"）则更具复杂性。前者源自人类的过度资源索取、排污行为，持续时间通常较短，波及范围有限，危害后果相对确定，大多具有科学上的确定性，能通过科技手段加以认知、识别、预测和确定；后者则是科技发展的产物，持续时间较长，影响范围较广，危害后果呈现不确定性，自然对之存在认知"盲区"，以致难以消纳，具有科学上的不确定性。因此，政府的干预活动在解决传统环境问题的同时，还面临着新型环境风险的规制难题。

一、不确定性的干预：风险规制的环境法学难题

（一）环境行政的扩张：由环境危险到环境风险

危险和风险概念已广见于立法文本。[①] 德国学者一般以损害发生的盖然性标准，对二者进行界分。据此标准，若按照可执行、可经证实的方法，某种损害的发生被认定为具有足够的盖然性，即为危险；反之，若损害发生处于盖然性未知状态时，某种损害发生的可能性则为风险。显然，危险强调的是损害发生的相对确定性，是否存在危险往往需要借助确定行为与危害后果间的因果关系加以判定。申言之，危险是一种损害发生的高度盖然性状态，若这种状态未被采取措施控制或阻断，公共安全或秩序将极可能遭受破坏，引起法益受损。采取措施前需对危险的状态进行综合考量，即在客观事实认定、诊断分析、历史案例处理经验、危险发展状态预测等因素综合认识的基础上，采取适宜的应对方案。[②] 风险则凸显的是损害发生的不确定性，是否存在风险是无法以一定的原因是否会产生一定的结果的经验法则认定的。易言之，风险是面向未来的，行为原因与危害后果间的因果联系因科技知识的不足、危害后果难以量化而无法获得确定性的认知。危险和风险在环境领域表现为环境危险与环境风险，类似地可对二者进行界分，前者是关于生态环境损害发生的相对确定性，后者则是关于未来生态环境损害的不确定性。

现代公共行政的发展，随着行政任务的变化，先后经历了由秩序行政到福利行政，再到风险行政的发展过程。在 19 世纪立宪主义理念影响下，国家权力被限制，宪法中设置的人权条款旨在保障社会自由，国家的作用仅是保障社会的自由发展，不得侵入私人领域，由此出现公共领域和私人领域分立现象。在此"自由法治国"阶段的古典秩序行政观主张，创设良好公共秩序是行政之目的，政府不宜过多干预社会生活，权力的行使需以保证法律的确

---

① 笔者于 2017 年 3 月 14 日登录北大法宝以"危险"进行全文检索，显示法律 181 部、行政法规 459 部；以"风险"进行全文检索，显示法律 216 部、行政法规 1121 部。

② 参见陈海嵩：《国家环境保护义务论》，北京大学出版社 2015 年版，第 89 页。

定性为前提（即"传送带"模式）。即若要对社会权利、自由予以限制，需要符合法律的要求，否则不能肆意行动。因此，这一阶段的行政具有公益性行政、依法行政、公权力行政、"命令—控制"型行政等特点，通常多表现为事后应对，少数情况下表现为事前防御。

随着社会的发展，秩序行政的实质正义受到人民质疑，社会要求国家不能仅承担秩序维持义务，还应积极给付以确保人民基本权利不受到损害或不公平对待，福利行政观因此产生。在其看来，财富公正分配是政府的任务，经济危机是自由市场的产物，需要限缩市场机制的作用，拓展行政主体权力范围并渗透至社会生活各个层面，才能帮助相对人实现公共福利最大化。

随着科技的进一步发展，社会的复杂性显现，社会要求对风险进行规制的呼声渐趋高涨，然而传统的行政管制对此存在反映不积极、低效的现象，风险行政开始进入学界的视野。风险行政观则认为，政府不应满足于现状的关注、良好秩序的保护或建立、公共福利的实现，更应着眼于未来，对社会潜在的危险进行预防。[①] 就环境公共行政来说，随着科技副产品环境风险的展现，秩序行政在干预环境危险时却面临着一种尴尬情形，即在"不存在现实的环境危险却又无法排除损害发生的可能性"的情况下，是否干预、如何干预的问题。要有效应对这一尴尬情形并保障公众在良好环境中生活的权利，环境行政的干预权力就需要由环境危险阶段提前至环境风险预防阶段，这正是环境风险行政的应有之义，由此国家环境行政由传统的以环境危险防御为中心的秩序行政转向了以环境风险预防为中心的风险行政。特别是随着气候变化肆虐等环境风险问题的出现，环境风险行政成为一个明显的趋势。正如有学者所指出："风险行政将成为继秩序行政、福利行政之后，行政任务的又一主要面向。"[②]

（二）不确定性的干预：环境风险规制的困境

"规制"（或"管制"）一词译自英文"regulation"，富有广泛含义，并见于诸多学科。日本经济学者植草益认为，规制是"依据一定的规则对构成

[①] 参见［德］埃贝哈德·施密特-阿斯曼等：《德国行政法读本》，于安等译，高等教育出版社2006年版，第53页。

[②] 参见［德］汉斯·J. 沃尔夫、奥托·巴霍夫、罗尔夫·施托贝尔：《行政法（第三卷）》，高家伟译，商务印书馆2007年版，中文版前言第3页。

特定社会的个人和构成特定经济的经济主体的活动进行限制的行为。进行规制的主体有私人和社会公共机构两种形式。"① 而美国经济学者丹尼尔·F. 史普博则认为，管制是"由行政机构制定并执行的直接干预市场配置机制或间接改变企业和消费者的供需决策的一般规则或特殊行为"。② 在英国曼彻斯特大学法学教授安东尼·奥格斯看来，规制基本上是一个政治经济学词汇，与需要国家干预的经济活动相联系，以纠正市场失灵满足集体或公众的利益为目标，私人受制于国家并被要求按照特定方式行为，违反规则将面临惩罚。③

显然，同一学科间、不同学科间的学者对规制的理解存在规制主体、规制对象等方面的认识差异，但也形成一定的共识：其一，规制主体，尽管有经济学学者认为私人亦可作为规制的主体，但各学科均不排斥行政主体这一基本主体；其二，规制权力，各学科也普遍认为行政主体开展需要有法律依据，即法律要赋予行政主体一定的干预权力；其三，规制对象，各学科均把行政主体的规制活动与市场参与主体的行为相联系，即规制对象具有市场行为指向性；其四，规制目标，规制是为了实现授权法中所界定的公共利益，即规制目的具有公共利益指向性。由此，可以描述出规制的共识性定义，即行政主体出于公共利益之目的，依法行使公权力对市场行为进行干预的活动。本书研究所采用的规制概念，在承认这一共识性定义的基础上还认为，在应对复杂的环境风险问题上，企业、公众等主体也应成为共同的规制主体，后文的理论部分将对此进行回答。

"不确定性"是环境风险的显著特征之一，其存在增加了环境行政主体规制的难度。所谓"不确定性"是指以人类现有的知识、科技手段，无法认知环境风险是否发生、何时发生、影响范围多大、造成何种损害程度等一系列未知事项的总称。从规制的角度来看，不确定性的存在无疑会增加挑战。概括起来，这种挑战主要源自环境风险不确定性的三种表现：

第一，环境风险在科学上的不确定性。无论现代科学如何发展，应对环境风险的集中知识始终是匮乏的，因为风险是在开放体系内产生的，而环境

① ［日］植草益：《微观规制经济学》，朱绍文、胡欣欣等译，中国发展出版社1992年版，第1页。

② ［美］丹尼尔·F. 史普博：《管制与市场》，余晖等译，格致出版社、上海三联书店、上海人民出版社2008年版，第45页。

③ 参见［英］安东尼·奥格斯：《规制：法律形式与经济学理论》，骆梅英译，中国人民大学出版社2008年版，第1～2页。

信息数据收集总是片面的、模型工具选择也可能脱离现实、风险评估方法和依据更存在缺失或普适性问题。此外，生态环境组成要素及其关联的复杂性也会带来科学上的不确定性。

第二，环境风险在引致行为上的不确定性。人的环境行为决定了环境风险的发生和影响，但环境行为自身具有不确定性、多变性。例如，控排企业于碳市场中获取碳排放权利的行为是不确定的；过量碳排放行为可能是减排技术不过关、碳监测不到位、碳计算错误等原因造成。行为上的不确定性又会引起风险分析预测上的困难。

第三，环境风险在文化环境上的不确定性。某种环境风险是否被公众所接受，多大程度上被公众接受，这不仅与风险是否关乎公众切身利益有关，还与风险分配是否公平合理、风险控制是否有政策法律安排以及行政规制主体是否可信赖等文化环境因素相关。

二、环境风险规制的传统进路：科学/民主的二分思维

风险规制活动最早兴起于美国经济领域，可追溯到 1887 年美国国会设立的第一个现代规制机构——州际贸易委员会对铁路的规制，而后逐渐向其他领域扩张。[1] 不过，在 20 世纪 60 年代中叶前，美国政府规制范围都较为有限，仅限于食品药品、运输、航空等有限领域，20 世纪 60 年代中期起随着规制机构大量设置、规制范围的拓展，规制活动才在环境污染领域逐渐凸显，相关的风险规制立法也不断出现，如 1969 年颁布的《国家环境政策法》、1970 年修正的《清洁空气法》和 1980 年颁布的《综合环境反应、赔偿和责任法》等。在风险规制活动兴起的同时，学界也在不断推进风险规制的理论与实践研究。就环境领域的风险规制来讲，学者们的解决方案呈现两个不同群体。恰如牛津大学环境法教授伊丽莎白·费雪所指出，"一个是主张科学和专业知识作为技术风险决策的主要依据，另一个是主张民主和伦理价值作为技术决策的主要依据"。[2] 即环境

---

① 参见［美］史蒂芬·布雷耶：《规制及其改革》，李红雷等译，北京大学出版社 2008 年版，第 1 页。

② ［英］伊丽莎白·费雪：《风险规制与行政宪政主义》，沈岿译，法律出版社 2012 年版，第 14 页。

风险规制的科学路径和民主路径。

（一）环境风险规制的科学路径

科学是求真的知识领域，求真是科学的基本任务和根本特征，科学的特性都是由这一根本特性决定的。[①] 在风险规制的科学论者看来，风险不是一个社会建构概念，而是一个科学概念，只能通过科学的方式加以理解；而价值选择固然重要，但在风险评估阶段不应考虑，因为基于感性的恐惧、认识、价值选择会影响科学分析，只能在风险评估完成后于决策过程中进行价值融入。[②] 因此，就环境风险来说，其主要是科技发展问题带来的副产品，既然源于科技问题，那么理应通过科学决策或专家决策来解决。

这一群体的典型代表是美国芝加哥大学法学院的凯斯·R.孙斯坦教授，他在代表作《风险与理性——安全、法律及环境》中强调了科学和专家意见对风险规制的重要性，并主张通过高度专家化的方式来处理风险规制问题。与此同时，他也不否认深思熟虑的公众意见、公众的支持与自信对于实现"协商民主"和弥补专家决策不足进而促进规制体系运作上的一定作用，但他最后还是指出普通人在"风险"问题上的认知、政策建议往往是不可靠的。[③] 显然，他依然突出强调风险决策的客观性，尤其是决策者应具备"求真"的科学理性。这里所谓的"科学理性"是指决策者应遵循自然生态规律、经济社会发展规律，从事物的实质方面认识、应对环境风险。为此，他们主张规制主体在规制环境风险时应坚持实事求是的精神，确保环境风险规制目标、方法、过程、程序均是科学的。

（二）环境风险规制的民主路径

随着共同参与制民主理论的兴起和"公共行政改革"运动的推动，公众参与已成为"现代公共行政的世界性发展趋势"[④]。共同参与制民主理论的核心主

---

① 罗仕国：《科学与价值：作为实践理性的法律推理导论》，中国社会科学出版社 2008 年版，第 52 页。

② 参见［英］伊丽莎白·费雪：《风险规制与行政宪政主义》，沈岿译，法律出版社 2012 年版，第 14~15 页。

③ 参见［美］凯斯·R.孙斯坦：《风险与理性——安全、法律及环境》，师帅译，中国政法大学出版社 2005 年版，第 368~369 页。

④ 江必新、李春燕：《公众参与趋势对行政法和行政法学的挑战》，载《中国法学》2005 年第 6 期。

张是，任何人的生活只要受到某项决策的影响，都有权利参与该项决策的形成过程；[①] 公众参与应拓展到政府行政与社会管理的各个领域层面。受此影响，公众参与已在主体范围、事务领域、介入形式、影响深度方面都有了深刻改变。

　　环境风险规制已成为一个体现民主价值的重要领域。民主论者认为，环境风险规制应体现充分价值判断，支持理由有四：其一，科学并非客观的，因为环境风险的科学评估过程总是承载价值的，是否接受风险更是涉及伦理价值、自由自治、信任建设等问题；其二，环境风险规制关系到生活如何接受或选择这一根本性问题，理应由一般公众来解决，而不应由科技精英决定；其三，科学家有自己的价值观和行事逻辑，任何强化科学的努力实则是强化自己的价值观和行事逻辑；其四，环境风险规制问题实质上是价值博弈问题，而非事实问题，主要取决于哪一方的价值能胜出。

　　（三）风险规制中科学理性与民主理性的断裂

　　显然，这两个群体在环境风险规制问题上出现了认识差异，呈现出"过于强调己方观点而弱化对方观点"的对立现象。在环境风险规制的科学论者主张应以科技手段界定、应对风险问题时，而民主论者却对科技及科学共同体的局限性进行放大性指责；同样，在环境风险规制的民主论者强调应融入充分的价值判断时，而科学论者却对普通公众感性认知的可靠性提出了强烈质疑。为何出现此种现象，对立现象实质是什么？对此，以贝克为代表的社会学者给出了有力解释。

　　在贝克看来，科学在工业社会中获得了制度化保障，科学理性成为一种理性工具支配着整个社会的认知活动。[②] 受此种理性的影响，若"循着工业社会现代化过程的内在逻辑，人类社会将可能行进到一切都必须按照科技专家所提出的原则来进行管理的技术统治时代，或者行进到直接由科技专家统治一切的专家政治时代"。[③] 但是，随着风险社会的到来，科技理性的支配地位受到了冲击。在环境风险等复杂的风险面前，科学理性声称能够客观地研究风险的断言，不断受到实践的质疑，因为这种断言是基于不可靠的猜想假设

---

①　参见［美］科恩：《论民主》，聂崇信、朱秀贤译，商务印书馆1988年版，第15页。

②　参见［德］乌尔里希·贝克：《风险社会》，何博闻译，译林出版社2004年版，第8页。

③　陈海嵩：《国家环境保护义务论》，北京大学出版社2015年版，第114页。

（如数学概率），处理风险时科技专家们通常又不得不放弃实验逻辑的根基，甚至内部难以达成共识。因此，公众开始质疑专家的风险评估、管理等活动，科学家对风险的独断性或垄断性认知也随之被打破，不得不面对社会理性的挑战。显然，风险规制的对立现象实际上是由于科学理性与社会理性的断裂造成的。这也正如贝克所说，"在风险论争中变得清晰的，是处理文明的危险可能性的问题上科学理性和社会理性之间的断裂和缺口。双方都是在绕开对方谈论问题。社会运动提出的问题都不会得到风险专家的回答，而专家回答的问题也没有切中要害，不能安抚民众的焦虑。"①

三、传统碳排放环境风险规制的省思：困局与共识

传统环境风险规制中科学理性与社会理性断裂的现象，实则是传统环境风险规制理念的局限性所在。面对碳市场控排企业行为引致的碳排放环境风险问题，这种传统理念显得"力不从心"：因果关系的认定难、信息获取成本高等。破解复杂环境风险规制存在的理论难题，合作规制理念被理论界和实务界寄予"厚望"。

（一）环境行政管制理念的局限性

传统的碳排放环境风险体现的是"命令—控制"式的环境行政管制理念，通过设立碳排放许可（即配额分配）、碳监测计划、碳排放报告、核查、履约等制度，以及对违反碳市场管理规定的控排企业行为的制裁，强制控排企业履行政府设定的碳排放总量控制制度，来实现政府对国际社会和国内民众承诺的温室气体阶段性减排的政策目标。

这种管制理念，在控制传统的危害后果已经明确的有害物质、行为，遏制或减缓环境污染、生态破坏等方面具有一定的作用。但是，这一传统理念的局限性在于其防守范围被严格限定，防守范围之外的风险被听之任之。另外，该理念要求政府投入大量的资源来证明碳排放的环境危害性、控排企业行为的违法事实等事项，这将导致环境行政资源的不充裕问题。因此，依循这种理念，碳排放环境风险规制可能因控排企业的排放行为与碳排放损害后

---

① ［德］乌尔里希·贝克：《风险社会》，何博闻译，译林出版社2004年版，第30页。

果间的因果无法认定、信息获取成本过高等因素而被"搁浅"。那么，"到底是选择等待以降低不确定性，抑或是选择马上行动以避免未来的成本是一个两难的选择"，① 对此国际环境法提出了一个特别有影响力的基本处理方法——采取风险预防原则，后文将专门对此阐释。

由于碳市场机制是由政府构建的，传统的碳排放环境风险规制更是由政府一元主导，风险议题的设定、行动措施的采取，均是由政府授权的碳市场主管部门提出。在环境行政管制模式下，作为规制对象的控排企业一般处于被动的地位；具备特定经济、法律等专业知识背景的专家，因为各种因素影响难以在规制活动中提出中立性、客观的意见；具有社会监督权的公众，在碳市场立法中未被予以足够关注，以致在规制活动中没有充分发挥其作用。从博弈论的角度看，碳排放环境风险具有利益关系复杂的特征，但多元利益主体却不能在风险规制过程中得到充分博弈，难以达到"帕累托最优"，那么规制效果自不待言。归根结底，出现规制失灵是由于环境行政管制理念自身存在的规制主体与社会间互动机制缺乏、规制活动中科学理性与社会理性的割裂，其不能适应碳排放环境风险问题的特质。

（二）环境风险规制的理念共识

当今社会，由于控排企业过量碳排放而引起的碳排放环境风险正威胁着生态环境和公众健康。围绕这一风险，一些碳市场立法先进的国家或地区不断完善传统风险规制的一些成功做法，如基于风险评估的碳排放标准设定，基于风险管理的碳市场资格管理、碳监测计划、碳排放报告等管理制度的完善，基于风险沟通的碳市场信息公开、公众参与等风险交流制度的采用。与此同时，鉴于传统行政管制理念下风险规制失灵的问题，诸国积极探寻新的风险规制理念，力求建构一个体现科学精神和民主精神融合、政府与社会良性互动、协商透明的新规制模式。

由于传统风险规制理念下规制活动的失灵，逐渐使人们意识到：企业行为引起的碳排放环境风险问题非常复杂，仅仅凭借碳市场机制的自发调节或

---

① 　［美］詹姆斯·萨尔兹曼、巴顿·汤普森：《美国环境法》，徐卓然、胡慕云译，北京大学出版社 2016 年版，第 15 页。

者碳市场主管部门的威权管制均难以奏效。规制活动失灵、市场调节不足，也使环境公共利益的代表者、规制活动的主导者、规制责任的集中承受者——碳市场主管部门认识到社会力量参与碳排放环境风险规制对于解决规制活动低效、失效问题的重要价值。是故，传统规制主体需要寻求作为规制对象的控排企业、作为社会监督力量的公众、作为专业支持的专家等主体的支持，并与其建立合作规制关系，构筑起多元利益主体能够充分博弈的规制政策法律制定与行动框架，建立碳排放环境风险规制责任共同分担的机制。

第二节　碳排放环境风险合作规制理念的提出：基于风险属性的考量

一、碳排放环境风险：二元属性与规制理念需求

人们在认识当代社会风险时，若脱离客观存在，风险则会被夸大或缩小，引起不必要的恐慌或者出现重视程度不足，进而影响人们的认知和判断，甚至误导风险的规制活动；若否定社会构想（或社会定义），风险则不会反映到行动者的主观意识中，以致人们难以相信风险，也就不会对规制主体的行为产生（有效）影响。因此，人们应采取实用主义的立场，综合利用客观存在主义和主观建构主义去理解风险的本质。[①] 就控排企业行为引起的碳排放环境风险来说，以主客观相统一的风险认知为标准，其就呈现出科学上的客观性（即客观存在性）和文化上的主观性（即主观建构性）双重属性。双重属性是对碳排放环境风险本质的全面揭示，是引导政府转变传统风险规制理念的基础。

（一）客观存在性

一般来说，环境法上的环境风险问题具有自然科学上的客观性。即借助自然科学的研究方法或手段（如经验研究、科学验证），能够探知是人为因素

[①]　参见乌尔里希·贝克、郗卫东：《风险社会再思考》，载《马克思主义与现实》2002年第4期。

还是自然因素引起了生态环境的变化、公众健康的变化及其影响范围、程度，由此可以科学地评估并预测出风险所导致的环境损害、健康损害及财产损失诸多方面的客观影响。[1] 显然，环境风险问题的客观性认知过程，不涉及任何主体的价值判断，而仅仅是立足于自然科学知识的客观描述性过程。

作为一种特殊的环境风险的碳排放环境风险同样具有客观存在性。就是说，控排企业行为引起的碳排放环境风险作为一种自然科学意义上的物理存在，是现实的、可探知到的不利后果。无论政府、控排企业等主体是否意识到或者承认，他们都是客观、独立存在的。这种客观存在可以采取科学的测量方法去观察。例如，实践中，自然科学常运用概率的方法认知风险，即用字母 R 代表风险值，H 代表损害程度，P 代表发生可能性。那么，碳排放环境风险（R）就可通过损害程度（C）与发生可能性（P）之乘积去获知，即，碳排放环境风险（R）= 损害程度（C）×发生可能性（P）。根据该公式，若控排企业过量的碳排放导致生态环境、公众健康受到损害或影响的程度越严重、发生可能性越高，那么碳排放环境风险值就会越高，反之，风险值则越低。由此可知，碳排放环境风险的客观性认知离不开科学技术的支持，人们若要更好地认知这类风险唯有遵循科技路线，如定量技术的使用。在 20世纪 60 年代末之前的研究者们基本上遵循的就是这一进路，[2] 在他们看来，碳排放环境风险问题是个技术问题或者统计学、工程学问题——不利后果确定及其严重程度衡量属于技术问题，而不利后果发生可能性高低则是统计学上的概率或者工程学上的模糊集问题。在此意义上，碳排放环境风险的客观存在性认知问题的实质是个科学问题。

但是，若人们仅仅强调碳排放环境风险的客观实在性（或者说科学理性），实践中却面临着难以回答却无法回避的尴尬情形。主要表现在：其一，科学并非总是客观的，如环境科学、环境法学、环境经济学等不同学科的专家对碳排放环境风险的科学认知存在专业间认知差异、专业内认知分歧等问

---

[1]　参见柯坚：《事实、规范与价值之间：环境法的问题立场、学科导向与实践指向》，载《南京工业大学学报（社会科学版）》2014 年第 1 期。

[2]　参见金自宁：《作为风险规制工具的信息交流　以环境行政中 TRI 为例》，载《中外法学》2010 年第 3 期。

题，那么政府依赖专家知识作出的决策也可能是错误的。其二，控排企业、碳市场主管部门、公众等主体是否愿意接受或接受何种程度水平的碳排放环境风险却不是一个科学问题，而是一个价值判断问题，并且这些主体间会因利益、知识结构、经验等因素差异而呈现不同的价值判断。例如，控排企业出于自身经济利益考虑，会游说政府否定气候变暖及其对生态环境、公众健康产生影响；公众出于良好环境权益维护之考虑，则可能根据 IPCC 报告等权威性研究结论要求政府规制碳市场中控排企业的涉碳排放行为；碳市场主管部门面对控排企业和公众的不同诉求，会综合考虑国内外减排形势、减排政策法律、经济发展需求、环境利益维护等因素的基础上达成权衡性决策。那么，碳排放环境风险的属性就不应是一元的。

（二）主观建构性

环境法上的环境风险问题还具有主观建构性。这是因为，针对不同类型、不同程度的环境风险问题，相关主体间不仅会出现利益上的冲突，也会产生伦理价值上的分歧。那么，这些主体须在一个共同体语境下，来认识和把握环境风险问题带来的利益冲突或价值分歧，并据此分析、探讨、选择环境风险问题的主次、轻重，继而采取相应的环境政策应对方案。在此意义上，认识和理解后现代性中的不同环境风险问题，是对其进行法律规制的前提性问题。这也恰好说明，环境风险问题具有社会、文化或心理意义上的主观建构性。

就碳排放环境风险来说，其主观建构性不言而喻。即对于碳排放环境风险的感知、理解实际上是一种主观的价值判断，[①] 这体现在：一方面，人们之所以意识到碳排放环境风险的增加，是因为控排企业的累计超过一定浓度的碳排放给不同群体带来了关于生态环境、公众健康受到不同程度影响的担忧或恐慌；另一方面，感知、理解碳排放环境风险的知识可能受到特定的文化背景制约，无论专家知识还是公众知识均是一种社会或文化的建构，因此有关碳排放环境风险的理解主要源自不同背景下的行为者所吸纳的社会文化观念，[②] 而非科学角度的风险现象的分析。正如学者所说，与以单一的客观物质

---

① 参见潘斌：《社会风险论》，中国社会科学出版社 2011 年版，第 31~38 页。

② 参见彭飞荣：《系统论视角下的风险与法律互动》，湖南大学 2011 年博士学位论文。

性维度判断风险的否定性后果不同，道德的、政治的及心理的维度对于评价风险的否定性后果同样重要。① 在此意义上，碳排放环境风险及其表现形式就成了控排企业、公众等不同主体的主观制品，碳排放环境风险的主观建构性认知问题其实是个价值理性、民主理性问题。

显然，碳排放环境风险的主观建构性在揭示碳排放环境风险本质时，强调的是碳排放环境风险的文化背景。这种主观建构性的碳排放环境风险观的好处主要体现在：其一，能够更好地理解和解释碳排放环境风险生成的特殊社会文化背景；其二，能够更好地解释和回应不同文化背景下的控排企业、公众等主体对碳排放环境风险问题的差异性认知反应，尊重不同主体的价值偏好；其三，能够转变碳排放环境风险规制的目标，如规制责任目标由政府一元承担到多元主体共担；其四，能够打破专家在碳排放环境风险评估中的科学垄断，体现出社会理性或民主理性的重要作用。尽管碳排放环境风险的主观建构性能够彰显民主理性的价值，避免客观存在性认知观带来的尴尬情形，减少或化解纯科学意义上的碳排放环境风险评估结果带来的实践阻力，但是，其也同样遭受质疑或批评，主要有：一方面，不同的碳市场主体、社会主体具有不同的价值判断，且这些价值判断具有易变性，难以统一或固定；另一方面，如何测量碳排放环境风险的社会接受性，实际上这些主体间并无统一的认知标准，碳市场实践中的碳排放报告核查指南或碳排放标准并非一个价值判断标准，体现的是纯粹的科学理性。这种主观建构性的碳排放环境风险观，使碳排放环境风险问题变得更加复杂化、模糊化，也使政府的碳排放环境风险规制活动充满不确定性。

（三）风险属性对合作规制理念之需求

由上述分析可看出，碳排放环境风险具有客观存在性和主观建构性二元属性。二元属性分别具有科学理性和民主理性的优势。那么，政府的碳排放环境风险规制活动要能够整合二元属性的优势，平衡科学理性和民主理性间的对立。由前文可知，传统的碳排放环境风险规制理念——环境行政管制理

---

① See Stephen Breyer, *Breaking the Vicious Cycle: Toward Effective Risk Regulation*, Harvard University Press, 1993, pp. 23-28. 转引自戚建刚：《我国食品安全风险规制模式之转型》，载《法学研究》2011年第1期。

念遵循的是科学路径和民主路径二分思维，不仅未能整合两类属性的优势，而且还呈现出科学理性与民主理性的断裂问题。而合作规制理念能够最大限度地发挥各种不同主体的优势，"行政机关、利害关系人、专家和普通公众等主体都能贡献自己的知识和经验，通过以责任与效率为前提的理性说服与建设性对话，以及制度化参与为保证的平等沟通和充分的信息披露，来确保……风险规制的合法性"。① 也就是说，合作规制理念相较环境行政管制理念在指导风险规制活动时更能兼顾科学理性与民主理性，使二者获得适当的平衡。再结合碳排放环境风险规制困境和碳排放环境风险二元属性来看，合作规制理念及其指导下的制度建构就应能够帮助政府摆脱规制碳排放环境风险的现实困境。

二、碳排放环境风险规制的范式：合作规制理念

（一）合作规制理念的发展

17 世纪以来，公共行政改革运动在世界范围内掀起浪潮，先后经历了自由放任时期（17 世纪至 20 世纪初）、传统福利国家时期（20 世纪初至 20 世纪 70 年代）、新自由主义时期（20 世纪 70 年代至今）三个发展阶段。

在自由放任时期，奉行的是霍布斯、大卫·李嘉图等倡导的自由主义政治经济理论，主张通过市场完全竞争和个人自由的尊重，调动个人积极性和主动性来促进财富增长和实现"国富民强"的目标，因而反对政府对经济生活的干预，政府仅以"守夜人"或者"警察"角色出现，其职能被限制在抵御他国侵犯、保护人民和公共机关（或工程）建设等方面。但是，在经济社会获得空前发展的同时，却出现了环境污染、失业等经济与社会问题，自由放任主义面临着"市场失灵"的窘境。

到了福利国家时期，世界性经济危机的出现，令亚当·斯密倡导的"看不见的手"调节的局限性更加凸显，以凯恩斯为代表的国家干预主义对之强烈抨击，并主张通过拓展政府职能、加大政府干预力度、实施经济干预政策、扩大需求等方式推动经济增长，此阶段的政府由"守夜人"转为"全能政

---

① 戚建刚：《我国食品安全风险规制模式之转型》，载《法学研究》2011 年第 1 期。

府"。反映到环境领域则表现为"命令—控制"式的环境行政管制，保护环境被视为政府的重要职能，其有权以行政处罚、行政命令的方式干预市场主体的环境污染行为。"福利国家"尽管通过政府的广泛干预挽救西方国家于危机之中，创造了战后空前繁荣景象，但是这一景象持续时间很短。

进入 20 世纪 70 年代，西方国家普遍出现了环境污染加剧、失业人数骤增、企业缺少必要激励等发展"停滞"现象，政府干预出现了失灵，反思以"权力高度集中"为特征的"凯恩斯主义"，出现了以加尔布雷斯（新制度理论的代表）、布坎南（公共选择理论的代表）和科斯（产权理论的代表）等为代表的新自由主义思潮，他们几乎一致主张，推崇市场机制的作用，反对政府的过度干预，因此要求"政府退缩，市场回归"，此阶段政府角色由"全能政府"转为"有限政府"。受这种思潮的影响，西方国家于 20 世纪 70 年代末、20 世纪 80 年代初掀起了一场新公共管理运动，要求"政府职能的市场化、政府行为的法制化、政府决策的民主化、政府权力的多中心化"，[①] 强调政府与民间、公共部门与私人部门之间的合作与互动，[②] 思考和探索公共行政部门与私人部门共同行使权力、共担责任、共同整合资源、共同分担风险及共享利益的模式，即"公私合作关系"。[③] 尤其是当社会存在高度复杂性和高度不确定性时，公私合作被认为是解决社会治理问题的一剂"良方"。

合作规制理念正是在传统国家行政无法满足风险社会日益增多的规制需求背景下产生的。社会问题的日益复杂化、国家行政任务的多元化趋势、传统行政手段在面对新型社会问题时的"捉襟见肘"，反映出单一的来自政府的形式化的行政行为不足以应对出现的新情况、新问题，需要社会各方共同参与应对。自 20 世纪 90 年代盛行于西方国家，该理念现已在世界范围内的环境法、行政法等领域得到广泛应用。

这一理念在环境法领域的应用体现为环境合作原则的倡导。广义的环境

---

① [美] 埃莉诺·奥斯特罗姆：《公共事物的治理之道——集体行动制度的演进》，余逊达、陈旭东译，上海三联书店 2000 年版，第 1 页。

② 参见 [英] 罗伯特·罗茨：《新的治理》，木易编译，载俞可平主编：《治理与善治》，社会科学文献出版社 2000 年版，第 89~96 页。

③ 参见金自宁：《公法/私法二元区分的反思》，北京大学出版社 2007 年版，第 92 页。

合作原则，是指"包括政府、人民、产业界等所有的环境使用者，都应该负有保护环境的责任"。① 易言之，政府应寻求社会力量合作共同应对环境问题。其中的原因正如德国著名学者库福尔教授所指出，对环境及生态的保护属于共同体的任务，由于权力的独占，国家必须为了公共利益采取必要的措施，但环境保护原则上是一个公共任务，国家必须和市民社会共同努力。② 我国台湾地区陈慈阳教授也持类似观点，"环境保护并非仅是国家的责任，也非仅靠经济或社会单一方面的力量就能达成的，欲达成此目的主要还是需要所有相关之力量的共同合作。只有相关当事人之共同负责及共同参与于环境保护的事务上，在此才能达到个人自由及社会需求一定的平衡关系"。③ 该原则不仅要求公众参与，如环境决策中的听证、协商等，还强调信息公开的重要性，因为没有信息的公开和获取，政府的环保工作就无法开展，但信息公开需要政府和其他社会力量共同合作来完成。这一原则已被一些国家或地区的立法所重视。例如，德国 1994 年完成的《环境法典》（草案）在总则篇第 6 条把"合作原则"作为一项基本原则，官方将之解释为"环境事务上国家与社会的相互合作"④。我国 2014 年修订的《中华人民共和国环境保护法》（以下简称《环境保护法》）第 5 条确立的"公众参与"原则和第五章"信息公开和公众参与"充分体现了"合作元素"；我国台湾地区"环境基本法"第 4 条"产业界以及人民应先负环境保护之义务与责任"之规定，不仅将合作原则作为一项环境政策原则，更将之作为一项"环境法律原则"。

相较传统的环境问题，现代社会的环境风险问题的解决更需要合作规制。传统环境问题表现为一般的环境污染、生态破坏，政府可以通过设定污染物排放标准，对企业的违法行为通过行政处罚等手段进行控制，这种方法在规制对象少、政府执行到位情形下能够有效遏制企业污染行为。但是，环境风险问题不同于一般的环境污染问题，其是一种系统性风险，具有高科技背景、

---

① 陈慈阳：《环境法总论》，中国政法大学出版社 2003 年版，第 189 页。
② See M. Kloepfer（Hrsg）. Umweltstaat, Springer, Berlin, 1989, S. 45.
③ 陈慈阳：《环境法总论》，中国政法大学出版社 2003 年版，第 189 页。
④ See Umweltbundesamt, Berichte 7/90 Umweltgesetzbuch-Allgemeiner Teil. S. 155.

利益关系更加复杂等特点，对生态环境和公众健康的威胁更有深远影响，而依照传统的事后规制手段难以奏效且成本高昂。这恰好说明，政府并不是环境风险公共事务唯一、有效的治理主体，环境风险规制主体应呈现出多元化的网络化合作趋势。[①] 那么，政府就应该通过设置一些制度，让利害关系人、公众参与到公共事务中来，就环境风险评估、环境风险管理等规制过程中的事项进行充分协商、沟通，以便达成决策。

（二）合作规制理念的思想基础

合作规制理念能够在世界范围内兴起，离不开环境善治、协商民主等深厚的思想观念的支撑，其相应制度的建构也得益于这些思想的制度功能。

1. 环境善治观

（1）环境善治的内涵。英文中的"Good Governance"通常被学者译为"善治"。一般意义上的"善治"有"良好的治理"之意。至于何为"善治"，联合国亚太经济社会委员会发布的《什么是善治?》中提出了八个标准：其一，共同参与（Participation），即公众的政治参与和其他社会生活的参与；其二，厉行法治（Rule of Law），即公共管理应以法律为最高准则，人人在法律面前是平等的；其三，决策透明（Transparency），即涉及决策的信息须是公开的；其四，及时回应（Responsiveness），即行政机关应对公众的要求作出及时、有效的答复；其五，达成共识（Consensus Oriented），即行政决策是建立在各方都接受的共识基础上；其六，平等和包容（Equity and Inclusiveness），即参与各方地位是平等的，不论性别、阶层、种族、文化程度、宗教和政治信仰等存在何种差异；其七，实效和效率（Effectiveness and Efficiency），即治理是有效的、符合成本效益分析的；其八，问责（Accountability），即参与各方对自己的行为承担相应的责任。根据此标准，可以看出"善治"是一种治理过程或活动，旨在促进公共利益最大化。[②] 申言之，善治是国家治理的一种理想状态，强调的是政府、企业、公众、专家等对公共生活的合作治理，"善治"的实现取决于这些主体的合作是否成功，而是否成功的关键是利益相关

---

① 参见罗豪才主编：《软法的理论与实践》，北京大学出版社 2010 年版，第 297 页。

② 参见俞可平：《法治与善治》，载《西南政法大学学报》2016 年第 1 期。

方能否有效参与行政管理；只有对行政管理的有效参与，才能形成各方都共同认可的行政决策权威，才能形成良好的行政秩序及社会秩序①。

"善治"思想出现在环境保护领域可追溯到 20 世纪 80 年代末，而后不断得到丰富与发展。1987 年世界环境与发展委员会出版的《我们共同的未来》报告将"环境善治"（Good Environment Governance）引入公众视野。1992 年的《里约宣言》第 10 条原则被公认为是"环境善治"思想的体现，第 10 条原则强调：环境问题的解决需要所有有关公民的参与；在国家层面，每个人应有适当的途径获得有关公共机构掌握的环境信息，其中包括关于他们的社区内有害物质和活动的信息，而且每个人应有机会参加决策过程；各国应广泛地提供信息，从而促进和鼓励公众了解环境和参与环境事务。但是，该原则并未对"环境善治"作出明确界定。后来，全球治理委员会提出了一个权威定义，其认为"环境善治"是"各种公共或私人机构与个体采取联合行动来管理环境公共事务的方式，是以协调、信任、合作和互惠关系为基础的促进生态文明的动态过程"。② 环境善治的要义是整合、发挥各环境主体的作用，建立合作关系和方式，分配环境治理权，明确各方环境责任，以最大限度地调动各方积极性，共同打造一个政府主导、多元主体参与的环境治理模式。

（2）环境善治在风险规制议题上的优势。在环境风险规制议题上强调环境善治思想而非传统的环境管制模式，是基于如下认知：其一，环境善治能在风险规制中平衡、促进各种环境主体间的互动，有助于实现政府、企业、公众、专家等多方合作，而环境管制模式却限制了企业、公众、专家等主体的自主性、能动性；其二，环境善治不是风险规制中政府退出或者放松规制，而是重新定位政府和其他环境主体的角色、行为边界，而环境管制模式下的风险规制活动全被政府所垄断；其三，环境善治强调，在风险规制中政府、企业、公众等公私主体间共同协商，共同分担相应的责任，而在环境管制模式下的风险规制则为政府独断并独自担责。

---

① 参见杨解君：《中国行政法的变革之道——契约理念的确立及其展开》，清华大学出版社 2011 年版，第 112 页。

② 李姣：《环境善治：面向公共生态福祉的政府选择》，载《光明日报》2014 年 10 月 21 日，第 7 版。

2. 协商民主观

（1）协商民主的内涵。"协商民主"概念是个舶来品，译自英文"delib-
erative democracy"。这一概念最早见于 1978 年美国政治学学者约瑟夫·M. 毕
塞特的博士论文《国会中的协商：一项初步的研究》，后于 1980 年作者在
《协商民主：共和政府的多数原则》一文中对之进一步阐释。在他看来，协商
的观念是指"公共政策价值的论辩"，[①] 其强调的是公民参与，反对的是精英
主义的宪政解释。到 20 世纪 80 年代末，学者伯纳德·曼宁、乔舒亚·科恩
先后发表了《论合法性与政治协商》《协商民主与合法性》，以公众参与、合
法性与决策等视角丰富了协商民主的概念内涵。进入 20 世纪 90 年代末，协
商民主的学术专著不断涌现。1996 年詹姆斯·博曼的《公共协商：多元主义、
复杂性与民主》探讨了在多元现实、复杂社会现实等条件下协商民主何以能
实现公民自治、民主思想；1997 年詹姆斯·博曼在和雷吉主编的《协商民主：
论理性与政治》中收录了哈贝马斯、罗尔斯、科恩等著名学者关于协商民主、
理性等方面的论文，呈现出了协商民主的初步研究框架；1998 年乔恩·埃尔
斯特主编的《协商民主》专门分析了作为决策机制的协商民主。步入 21 世纪
以来，协商民主研究集中在规范性问题、制度机制等方面。

通过对协商民主思想发展脉络的梳理，不难发现学者多从决策机制、社
会治理等多角度界定协商民主的内涵。尽管视角不同，但形成了协商民主内
涵的基本共识：自由平等的主体，凭借权利、理性，通过对话、审议、讨论、
辩论等方式，达成合法、合理决策的民主形式。[②] 协商民主的核心观念体
现在：

第一，平等性。平等性是指参与决策讨论的主体地位是平等的，这种平
等既包括形式上的平等，也包括实质上的平等。前者是指所有可能受决策影
响的人均有平等机会参与集体决策过程，且在协商的各个阶段均有同等地位，
均可就协商事项提出问题、提交意见或建议并提供相应的支撑理由，均享有

[①]　周珂、腾延娟：《论协商民主机制在中国环境法治中的应用》，载《浙江大学学报（人文社会
科学版）》2014 年第 6 期。

[②]　参见刘超：《协商民主视阈下我国环境公众参与制度的疏失与更新》，载《武汉理工大学学报
（社会科学版）》2014 年第 1 期。

平等的表达权。后者是指参与者所拥有的权利（力）或者掌握资源的分配差异，既不影响他们参与协商的机会，也不在协商中发挥权威性作用。① 无论现存资源分配如何，参与者间可通过对话、讨论、争论、审议等途径参与行政机关的决策活动。例如，他们通过自由平等的相互陈述理由来肯定或否定决策的合理性、合法性，一来一回的陈述与反驳，旨在形成一个各方均接受的、具有约束力的决策。

第二，公开性。公开性是指支持政府决策的各种理由均应公开化，以确保参与者能够对这些理由提出质疑或者有机会评论可能存在的矛盾或者疏漏之处。换言之，每个参与者都有权获知和评判具有集体约束力的决策根据。这种公开可以防止秘密的或者垄断的决策，能保证公众的知情权以获得其支持，反过来又能使公众理解参与责任。

第三，程序性。程序性是指所有参与人在公共决策达成前须遵循特定的形式依次表达主张、聆听他人意见。这是因为协商民主下的公众参与实质是一种实现民主参与、自由协商的程序机制，即围绕公共问题，先经交流、辩论、讨论等环节，梳理出分歧所在，再在理性反思基础上达成共识。

第四，公共性。公共性是指各方参与主体可能存在价值观、世界观等差异，需要能够在自由、平等、开放的对话环境下畅所欲言表明利益诉求，在广泛考虑公共利益的基础上，共同解决利益冲突问题或作出各方都能接受的决策。也就是说，协商民主的主要目标不是狭隘地追求个人利益，而是利用公共理性（public reason）寻求能够最大限度地满足所有人需求和利益的政策。②

第五，合意性。合意性是指行政机关与企业、公众等主体须以合意的形式来达成行政目标。行政机关在作出行政行为前，需要与上述主体进行充分协商、交换意见，以确保行政行为作出后能够获得他们的遵守。强调合意性是因为，行政机关在行政领域只能以命令性、单方性的形式出现，行政上的权利义务关系只能由单方性行为形成的见解，已完全不能适应现代国家的职能变化，③ 在现

---

① 参见〔美〕乔舒亚·科恩：《协商与民主合法性》，载〔美〕詹姆斯·博曼、威廉·雷吉主编：《协商民主：论理性与政治》，陈家刚等译，中央编译出版社 2006 年版，第 56～57 页。

② 参见乔治·M. 瓦拉德兹、何莉：《协商民主》，载《马克思主义与现实》2004 年第 3 期。

③ 参见杨建顺：《日本行政法通论》，中国法制出版社 1998 年版，第 532 页。

代行政事务已发展成为行政机关与企业、公众等主体的共同事务的情况下，行政决策在征得其他相关主体同意的情况下作出似乎更可取。

（2）协商民主在风险规制议题上的优势。与传统风险规制活动被政府垄断不同，在风险规制议题上实施协商民主具有行政管制不具备的优势：其一，通过各方参与，能集中反映出不同利益诉求、偏好和观点，在尊重差异和理性反思的基础上，可以促进政府决策的合法性。例如，在环境风险规制中，不同的利益代表可以充分表达自己的利益诉求，形成利益制衡机制，最后在相互说理、反思、理解、妥协的基础上达成各方都能接受的决策。① 其二，通过各方参与，能够明确各方责任，防止"有组织的不负责任"现象。例如，排污企业常以法律责任对环境风险规制的无力进行辩护，继而出现"有组织不负责任"，但是通过协商民主的参与，行为主体能够在对话中明确自身和他人的责任，促进符合环境公共利益的决策作出。其三，通过各方参与公开讨论、对话、协商，可以打破专家等对科学知识的垄断，将公共决策置于科学理性和民主理性的双重审视之下。专家理性未必契合公众的利益诉求，甚至存在不合理或错误的问题，所以独断的技术决策就可能是不正确的。而协商民主可以摆脱专家垄断的束缚，为政府决策过程的科学理性和民主理性的融入提供了路径。

（三）合作规制理念的基本特征

通过对合作规制理念发展情况、重要支撑思想的梳理分析，可以看出合作规制并非否定或者取代政府的主导或"掌舵人"作用，政府在传统的行政领域仍然发挥着不可替代的作用，只是面对社会中的新情况、新问题其需要同其他主体合作才能更好地应对。在此意义上，合作规制既具有提高政府行政适应性、应对复杂社会问题的能力，也能克服和弥补传统行政的局限性。其实质是不仅仅依赖于政府力量，也不单纯依靠企业、专家、公众，而是要在多元主体间寻求分工协作，以实现规制效果的最大化。这一规制理念具有以下显著特征：

1. 合作规制主体：政府主导下的多元主体

在风险规制中，"命令—控制"规制模式和合作规制模式下的主体角色有显著差异（见表6）：在"命令—控制"规制模式下，政府处于绝对支配地

---

① 参见郭红欣：《环境风险法律规制研究》，北京大学出版社2016年版，第117页。

位，表现在规制活动中所涉及公共利益的代表者、判断者，其扮演着领导者、协调者和监督者的角色，并集中承担规制责任；专家处于"从属"地位，表现在其受聘于规制机构，承担向规制机构单向输送专业知识的义务，并根据规制机构的指示来解释规制政策以回应公众的质疑；企业处于规制对象的地位，被动地接受规制主体的监管，与之形成一种行政监管关系；公众处于边缘化地位，可能无法参与或者仅仅以"围观者"身份参与规制活动，也无规制责任可言。但在合作规制模式下，政府的绝对支配地位被动摇。尽管其仍是规制活动主导者、领导者和所涉公共利益的最终代表者和表达者，但是公共利益的最终判断和决策的达成须建立在与企业、专家、公众等主体的沟通、论证与协商基础上，规制责任也与这些主体共同分担；专家的知识传递由单向传递向多向传递，如专家除了因雇佣关系须向规制机构履行传递义务外，也可以就特定事项发表中立性的专家见解或者应公众咨询请求而提供咨询意见；企业不再处于被动受监管地位，而是与政府形成合作伙伴关系共同应对自身行为带来的环境风险等问题；公众走到台前，与其他主体平等地参与规制全过程，共同致力于规制决策的达成，并承担相应的规制责任。显然，行政主体主导下的多元主体合作是合作规制的主体特征。

表 6　两种规制模式下的主体角色比较[①]

规制模式 主体角色	"命令—控制"规制模式	合作规制模式
政府	（1）公共利益的代表者、判断者； （2）规制活动的领导者、协调者和监督者； （3）规制责任的集中承受者。	（1）公共利益的最终代表者和表达者，建立在与企业、公众等主体沟通、论证和协商基础上的公共利益的最终判断者； （2）规制活动的主导者、领导者，但非绝对支配地位； （3）非唯一责任主体，其他参与者承担相应责任。

---

① 表格自制，内容参见谈珊：《我国环境影响评价制度有效性研究——基于哈贝马斯"有效性"的三维意蕴》，中南财经政法大学 2016 年博士学位论文。

续表

规制模式 主体角色	"命令—控制"规制模式	合作规制模式
专家	（1）受聘于规制机构，向规制机构单向输送知识； （2）代表规制机构向公众解释规制政策。	（1）既向规制机构提供专业知识，也向公众输入相关专业知识； （2）既有受聘于规制机构的专家，也为公众提供咨询意见或独自发表见解的专家。
企业	政府与之关系：监管与被监管关系	政府与之关系：合作、协商关系
公众	（1）边缘化地位，不参与或者不实质参与规制过程； （2）不承担规制责任。	（1）由边缘地位走向中心，与其他主体实质参与到规制全过程； （2）承担相应的规制责任。

2. 合作规制的客体：公共行政事务

合作规制是行政主体主导下的多元主体，以平等协商行政的方式对公共事务进行决策和执行的活动。其中，"公共"有面向不确定范围的人和事之意，那么，"公共事务"就应是特定共同体间的一般性、共同性事务而非个体的事务。公共事务不是静态的封闭性概念，相反其是一个动态的开放性概念，其与特定共同体的认知、行政任务变化、社会新问题的出现等因素有关。但是，并非所有公共事务均属于行政事务，只有那些被国家强制纳入行政管理的事务才属于公共行政事务。换言之，只有实定法才能明确何种事务属于行政或者不属于行政。随着风险社会的到来，国家行政由给付行政转向风险行政，公共行政事务的范围随之呈现扩张之势。例如，前文第一节提到的环境行政，已由福利行政阶段的环境危险防御转向了风险行政阶段的环境风险预防。不难看出，合作规制的客体具有公共行政事务指向性。

3. 合作规制的内容：多元主体间的权利义务关系

在"命令—控制"规制模式下，政府及其主管部门是行政主体，而其他利益相关者则处于行政相对人地位，由此二者间形成的法律关系属于行政法律关系。例如，在传统的环境问题监管中，环保部门允许企业排污、监督企业非法排污行为分别形成环境行政许可法律关系和环境行政监管法律关系。

但在合作规制模式下，参与者间的地位平等，形成的是一种合作关系。例如，在环境风险合作规制中，政府可以与企业、专家、公众以协议的形式明确各自的权利与义务，由此他们间就表现为一种"合作关系"。

4. 合作规制的责任：多元主体间的责任分担

在"命令—控制"规制模式下仅由政府集中承担规制责任，但是在合作规制模式下，无论是政府还是参与规制活动的专家、企业、公众均应对决策结果负责，体现为"责任共同性"。就政府及其相关部门来说，因为其在风险规制中具有主导者、领导者和监督者等特殊的角色地位，理应对决策后果积极、适当的承担责任。而其他主体对决策的达成也发挥着不可或缺的作用，也需要承担相应的责任。例如，在环境风险规制中，政府应对基于科学理性和民主理性的最终风险决策负责；企业享有涉及自身切实利益的环境风险规制方案的知情权，如排放标准、监测标准等制定的知情权、参与权，并承担特定行动防范环境风险发生的义务，违反这一义务则应承担相应责任；依据科学知识、科学规律进行环境风险评估是专家的义务，若评估结论存在明显的、重大的错误则须承担一定的责任；公众不仅享有环境风险信息的知情权，而且对风险规制过程具有参与和监督的权利，若其权利行使违反法律的禁止性规定、公序良俗和约定，则须承担特定的责任。

5. 合作规制信息：双向传递且能实现共享

在"命令—控制"规制模式下规制信息的传递方向是单向的，即"政府—行政相对人"式的自上而下的传递。但是，在合作规制模式下，规制信息的传递则是双向的，表现为"政府、专家、企业、公众"等参与主体间的信息共享、相互沟通。例如，在环境风险规制中，政府将有关风险的信息传递至其他参与主体，这些主体可以对这些信息提出质疑并提出建议反馈给政府。同样，其他参与主体也须根据规定把自己掌握的环境风险信息及时、准确的传递给政府。

6. 合作规制过程：全程性

与"命令—控制"规制的事后救济不同，合作规制则通常以全过程性的形态出现。从一定的时间维度去观察，它体现为较稳定并具有持续性的时间经过。譬如，在环境风险规制的风险议题拟定、风险评估、风险管理和风险沟通等各阶段均有合作的体现。

（四）碳排放环境风险的合作规制分析

根据上述分析，某种事项若要进入合作规制的视野，需要满足六个基本要素：①主体要素方面，该事项涉及多元主体；②客体要素方面，该事项属于公共行政事务范围；③内容要素方面，该事项关乎多元主体间的权利义务关系；④责任要素方面，该事项应能体现责任共担的要求；⑤信息要素方面，该事项所涉信息能够共享且双向传递；⑥过程要素方面，该事项规制具有过程性的特性。碳排放环境风险的合作规制，能够满足合作规制的基本特征，是一种具体领域的合作规制。

第一，碳排放环境风险规制涉及多元主体的利益冲突问题。尽管碳排放环境风险主要是由控排企业的行为引起的，但是碳排放环境风险的规制却涉及碳市场主管部门、控排企业、交易所、核查机构、专家、公众等多元主体及其利益。在合作规制中，同样涉及政府、专家、企业、公众等多元主体及其利益关系。显然，从主体的角度，碳排放环境风险能够满足合作规制的第一个要素。

第二，碳排放环境风险规制属于公共行政事务的范围。碳排放环境风险不是一个或者几个控排企业违法排放就能引致的，而是由不特定的企业长期累积碳排放行为引起的。因此，碳排放环境风险不是个别性问题，而是普遍性的、共同性问题。碳市场管理立法正是要通过市场机制来解决这一普遍性、共同性问题，立法也为相关主体的规制行动提供了依据。可见，碳排放环境风险规制也具有公共行政事务指向性，因此，从客体要素看，碳排放环境风险规制能够契合合作规制的第二个要素。

第三，碳排放环境风险规制牵涉多元主体间的利益关系。碳市场涉及控排企业、主管部门、交易所、核查机构等多元主体。这些主体间存在着错综复杂的利益关系，并编织出一张复杂的"法律关系"网。第一章第三节已有详细论述，此处不再赘述。由于在这个法律关系网中，控排企业、主管部门等主体都扮演着不同的角色。那么，通过规制碳市场中控排企业的行为来实现碳排放环境风险规制之目的，必然会涉及不同主体间的权利（力）、义务关系问题，而权义关系的实质是利益关系。是故，从内容要素看，碳排放环境风险规制能够符合合作规制的第三个要素。

第四，碳排放环境风险规制应体现责任共担性。由于控排企业特殊的行为逻辑和碳排放环境风险复杂的生成逻辑，实践已经证明仅靠市场自治或者主管部门的威权管制是不足的。面对市场失灵、政府失灵的问题，碳排放环境风险规制需要在主管部门的主导下，寻求广泛的合作，包括与控排企业、公众、专家等主体建立合作关系，应是规制责任共担而非主管部门集中承担。基于此，从责任要素看，碳排放环境风险规制能够符合合作规制的第四个要素。

第五，碳排放环境风险规制具有强信息依赖性。从碳排放环境风险规制实践来看，无论是总量控制、配额分配，还是碳排放报告、碳核查、配额清缴等事项，均是以客观性、真实性、可靠性的信息为前提。尤其是控排企业掌握的信息要及时传递至相应主体，规制活动才能有效开展。例如，若进行总量控制、配额分配，那么控排企业就要及时且如实地向碳市场主管部门上报历史排放情况；若进行配额交易，那么控排企业就需要保证配额数量、账户资金等信息是可靠且充足的；若进行配额履约，那么控排企业就要及时、如实进行碳排放报告，并配合核查，按时把碳排放报告和核查报告信息提交给碳市场主管部门审定；若要实现社会监督，碳市场主管部门、控排企业等主体需要根据规定、自身权限把相关信息公之于众，确保公众的知情权、监督权、表达权。据此，从信息要素看，碳排放环境风险规制符合合作规制的第五个要素。

第六，碳排放环境风险规制的过程性自不待言。从碳排放环境风险的生成来看，先是控排企业于碳市场的配额获取、配额交易、配额清缴阶段中非法获取碳排放机会；然后把这种碳排放机会传递至其生产、经营、管理等环节中；最后长期超排，当空气中累积的温室气体达到一定浓度，会对一定范围内的生态环境和公众健康产生影响。其中，控排企业于碳市场中非法获取碳排放机会的行为是碳排放环境风险生成的源头，而对这些行为的规制必然涉及碳市场的各个环节。可见，从过程要素来看，碳排放环境风险规制能够满足合作规制的第六个要素。

由此可以看出，碳排放环境风险的合作规制是以碳市场主管部门主导下的控排专家、企业、公众等多元主体为规制主体，以碳市场中重要阶段的控排企业行为为对象，以平等协商、利益协调、信息交流、责任共担等为主要方式，以达成碳排放环境风险良好决策的活动。它的实质是一种特殊领域的合作规制。用合作规制理念指导碳排放环境风险规制活动，不仅可以解决传统风险规制理念的局限性，还可以解决传统风险规制制度的不足性问题。

1. 合作规制解决了碳排放环境风险与传统规制理念的适配性难题

在碳排放环境风险规制议题上，环境行政管制理念存在无法消弭风险、执行不到位、资源错置等问题。而合作规制理念随着风险行政的兴起已经在环境风险领域受到重视并体现于一些国家的立法与实践中，呈现"蔚然成风"之势。该理念反对风险转化后的"末端治理"，注重的是风险转化前的预防；它也不以不计成本的实现"零风险"为目标，而是立足于规制资源的有限性，在"成本—收益"分析的基础上实现资源合理配置，追求资源的最大化效用。此外，该理念下的参与协商主体地位是平等，彼此的意见和建议都能得到充分的尊重，能够兼顾科学理性与民主理性，这正是环境行政管制理念所欠缺的。

2. 合作规制解决了碳排放环境风险传统规制制度的不足性问题

第一，合作规制解决了碳排放环境风险评估中的参与主体角色定位问题，并能指导建构体现科学理性和民主理性的碳排放环境风险评估制度。在传统的碳排放环境风险评估中，政府多处于支配地位；专家受雇于政府并被其"俘获"、专家意见的科学性受到质疑；企业参与存在代表性不足或多流于形式；公众参与缺乏专门立法保障。而合作规制下的碳排放环境风险评估则建立在平等协商的基础上，能够充分发挥各种角色的优势。另外，当下碳排放环境风险评估还因存在评估依据——碳排放环境标准的缺失和不统一问题，且未能很好地体现科学理性和民主理性，以致评估制度实施的实效性差、面临合法性危机；合作规制理念则最大限度地尊重科学理性和民主理性的作用，能够更好地指导碳排放环境风险评估制度的构建。

第二，合作规制弥合了碳排放环境风险管理中的科学理性与民主理性断裂问题，并能指导构建富有科学精神和民主精神的风险管理制度。碳市场中控排企业非法获取碳排放机会的行为与碳排放环境风险的形成具有复杂的因果关系且认定困难，那么从源头控制这些行为就显得尤为重要，但现行立法存在要么未确立一些源头控制制度，要么一些制度的设计不够科学、合理，以致实践中难以有效监管控排企业的上述行为。合作规制理念考虑到了控排企业的行为逻辑、碳排放环境风险生成的复杂性和二元属性、碳市场多元主体的不同作用，其独特的科学理性和民主理性整合优势，能促进资格管理制度、碳排放报告制度、碳监测计划制度等管理制度的优化建构。

第三，合作规制克服了碳排放环境风险沟通中的信息与参与难题，并能指导构建碳市场信息公开与公众参与的良性机制。碳市场信息公开和公众参与对于规制碳市场中控排企业的不法获取碳排放机会的行为至关重要。"翔峰公司诉深圳发改委行政处罚案"说明了碳市场信息沟通不畅的问题，现行《碳排放权交易管理办法（试行）》对碳市场基本信息公开之规定又反映了信息公开过于保守的问题，且仅赋予公众了解碳排放交易及相关活动信息的权利。信息公开范围较窄且单向传递、公众无法参与或参与不足也是环境行政管制模式的弊病表现。合作规制强调信息在多元主体间双向传递、相互共享，强调主体责任分担，并把公众从环境行政管制理念下的边缘化地位提升至中心地位，作为不可或缺的参与主体。因此，合作规制理念能够指导构建出一套碳市场信息公开和公众参与的良性机制。

第三节　碳排放环境风险合作规制理念的实现

环境法作为一个法律部门，自成一体，有其独特的品格。但是，它并非静止、封闭、僵死的规范体系，而是一个动态、开放、鲜活的规范体系，与丰富多彩的社会实践活动相关联。面对日益凸显且复杂的碳排放环境风险问题，调整"人与人、人—自然—人"间关系的环境法，也要对自身进行调整。迅速而有效因应不断变化的现实，这既是环境法实践的价值所在，也是环境法学理论的价值所在。只有与变化发展的环境实践问题相契合，环境法及环境法学理论才能历久弥新，不断地发挥其规范、调节和引导功能。因此，一旦既有的环境法律手段不能解决当前的环境问题，就应探索新的方法；当现行的法律原则、制度已制约新事物成长时，就应毫不犹豫地加以突破。

一、碳排放环境风险合作规制的风险预防原则

碳市场中控排企业（非法）争取碳排放机会的行为是碳排放环境风险产生的源头，对源头行为进行规制是预防风险发生的关键，但是由于规制资源有限，规制活动须考虑到资源的投入与产出问题，应以资源配置的最优为追求。因此，政府主导下的碳排放环境风险合作规制活动的开展须遵循风险预防原则，但这一原则应予以适当限制。

（一）风险预防原则的法律内涵

随着风险社会的到来，人造环境风险问题不断受到关注。但是，既有的科学技术不仅无法对不断出现的环境风险给出确定性的解释，其自身的肆意发展更是强化了这种不确定性。例如，全球气候变暖、核能污染等具体领域。风险预防原则（Precautionary Principle）正是基于此背景下产生，其源自 20世纪 60 年代德国环境法的"预防法则"（德语为"Vorsorgeprinzip"），旨在"解决因不确定性导致行动上的滞后性与环境保护的预防性需要之间的矛盾"[1]，到 20 世纪 70 年代中期其已构成德国环境政策的重要基石。20 世纪 80年代起该原则得到快速发展并为国际、国内环境立法所采用去处理海洋污染、气候变暖、酸雨等环境问题，如 1984 年发布的关于北海保护的《伦敦宣言》首次系统论述了风险预防原则，"为保护北海免受最危险物质的有害影响，即使没有绝对明确的科学证据证明因果关系，也应采取风险预防措施以控制此类物质的进入，这是必要的。"20 世纪 90 年代后该原则已成为国际环境法上的一项公认原则并在气候变化控制、生物多样性保护等国际环保领域得到广泛适用[2]，例如，1992 年的国际公约《跨界水道和国际湖泊保护与利用公约》第 2 条第 5 款和区域性公约《保护东北大西洋海洋环境公约》第 2 条均明确提出把"风险预防原则"作为缔约方遵循的原则，前者强调即使科学未能充分证实危险物质与潜在跨界影响间的因果关系，避免造成影响的行动依然不

---

① 吕忠梅主编：《环境法导论》，北京大学出版社 2008 年版，第 46 页。
② 参见王子灿：《专利法的"绿化"：风险预防原则的缘起、确立和适用》，载《法学评论》2014 年第 4 期。

应被搁浅，后者也类似强调即使没有最终的科学定论证明排放物质与危害结果间的因果关系，也应当采取适当的预防措施，1992年的《联合国气候变化框架公约》第3条第3项虽未明确提出"风险预防原则"，但从规定内容看实则是对该原则的具体阐释，"各缔约方应当采取风险预防措施，预测、防止或尽量减少引起气候变化的原因，并缓解其不利影响。当存在造成严重或不可逆转的损害的威胁时，不应当以科学上没有完全的确定性为理由推迟采取这类措施"①。

由以上立法文件可以看出，该原则"主要是在说明环境政策与环境法非仅是对具体环境破坏之反应（Reaktion），亦即不仅限于抗拒对于环境具有威胁性之危害及排除已产生之损害，而是更进一步积极地，在一定危险性产生之前就预先去防止其对环境及人类生物之危害性的产生，并持续地致力于基本自然生态的保护及美化。"② 在"预防—管制—救济暨整治"的环境法体系下，预防居于首要位置。由此，风险预防原则的内涵，不应是等到人类行为作用于环境产生具体的危害时才作出反应去积极应对，这并非该原则追求的目的，而是要在危害有可能出现时或者未发生危害时，提前对生态环境或者公众加以保护，使其免于因环境污染或者生态破坏而受到损害。申言之，对于已经被科学证实的确实会对公众健康、生态环境造成重大影响的损害，法律上已经提出了"危险预防原则"，即当人们仅凭借经验法则就可以判断出某一行为或事件一旦付诸实施就非常可能对公众健康、环境安全产生肯定的、明确的危害时，就应该采取措施对这些危险作出抵抗；而对于无法通过科学加以确证损害发生与否，但又无法排除具有重大发生可能性的损害，才由上文提及的"风险预防原则"去应对的，即虽然无法获得充分的科学肯定性，只要有造成严重或者难以挽救的损害可能时，应预先采取防治措施。

根据以上分析，可以总结出风险预防原则的核心要素：其一，危害程度的要求，即环境风险的危害程度须达到严重的、不可逆转的或重大的后果。其二，科学不确定性的要求，即囿于人类科学认知的有限性，现有的科学技

---

① 参见《巴马科公约》，载王曦主编：《国际环境法与比较环境法评论》，法律出版社2005年版，第250页。

② 陈慈阳：《环境法总论》，中国政法大学出版社2003年版，第169~170页。

术尚不能提供确实且充分的证据证明造成环境损害威胁的存在，也无法确切地证明原因行为与可能的环境损害后果之间的因果关系。其三，行动时间的要求，环境风险的一个突出特征是科学上的不确定性，若是等到科学能够提供确证时再采取行动恐怕已造成无法弥补的损失，所以只要存在严重的或不可逆转的环境损害威胁，就应及时采取预防性措施。

（二）风险预防原则的批判与超越

1. 风险预防原则的批判

尽管风险预防原则已经被一些国际环境公约和国家环境立法所确立，但是这些立法文本对之表述却不统一，呈现出弱风险预防原则和强风险预防原则两种情形。例如，作为弱风险预防原则代表的《里约环境与发展宣言》规定："为了保护环境，各国应按照本国的能力，广泛使用预防原则。遇到严重的或者不可逆转损害的威胁时，不得以缺乏科学充分确实证据为理由，延迟采取符合成本效益的措施防止环境恶化。"而作为强风险预防原则代表的《温斯布莱德声明》则规定："当一项活动对人类健康和环境产生了威胁时，即使因果关系不能从科学上完全证明，也应当采取预防性的措施。"可见，强风险预防原则强调在对可能的健康、环境风险进行规制时，不应建立在证据的确定性基础上，也不必考量规制成本的问题。据此原则，规制主体仅须证明存在风险可能性且不需证明可能性程度，便可采取规制措施，而风险的制造者则应无条件的承担活动无害性的证明责任。弱风险预防原则尽管也认为科学上的不确定性不应成为拒绝采取规制行动的理由，但是主张规制行动不应追求"零风险"的目标，而应考虑风险的不同类型、社会可接受水平和规制措施的成本效益。

但是，上述两种风险预防原则主张也存在不合理之处，因而为学界所诟病。学界对批判强风险预防原则的支持性理由主要有：其一，风险阈值的忽视。阈值是一个系统临界值的数字化呈现，风险规制应考虑风险危害程度。但是，强风险预防原则并未把风险阈值作为考量的因素，不论风险大小，一律需要采取规制行动。但现实是，很多风险要么已经非常小或没有消除殆尽的必要，要么根本无法消除殆尽，若强行追求"零风险"其结果是有限规制资源得不到有效配置，令一些重要的风险得不到重视或无法进行规制。风险与机遇往往是同时存在的，一味苛求消除风险，可能会因此丧失更多收益的机会。其二，规制活动本身的风险。某种规制活动在规制风险的同时，其自身也充满不确定性，且会引起一些风险，而强风险预防原则却回避了"风险对抗风险"的现象。其三，风险规制成本的忽视。不计成本的消除风险是非理性的，若风险规制成本远超过所能获得的收益则不宜采取预防行动，否则规制活动无法持续推进，显然强风险预防原则并未考虑规制成本。

对批判弱风险预防原则的支撑性观点主要有：其一，风险危害程度难以把握。实践中，"严重的""难以逆转的""不可恢复"的危害如何认定，其判断标准存在缺失的问题。其二，不宜具体化。风险预防原则的理论魅力恰恰在于其"原则"，若是如其他理论般加以具体化则会令风险预防原则丧失吸引力，落入传统风险管理理论的窠臼。显然，弱风险预防原则对诸多因素的考虑，有把风险预防原则这一不确定法律概念具体化之倾向。

2. 风险预防原则的超越

无论是强风险预防原则者、弱风险预防原则者的主张，还是对两种原则持反对意见的反对者的论辩，均有合理之处。因此，应结合上述两种情形及其反对者的主张，对风险预防原则适用进行合理限制，主要体现在：

（1）在规制行动的决策时，应区分风险类型采取适宜的预防手段。在进行风险预防决策时：首先，应明确风险的类型和程度。了解风险的类型和危害程度可以作为衡量是否采取、采取何种预防性措施的前提。特别是风险阈值的大小，若风险阈值超出临界值，一般意味着风险程度严重，需采取相应预防措施，若是风险阈值未超出临界值，则意味着风险程度较轻，不需要采取预防措施。临界值判定取决于环境风险类型的差异，根据常理，高风险、低收益的活动其临界值较低，而低风险、高收益的活动其临界值一般较高。一个特殊情形时，若是风险后果是严重的或者是难以挽救的，其临界值也应较低。其次，预防措施应满足比例原则的要求。所谓比例原则是指拟采取手段与预定实现目标间存在量化关系，手段的采取应与目标的实现呈正相关。具言之，规制措施对化解或降低风险来说应是适当的；若存在可供选择且能实现规制目的的规制措施，应优先选择那些对行为者限制小、成本低的必要性措施；规制措施所能补救的利益应该超出因此而付出的成本或者产生的损害。

（2）在规制措施执行中，适当调整预防措施。在规制措施执行中，规制主体不应机械地执行规制措施，带来不必要的风险。这是因为作出风险决策时存在科学认知的局限性，随着科学认知能力的提升，一些风险危害的确证会得到一定程度的强化，这时规制主体就需要及时调整之前的措施，从而使规制措施能够契合比例原则。

（三）风险预防原则对碳排放环境风险合作规制之意蕴

在法律上，该原则对碳排放环境风险合作规制提出以下三点要求：

1. 碳排放环境风险合作规制适用时应立足风险特性和风险阈值

首先，应考虑碳排放环境风险的特性。碳排放环境风险是一种特殊的环境风险类型，体现在引致主体特殊性、利益关系复杂性、因果关系间接性和后果多元性等方面。控排企业是最重要的碳市场行为主体，也是碳排放的贡献主体。要有效规制碳排放环境风险，就需要充分了解其特性，并在规制主体间就源头行为——碳市场中非法获取碳排放机会的行为——的控制进行充分协商。其次，应了解碳排放环境风险的阈值。控排企业的能源利用、化石燃料燃烧活动既会产生大量的二氧化碳等温室气体，又会带来一定的经济收益。也就是说导致碳排放环境风险产生的企业活动是风险危害和风险收益并存的活动。那么，理论上碳排放环境风险合作规制领域适用的阈值就应较高。实际上，第一章碳排放环境风险景象部分呈现出的这一风险对公众健康、生态环境的重大、难以逆转的影响恰好说明其应适用较高的阈值。

2. 碳排放环境风险合作规制决策时应考量比例原则和成本—收益

风险预防原则是风险规制活动的指导性原则，改良后的风险预防原则对比例原则、"成本—收益"分析的遵循，自然也应为碳排放环境风险合作规制决策所考虑。

（1）比例原则。从学理的角度看，上文提到的比例原则实际上包含三个方面的要求：其一，适当性（或称"妥当性"），即规制手段应当能够实现或至少有助于实现规制目的或目标；其二，必要性（或称"最小伤害原则"），即规制行为或手段对于达到规制目的或目标是必要的，给正当权益造成的不利影响是难以避免的；其三，狭义比例原则（或称"相称性原则"），即规制行为或手段的实施应衡量其目的或目标所要达成的利益以及可能带来的不利影响，使二者形成适当的比例关系。① 其中，适当性要求偏向于事实判断，必要性要求则综合了事实和价值判断，狭义比例原则则是利益衡量的价值判断。② 狭义比例原则的实质是规制主体的精确计算，但却面临着信息障碍的问题，难以在传统风险规制模式下有效适用。例如，环境风险规制的目标是什么、手段能否实现目标、手段能否达到最小侵害、手段所造成的侵害与所能带来的收益是否相称等问题，都依赖于全面、可靠的信息支撑。那么，在传统环境管制模式下，由于政府的管控、信息的分散和单向传递等原因，较难确保环境风险规制手段符合比例原则的要求。碳排放环境风险合作规制决策尽管也是在科学不确定性情况下作出的，但是合作规制理念具有环境行政管制理念所不具有的科学、民主优势，能够充分调用控排企业、专家、公众、政府等主体拥有的信息、技术等资源，并经过充分的平等协商，能在既有的科技水平下最大限度地（全面、准确）了解碳排放环境风险发生概率的大小、累积期长短、危害程度有多大、有效控制手段有哪些及如何避免或减少不必要的经济负担，这实际上蕴含了狭义比例原则的上述要求。易言之，碳排放环境风险合作规制所采取的手段对规制目标的实现来说通常是适当的、必要的和相称的。

（2）成本—收益分析。成本—收益分析是"一种科学的规制影响分析工具，它为决策者提供了一套数学计算方法，从而能较为准确地量化拟实施的规制可能耗费的成本和可能获取的收益，进而有利于决策者作出能提升经济效率和经济理性的科学决定"③。它虽是经济学上的一种分析工具，但已在环境法领域得到广泛运用。以美国为例，1969 年颁布的《国家环境政策法》使得公众环境权益得到了前所未有的重视，有利于公众对环境污染行为的监督，但是并未考虑规制给企业造成的影响和由此导致的社会成本，1970 年以来颁

---

① 参见［德］哈特穆特·毛雷尔：《行政法学总论》，高家伟译，法律出版社 2000 年版，第 239 页。

② 参见许玉镇：《比例原则的法理研究》，中国社会科学出版社 2009 年版，第 54 页。

③ 刘权：《作为规制工具的成本—收益分析——以美国的理论与实践为例》，载《行政法学研究》2015 年第 1 期。

布的《清洁空气法》《清洁水法》等尽管设立了严格环境标准，但即使企业采用新设备或者停产，依然难以实现立法所要求的"零风险目标"。① 鉴于实践中环境风险规制成本过高，美国从尼克松开始，历届总统都强调控制法规实施的成本，且相继发布多项总统令。如里根的第 12291 号命令要求，所有重大管理行动均应进行成本—收益分析，以确保规制措施产生的收益大于付出的费用，克林顿的 12866 号、12875 号命令进一步强调规制措施的成本—收益分析是措施被认可的前提，并特别要求一切重大规制活动均需进行成本—收益分析。② 成本—收益分析方法之所以在环境风险规制中如此受重视，是因为它侧重于定量分析，能体现出客观性和精确性要求，能够增进对规制措施实际后果的了解，③ 这有助于规制资源的合理配置、减少或避免规制行动的恣意和提升规制活动的合法性。因此，碳排放环境风险合作规制决策应重视成本—收益分析。详细说来：

第一，成本—收益计算。合作规制主体应针对碳市场控排企业行为的主要规制措施作出成本—收益计算，并且应证明收益能够超出成本。若是收益低于成本却仍要采取行动，规制主体需要对此进行解释，说明碳排放环境风险有害于公众健康、环境公共利益或者规制措施的成本大多由控排企业承担。

第二，规制工具选择。合作规制主体应使用一些能有效应对碳排放环境风险问题的"灵敏工具"。典型的"灵敏工具"主要有：碳排放信息、碳排放标准、碳排放合约和自由市场环保主义等。碳排放信息工具强调充分的碳市场信息公开和公众的参与，以弥补碳市场主管部门占有的信息不足问题；碳排放标准是规制主体对控排企业行为进行规制的重要依据，这个标准应是科学理性与社会理性融合的结果；碳排放合约是规制主体与规制对象签订的一种碳排放风险控制合同，旨在激励控排企业采取相应的控制措施；自由市场环保主义主张"设定财产权来解决环境退化的风险，产权可以激励人们担

---

① 参见席涛：《美国管制：从命令—控制到成本—收益分析》，中国社会科学出版社 2006 年版，第 69 页。

② 参见周卫：《环境规制与裁量理性》，厦门大学出版社 2015 年版，第 75~76 页。

③ 参见 ［美］凯斯·R. 孙斯坦：《风险与理性——安全、法律及环境》，师帅译，中国政法大学出版社 2005 年版，第 365 页。

负起环境保护的责任，避免在环境问题上也出现公地悲剧"①。成本—收益分析有助于规制主体从规制工具中选择最有效、最低成本的措施去实现规制目标。

3. 碳排放环境风险合作规制执行时应考虑规制措施的适应性情况

根据风险预防原则的要求，合作规制主体出于碳排放环境风险规制之目的，对碳市场中控排企业非法争取碳排放机会的行为采取规制措施后，并非一成不变的，而应保持持续的关注和定期的评估，考量规制措施是否仍然必要、是否依然适当。若是一些规制性制度不再适用，则应通过立法的途径加以废止，并确立一些新的制度。这是因为，碳监测、碳盘查、碳排放统计与核算等科技手段在不断发展，对控排企业的市场行为和碳排放行为会有新的认知、新的控制手段，那么之前的规制措施就应该随着一些新的科学证据出现而作出相应的调整。当然，科学技术发展是个缓慢发展的过程，相关科学信息和数据的获取、分析、处理、传递也有一个过程，这意味着规制措施不会朝令夕改、具有一定的稳定性，这有助于控排企业信赖利益的保护和碳市场主管部门权威的维护。但长远看，规制措施仍应适当调整，这可以避免合作规制主体因科学证据欠缺而决策失误给控排企业带来不必要的经济损失与负担，也将会减少碳排放环境风险规制手段的争议性。

二、碳排放环境风险合作规制的分析框架：科学/民主理性的全程融入

风险规制离不开对风险的识别、测量与评价，离不开研究制定和采取降低或避免风险的计划、方案以及措施，还离不开利益相关的组织体或个人间传递所有的风险及风险防范信息。② 易言之，风险规制的基本分析框架由风险评估、风险管理和风险沟通三部分构成。其中，风险评估是规制基础，风险管理是规制手段，风险沟通是重要保障，风险管理以风险评估结果为重要依据，风险评估和风险管理均离不开信息的支持，风险沟通贯穿于风险评估、

---

① 参见［美］凯斯·R. 孙斯坦：《风险与理性——安全、法律及环境》，师帅译，中国政法大学出版社 2005 年版，第 162 页。

② 参见沈岿：《风险评估的行政法问题》，载沈岿主编：《风险规制与行政法新发展》，法律出版社 2013 年版，第 114 页。

风险管理过程，三者有机联系，构成一个完整的规制框架。合作规制理念具有融合科学理性和民主理性的优势，其在指导碳排放环境风险规制时也应遵循这一分析框架，这也是其规制过程的全程性特征的体现。那么，面向碳市场控排企业行为的碳排放环境风险合作规制就包括碳排放环境风险评估、碳排放环境风险管理和碳排放环境风险沟通三方面。

（一）规制基础：碳排放环境风险评估

风险评估（risk assessment）是风险规制的重要基础。一般认为，它是运用科学依据确定由于接触某种物质对个人、群体或系统所产生危害的概率。以危害潜伏期长短为标准，风险评估可分为影响健康的短期风险、影响健康的长期风险和生态环境风险（如气候变暖）三种形式。这些评估通常是基于科学的实验，实验结果是判断有无风险的分水岭或进行定量分析的依据。[①] 以环境与健康领域为例，其风险评估活动通常由四个步骤组成：危害识别（hazard identification）、危害特征描述（hazard characterisation）、暴露评估（exposure assessment）和风险特征描述（risk characterisation）。危害识别是确定某一因素（如控排企业的碳排放）是否具有有害性，是否增加公众健康风险、生态环境风险的程序；危害特征描述的是在何种水平下，公众健康、生态环境安全会发生改变；暴露评估是计算公众或环境物质可能接触某种物质的强度、频率及期间，如确定公众每天吸入的空气中有害物质的含量，摄入物质已经在多大程度上影响到了公众健康、生态环境安全；风险特征描述的是对评估数据的整合，以确认所作的推论及存在的不确定性。显然，传统的风险评估强调的是科学理性，把可获得的科学证据作为评估的基础。唯科学进路的风险评估对于具有客观存在性这一单一属性的风险是适用的（如道路交通风险），但是对于具有客观存在性和主观建构性的碳排放环境风险来说是片面的，因为其并未考虑利益相关者的社会理性。鉴于此，后文将对风险评估进行重新界定。

碳排放环境风险的二元属性决定了其评估形式应是合作式的。所谓合作式风险评估是指"权利受到或可能受到决策执行影响的'利益相关者'（包括公

---

① 参见 ［美］丹尼尔·A. 法伯、罗杰·W. 芬德利：《环境法精要》，田其云、黄彪译，南开大学出版社 2016 年版，第 135 页。

民、法人及其他社会组织）有权以平等的身份参与到风险评估过程中来，并对风险评估结果的形成发挥实质性影响。"① 利益相关者自愿参与评估，可以弥补专家科学理性的不足，体现风险评估的民主性。易言之，碳排放环境风险合作式评估强调的是具有现实意义的实质参与，而非形式上的、没有实际价值的参与。碳排放环境风险的二元属性要求在对碳排放环境风险评估时不能仅强调专家的科学理性，还要重视控排企业、公众等利益相关者的意见，以提高风险评估质量。正如沈岿教授所指出："把不同利益者的价值诉求和知识带进行政决策过程之中，使决策者有可能比独自决断考虑得更周全、最后作出有更好理据支撑的决策。"② 因此，立法确立相关制度时应同时考虑科学理性和民主理性的价值，为利益相关者参与碳排放环境风险评估活动畅通渠道。

（二）规制核心：碳排放环境风险管理

风险管理（risk management）是风险规制的核心环节。在传统的风险规制模式下，风险管理被视为负有环境风险规制职能的行政主体选择适当的行政管理措施以防范、控制、减缓环境风险的行政活动。涉及环境风险规制的《环境保护法》《大气污染防治法》《中华人民共和国水污染防治法》等重要立法都明确规定了环境保护主管部门对环境安全的监督、管理等职能。但是，这些规定的执行上仍需更好地落实，环境行政主体实施管理中出现了不作为管理、缺位管理、选择性管理和事后应急管理等问题。在碳排放环境风险管理议题上表现更甚，出现"无人问津"的现象。这是因为二氧化碳等温室气体尚未被国家立法明确为大气污染物，不能被纳入现行环境法律体系进行调整，所以环保主管部门无法作出相应的处理，多是由中央和地方的发展改革委以碳市场机制等方式来推进温室气体控排，但是《碳排放权交易管理办法（试行）》等文件并未明确主管部门对碳排放环境风险进行管理的职能。显然，现在的碳排放环境风险管理存在主体缺位的问题，利害关系人、公众自然无法参与风险管理程序，专家的作用是为市场机制的持续运动建言献策，而非出于碳排放环境风险管理目的提出意见。由此，现行碳排放环境风险管

---

① 戚建刚：《我国行政决策风险评估制度之反思》，载《法学》2014 年第 10 期。

② 沈岿：《风险规制决策程序的科学与民主》，载沈岿主编：《风险规制与行政法新发展》，法律出版社 2013 年版，第 307 页。

理的科学理性与民主理性均是缺失的。

但是，碳排放环境风险的二元属性决定了其管理形式应是合作式的。所谓合作式风险管理是指各有关主体间以互相合作、共同决策、相互监督、共担责任形式进行碳排放环境风险规制措施的选取、实施、监督、回馈等系列活动的总称。这种合作式风险管理既打破了传统的环境风险管制理念下风险管理存在的"缺位、应急"等问题，又为碳排放环境风险这一更为复杂的环境风险管理提供了理性整合思路。具言之，碳市场主管部门、控排企业、专家、公众等主体要发挥各自占有的知识、信息等优势共同来管理碳排放环境风险。也就是说，碳排放环境风险管理不仅有赖于碳市场主管部门、专家掌握的专业技术、经济知识，还需要考虑控排企业、普通公众的文化、心理、政治、道德等方面的因素，后者在特殊情形下或许比前者更为重要，因为碳排放环境风险规制手段的选取涉及多元价值。正如有学者所指出："风险管理模型正趋向于较少的技术统治论，而是强调风险相关各方在风险决策和管理手段选择上的参与，实现风险管理的多重社会目标。"[1] 总之，碳排放环境风险管理中科学理性与民主理性不应是缺失的、断裂的，而应是融合的、交流互动的，以权衡风险评估、政策、不同利益诉求等各种相关因素，"选择最恰当的管理行为"[2]。

（三）规制保障：碳排放环境风险沟通

风险沟通（risk communication）是风险规制的重要组成部分。在传统的环境行政管制模式下，它是指碳市场主管部门利用一定的媒介平台（如官方网站、报纸等），将有关的碳排放环境风险信息传递给企业、公众等主体的活动。由此，它体现出两个重要功能：其一，告知。即告诉控排企业、公众等主体有关碳排放环境风险的知识，提高其对碳排放环境风险的认知，希冀他们能够接受风险。其二，引导。即帮助控排企业、公众等主体对碳排放环境风险议题形成准确的结论，引导其采取行动降低风险。[3] 涉及碳市场主管部门

---

① See Power M. , McCarty L A, "Comparative Analysis of Environmental Risk Assessment/Risk Management Frameworks", *Environmental Science&Technology*, 1998. Vol. 32, No. 9, p. 224-231.

② ［美］恩格、史密斯、博凯里：《环境科学：交叉关系学科》，王建龙等译，清华大学出版社2009年版，第39页。

③ 参见戚建刚：《我国食品安全风险规制模式之转型》，载《法学研究》2011年第1期。

风险沟通职责的规定较少，《碳排放权交易管理暂行条例》仅在第 12 条明确了省级人民政府生态环境主管部门向社会公开核查结果信息的义务。实践中，碳市场主管部门存在不够全面的、单向的、效果较差的与控排企业进行信息沟通的行为。例如，第一章中提到的"翔峰公司诉深圳发改委行政处罚案"中，就暴露出了自上而下的信息沟通存在的效果不佳问题。

那么，有效的碳排放环境风险沟通应是合作规制模式下的全程的、开放的、双向的沟通。这一沟通方式并非一个独立的阶段，而是贯穿于风险评估、风险管理的诸环节中。碳排放环境风险合作规制要求以立法形式保障碳市场主管部门、控排企业、公众、专家等主体间能够进行平等协商、开放互动的信息交流。这源自这样一种预设：不同社会背景下的主体，其对碳排放环境风险的认知存在观念、事实知识、价值判断等方面的不同，那么彼此间就需要对方的有关信息以弥补自身信息的不足。由此，合作规制理念的碳排放环境风险沟通应是这样一种程序：拥有不同碳排放环境风险知识的碳市场主管部门、控排企业、专家、公众等主体间进行对话，并实现这些主体间就碳排放环境风险信息进行共享。那么，这种沟通方式的功能就不再限于碳排放环境风险信息的告知、引导，更多的是着眼于对碳市场主管部门与控排企业等主体间关系的塑造。

三、碳排放环境风险合作规制的制度配置：面向控排企业的制度构建

"制度必须要有理念加以统御，否则就犹如人之无灵魂而成为僵死的制度；反之，任何价值理念的实现，也都离不开制度的配合与落实。"[1] 环境法需要以新的理念来修正既有制度、确立新的制度，也需要以制度的规范功能实现理念的目标。传统环境行政管制理念下的碳排放环境风险过程规制制度存在着科学理性、民主理性断裂或缺失的问题，致使制度实施效果不理想。与之不同，合作规制理念下的碳排放环境风险过程规制制度构建则考虑了政府、企业、公众、专家等多元主体的不同功能，融合了科学理性和民主理性，可被赋予新的制度内涵。

---

[1] 杨解君：《中国行政法的变革之道——契约理念的确立及其展开》，清华大学出版社 2011 年版，第 4 页。

（一）以合作规制理念指导控排企业碳排放环境风险评估制度构建

要避免盲目规制碳市场中控排企业争取碳排放机会的行为，首先就需要预测、判断大气环境的负荷，因为公众健康受损、生态环境破坏主要是由于控排企业的碳排放活动造成的环境负荷超过了大气环境可以容纳的限度，不能通过大气环境的自净作用予以降解或消除所导致的。碳排放环境风险评估正是借助科学的数据，对控排企业碳排放活动及其产生的环境负荷进行量化分析来认定大气环境承载力，据此设定适当的碳排放标准来判断控排企业的排放行为是否合乎要求，从而间接地约束其争取碳排放机会的行为。但是，在环境行政管制理念下，碳排放环境风险评估不仅存在参与主体角色定位不当的问题（如碳市场主管部门过度依赖专家的科学，控排企业、公众被边缘化），而且存在评估活动的合法性问题（如风险评估议题的随机性、科学理性被放大、民主理性被忽视）、碳排放标准不统一和缺失的问题（如部分行业还没有专门的碳排放环境标准）。

在合作规制理念下，碳市场主管部门、控排企业、专家、公众在碳排放环境风险评估中的主体角色将被重新定位，各主体均发挥着不可替代的作用；风险评估活动也不再仅是依靠专家的科学理性，控排企业、公众等主体的社会理性也同样受到尊重，评估活动的科学精神和民主精神得以增强；将提出碳排放环境风险评估制度构建的新思路，包括立法价值、构建原则和具体思路等内容。例如，碳排放环境标准是碳排放环境风险评估的重要依据，其制定应当以控制和预防碳排放环境风险及其负面影响为目标。一般认为，碳排放环境标准是一种科学上的判断，通过长期的观察、监测，建立数据模型，确定大气环境介质的消纳能力，然后根据大气环境介质的消纳能力制定出来，需要依靠科学技术专家，并借助环境科学、经济学等学科，应当是客观合理的。但是，碳排放环境标准并非预设的那么科学和客观，碳排放环境标准的制定也不是一个客观可确证的分析过程。碳排放环境风险规制是寻求安全的活动，但追求安全必然会对控排企业的行为产生限制，限制必然就会产生经济上的成本和支出。更严格的碳排放环境标准会要求控排企业对能源利用、化石燃料燃烧活动进行更严格的控制或引进先进的技术设备，这会导致企业生产、经营、管理成本的增加，甚至影响其经济利益的实现。那么，碳排放环境标准的制定就须妥善地考虑不同价值,其制定过程要体现科学理性和民主理性的价值。

(二) 以合作规制理念指导控排企业碳排放环境风险管理制度构建

由碳排放环境风险的生成逻辑可知,碳市场中控排企业的不法行为是引起碳排放环境风险的重要源头因素。控制这些源头行为,环境行政管制理念下的立法确立了一些制度。例如,《碳排放权交易管理办法(试行)》《碳排放权交易管理暂行条例》规定了碳监测计划制度、碳排放报告制度、碳核查制度等制度。不过,这些制度执行的实际效果不尽如人意。例如,试点碳市场中控排企业不履约、不按时履约的现象在配额清缴期很常见。另外,国家层面的法律却没有确立会员制度、碳交易员制度等资格管理制度,之所以强调会员制度和碳交易员制度,是因为会员资格是控排企业参与碳交易活动的前提条件,不具备会员资格则被禁止直接参与交易活动,只能请求具备代理资格的会员代理交易,否则构成违法;碳交易员是控排企业碳交易业务的执行者,控排企业在碳市场中的违法行为也主要通过其来实施。实践中,国家则是以立法形式授权各个交易所自行制定管理规则并执行,但是这些管理规则存在法律位阶低、威慑力差等问题,不足以从源头上有效规范控排企业的碳市场行为。

而在合作规制理念下,碳市场主管部门与控排企业间不再是对抗式的行政监管关系,而是一种合作伙伴关系。它强调通过碳市场主管部门与控排企业间的平等协商、双方合意、自愿合作、权利义务的"约定性"与对等性,来帮助或促进企业更好地执行上述制度。在立法上,应体现为:碳市场主管部门鼓励、激励乃至帮助控排企业建立资格管理制度、碳监测计划制度和碳排放报告制度等内控制度。如此一来,碳排放环境风险管理制度不再是僵化的、刚性的,而是更加富有科学精神和民主精神。

(三) 以合作规制理念指导控排企业碳排放环境风险沟通制度构建

现行的碳排放环境风险沟通制度是环境行政管制理念下的产物,已经暴露出了诸多问题。如碳市场信息公开方面,《碳排放权交易管理办法(试行)》《碳排放权交易管理暂行条例》及地方试点立法均仅要求碳市场主管部门履行公开一些碳市场基本信息的义务,信息公开范围过于狭窄,且信息是自上而下的单向传递，无法保障规制活动的信息需求。又如公众参与方面，上述立法均未明确赋予公众参与的权利。实践中，碳市场主管部门尽管在总量控制方案、配额分配方案的征求意见或讨论时，邀请了一些控排企业、公众代表参与，但基本上是流于形式。显然，碳市场信息公开的局限、公众参与的立法缺失和实践中的"劣质参与"可能会导致碳市场中控排企业非法获取碳排放机会的行为得不到有效的监管、监督。

与环境行政管制理念不同，合作规制理念强调充分的信息公开、平等协商的公众参与。首先，信息多元公开、双向传递。即碳市场主管部门、控排企业、公众等主体拥有不同的信息资源，在不违反法律禁止性规定的前提下均有公开自己掌握的有关碳排放环境风险信息的义务，彼此间可以相互传递、交流。其次，"共同善"的公众参与。公众参与的目的不再是为了自身利益，而是基于共同的目的——公共行政事务（如环境公共利益）的实现，这有助于提升公众参与的质量。由此可见，合作规制理念可用于指导碳市场信息公开制度和公众参与制度的重构。

第三章　规制基础：控排企业碳排放
环境风险评估制度的构建

风险规制的决定与行动要在碳市场中控排企业的行为活动中发生，其前提是需要对行为引致的碳排放环境风险进行识别、测量与评价。这是因为，不考虑风险评估结论的风险规制活动是肆意的、盲目的，往往也是不符合成本—收益分析和比例原则的，自然难以实现风险预防之目的。控排企业碳排放环境风险评估并非仅是一个纯科学的过程，其中离不开价值判断。然而，实践中，控排企业碳排放环境风险评估遵循的却是唯科学的"专家决定论"，体现民主理性的企业、公众的意见和建议未得到应有的重视。无论科学理性还是民主理性均遭致批判，前者主要缘于科学理性的局限性，后者主要因为民主理性的自利和相应制度的缺失。因此，在立法上，控排企业碳排放环境风险评估的制度设计要正确认识和综合反映科学理性与民主理性，尤其是作为风险评估依据的碳排放环境标准制度。完善的制度有助于碳市场中控排企业行为的改变，使得合作规制取得预期效果。

第一节　风险评估的一般原理

一、风险评估的释义与性质

（一）"风险评估"的释义

"评估"一词，在语义学上有"评议估价、评价"之意。[1] 据此，评估与评

---

[1] 中国社会科学院语言研究所词典编辑室编：《现代汉语词典》，商务印书馆 2005 年版，第1054 页。

价常被作同义语使用于一些学科。例如，环境科学、环境法学的文献中常把环境风险评估与环境风险评价替换使用。对此，有学者认为二者含义不同，应予以界分：评估是一种对事物进行量化的活动，而评价是对已经量化的评估标准进行判断。① 受此启发，有学者将评估理解为一个包含测量和评价两部分内容的总体性过程。② 本书认为，评估与评价需要作区分，评估不应仅包括测量和评价要素，还应包括识别要素。因为识别是测量的前提，若无此前提测量行动就会因缺乏必要的基础条件而显得盲目。

学界对"评估"一词的理解差异，使"风险评估"概念界定也出现了分歧。国内有学者将风险评估界定为"根据科学对特定危险产生的可能性、后果及不确定性进行评价的过程"③。另有德国学者认为，风险评估是"风险分析的整个过程"，其包括风险确定、风险评价两个要素，其中风险确定由风险识别、风险预测构成，风险评价由风险厌恶、风险接受构成。④ 显然，两种界定均是站在科学技术的角度，其中，前者有把风险评估等同于风险评价之嫌，后者界定实际包含了风险评估的三个要素，因为它只是把风险确定拆分为风险识别、风险预测。但是，这种科学技术视角的解释方法，忽视了价值判断在风险评估中的作用。对此，风险认知心理学提供了一个很好的解释。

在风险认知心理学看来，风险意识是风险评估发生的基础，只有当某一风险反映到主体的意识中时，主体才会对这一风险的程度进行评判。Lazarus等学者将此风险认知过程分为两个阶段：第一个阶段是初评，即评估风险的大小及后果；第二个阶段是复评，即评估风险解决与处理程度。在初评中，评估主体往往关注对自己有价值的事物，然后从所处环境、自身需求的角度进行信息筛选、加工，但这种筛选、加工不总是理性的。在复评中，风险情境因素对主体的风险认知会产生较大影响。例如，若风险属于主体以往经历过的相似风险，则主体对该风险的感知就会相对较弱，反之则可能增强。

---

① 参见［英］理查德·威廉姆斯：《组织绩效管理》，蓝天星翻译公司译，清华大学出版社2002年版，第118页。

② 参见何跃军：《风险社会立法机制研究》，中国社会科学出版社2013年版，第248页。

③ 杨小敏：《食品安全风险评估法律制度研究》，北京大学出版社2015年版，第21页。

④ 参见王鲁权：《环境风险评估制度构建的基本理论问题研究》，载《大连海事大学学报（社会科学版）》2016年第6期。

综上分析，本书认为，风险评估是对风险的识别、测量与评价，它由三部分组成，依次为：风险识别、风险测量和风险评价。风险评估不仅是一个科学过程，还是一个价值判断过程。相应地，环境法上的碳排放环境风险评估就是指对环境风险的识别、测量与评价，其分别由碳排放环境风险识别、碳排放环境风险测量和碳排放环境风险评价组成。其中，碳排放环境风险识别是指正在研究的事项（如碳排放浓度）与生态环境、公众健康的影响是否有因果关联；碳排放环境风险测量是对识别出来的环境风险进行量化，以估算其发生概率、损害程度；碳排放环境风险评价是对量化数据信息的整合描述。

（二）"风险评估"的性质

碳排放环境风险在科学意义上的事实存在性和文化意义上的价值建构性，决定了其评估过程应该综合体现科学性和民主性：

第一，碳排放环境风险评估具有科学性。碳排放环境风险的产生具有高科技背景，启迪着人们运用科学的风险评估这一工具去认识科技副产品问题。在美国，国家科学院/国家研究理事会于 1983 年出版的著作《联邦政府的风险评估：对过程的管理》中将环境风险评估理解为"对人体暴露于环境有害物质所导致的不利影响健康的描述"。这一风险评估过程包括危害识别、危害特征描述、暴露评估和风险描述四个方面的内容与步骤，整个过程似乎被认为是一个科学的评估过程，是风险监管决策和执行的科学依据。在 2018 年修正的《中华人民共和国环境影响评价法》（以下简称《环境影响评价法》）第 4 条、第 6 条第 1 款和第 2 款的"客观""科学依据""方法、技术规范进行科学研究""基础数据库"等措辞，均强调了环境风险评估的科学性。但是，正如上文分析，碳排放环境风险评估不仅是科学分析的过程，还涉及价值判断，只是评估阶段的特殊性，科学性要求比价值判断更强烈些。因为缺乏科学性的风险评估（如科学的碳排放环境风险信息），风险管理就会丧失真实基础，风险沟通也会变得困难。因此，我们可以说，"科学证据和分析虽然不是风险评估的唯一依据，但也是绝对主导的或支配的依据。"[1]

---

[1] See Cary Coglianese, Gary E., "Marchant, Shifting Sands: The Limits on Science in Setting Risk Standards", *University of Pennsylvania Law Review*, 2003, Vol. 152, No. 285, p. 1255.

第二，碳排放环境风险评估兼具民主性。现代民主理论注重"参与型民主"，以协调多元主体的利益冲突。碳排放环境风险评估与社会各个方面利益联系密切，最容易达致社会的共识与共赢，自然成为"参与型民主"的重要突破口和试验田。[①] 简言之，碳排放环境风险评估活动需要由所有利益相关方参与才更有效，因为广泛的参与方可以平衡评估活动中政府、企业、公众等各相关主体间的利益冲突，增进各方对碳排放环境风险的认同。针对这一点，我国的环境影响评价立法有了较为明确的规定。如2018年修正的《环境影响评价法》第5条设置专门条款，鼓励有关单位、专家和公众以适当方式参与环境影响评价；又如2019年实施的《环境影响评价公众参与办法》对环境风险评估中的公众参与予以了专门规定，包括参与范围、参与原则、参与要求、参与形式等内容。这些相关立法中（如《环境影响评价法》）有的是当前碳市场立法的上位法，这要求今后的碳排放环境风险评估应体现民主性。

二、风险评估的法律价值

每一种法律制度都必定关注或反映着特定的社会与经济结构，符合特定需求的基本法律价值。不注重相应法律价值需求的社会秩序，不是一个真正的法律秩序。法律制度的性质不同和法律制度依附理念的不同，其相应的法律价值选择与形式表现也不尽相同。就碳排放环境风险评估制度来说，除了涉及公平、自由、正义等价值，更应着重以实现环境安全与环境民主为价值取向，这是由碳排放环境风险评估的科学性和民主性性质决定的，这也正是合作规制理念对碳排放环境风险规制制度的科学理性与民主理性的平衡要求的体现。

（一）环境安全

"安全"是主体对既得利益或预期利益能够持续存在或必然实现的一种期待。在语义学上，它被定义为"不受威胁或没有危险"。公法与私法视野中的"安全"范畴不同，前者是基于国家统治与管理秩序维持之目的，强调的是国家安全、领土完整等内容；而后者立足个人的人身与财产保护之目的，强调

---

① 参见吕忠梅主编：《环境法导论》，北京大学出版社2008年版，第59页。

的是个人的人身安全与财产安全。法律之所以把安全作为一项基本价值，是因为有学者认为安全是人类生活、生存的需要，是社会存在与发展的基本前提，是国家产生与发展的根本动因，具有独立于价值的属性。[①] 尽管这种观点有一定合理性，但他并没有回答安全与其他价值的优位问题。在边沁看来，"法律控制的首要目的不是自由，而是平等和安全。"[②] 这是因为，法律的终极目的是通过对人的行为进行有序的安排来最大限度地满足人的需求，"如果法律秩序不表现为一种安全的秩序，那么它根本都不能算是法律"[③]。

"价值问题虽然是一个困难的问题，但它是法律科学所不能回避的问题"。[④] 一般来说，人们需要根据具体的情况，对特定的环境中支配一个群体或个人的价值加以确定。传统工业社会中的环境污染、生态破坏、资源枯竭问题是局部的、零星的、可恢复和可补救的，可以凭借自然界的环境自净能力和资源再生能力得以减少与控制。但是，后工业时代的碳排放环境风险问题无处不在，令公众普遍地陷入惶恐与不安之中。这促使人们普遍产生了对安全价值的渴求。即环境安全，又称为生态安全，它是一种人们赖以生存发展的自然环境和条件不受威胁和破坏的状态。例如，世界环境与发展委员会 1987 年出版的《我们共同的未来》令"环境安全"在社会各界中产生了共鸣，联合国环境与发展大会 1992 年发布的《21 世纪议程》将"环境安全"提升至一项国际政治议题，《中华人民共和国国家安全法》第二章第 30 条、第 31 条和第四章第三节把生态安全作为国家安全的重要组成部分，并把风险评估作为实现生态安全的一项重要制度。

（二）环境民主

从民主概念的发展史来看，在早期其是为了通过多数的智慧断事与决事，但是多数人总是会被情绪操控，多数误判比少数误判的概率更高。从近代起，民主就不再承担认识论上的功能，随着资本主义的兴起，民主逐渐成为一种获

---

① 参见黄凯：《环境与健康风险的法律规制研究》，中南财经政法大学 2014 年博士学位论文。

② 于海：《西方社会思想史》，复旦大学出版社 1993 年版，第 173 页。

③ ［美］E. 博登海默：《法理学：法律哲学与法律方法》，邓正来译，中国政法大学出版社 1999 年版，第 197 页。

④ ［美］罗斯科·庞德：《通过法律的社会控制》，沈宗灵译，商务印书馆 2010 年版，第 62 页。

取政治、法律合法性的手段，其所承担的是实践哲学上的功能，即将正当化准则交由多数人的道德判断，其核心是关于善的知识。也就是说，民主所要承担的是一种关于正确性的认同，民主的任务是达成合意。

民主的内在价值有益于环境保护，体现在：其一，民主对个人权利的尊重，能够使环境利益相关者自由表达自身诉求并反映到环境立法中；其二，民主有助于政府及时感知和回应公众的环境舆论；其三，民主能够促进环境信息的生产和传递；其四，民主有助于实现自我约束，"如果一个民主程序导致了一种威胁生态系统的完整性的后果，那么，它可以合法地基于自我约束的理由而禁止"[1]。显然，环境民主是民主思想在环境规制领域的延伸，其实质是环境行政的民主化，强调的是社会主体在相关环境管理事务中的主动参与。[2]

将环境民主为碳排放环境风险评估制度的一项法律价值，既是现代环境行政程序正义的应有之义，也是碳排放环境风险评估内在的实体需求。虽然碳排放环境风险评估与科学理性存在密切联系，如风险评估需要借助环境科学、化学等自然学科知识的指导与依赖技术专家的科学知识，但是碳排放环境风险评估是一项决策于未来、充满不确定性的活动，在风险识别、风险测量和风险评价中都或多或少涉及伦理与价值判断问题，加上评估的后果最终是由社会公众承受。那么，单纯的科技理性或专家理性已不能支持评估结果的合法性或合理性，利益相关者的参与就成为现实需求。将利益相关者参与置入碳排放环境风险评估中，一方面充实了评估结果的合理性、合法性，另一方面也为碳排放环境风险评估责任共担奠定了基础。实际上，这说明了碳排放环境风险评估具有民主性质，这也正是合作规制的多元参与、责任共担等特征在碳排放环境风险评估阶段的反映。

三、风险评估中的主体定位

在环境行政管制模式下，碳排放环境风险评估强调的是政府理性和科技理性。政府是碳排放环境风险评估的唯一主体，专家为政府服务并有向其提

---

① ［英］安德鲁·多布森：《绿色政治思想》，郇庆治译，山东大学出版社 2005 年版，第 159 页。

② 参见虞崇胜、张继兰：《环境理性主义抑或环境民主主义——对中国环境治理价值取向的反思》，载《行政论坛》2014 年第 5 期。

供专业知识和向公众解读评估政策的义务。而合作规制理念强调，应重新定位碳排放环境风险评估中的政府、专家、企业、公众等主体角色与功能，以为复杂的碳排放环境风险评估制度构建奠定重要基础。

（一）碳排放环境风险评估中的政府

碳排放环境风险评估的公共性决定了须由政府来主导评估过程。这是因为：一方面，碳排放环境风险属于一种典型的公共风险。学者彼得·休伯将现代社会的风险界分为公共风险和私人风险两种重要类型。[①] 公共风险是指"集中或者批量生产、广为流通，且绝大部分都是处在单个风险承受者理解和控制之外、威胁到人类的健康和安全的风险"，是后工业时代企业化石燃料燃烧活动、能源利用活动等所带来的产物。私人风险则为"那些分散制造的，地方化的，可受个人控制，或者是来自本性的风险"。两者的显著区别在于，前者个人无法控制，后者则受个人控制。另一方面，碳排放环境风险评估议题上可能会出现"搭便车"问题。根据公共选择理论，大家均是环境品质的享有者，但是绝大多数人没有真正采取行动的情况下，环境品质等于没人照顾。[②] 此外，政府被法律赋予了公共利益代表者、表达者和判断者身份，具有管理公共行政事务的法定职责，其规制活动也往往具有权威性。正如史蒂芬·布雷耶教授所说："一个特定规制行动的权威或合法性，将部分取决于其技术上的复杂和准确程度，也部分取决于它是否同法律相一致，这两个因素都有助于确定公众对规制者的信任程度。"[③] 因此，政府应是环境风险评估的积极推动者。

在环境行政管制理念和合作规制理念下，政府在碳排放环境风险评估中扮演的角色和功能却不尽相同。在环境行政管制理念下，政府是涉及碳排放环境风险的公共利益的当然代表者和判断者，是规制活动的领导者、协调者和监督者及规制责任的集中承受者。例如，政府可以决定碳排放环境风险评

---

① See Peter Huber, "Safety and The Second Best: The Hazards of Public Risk Management in the Courts", *Colum. L. Rev.*, 1985, No. 85, pp. 277–278.

② 参见叶俊荣：《环境政策与法律》，中国政法大学出版社 2003 年版，第 80 页。

③ ［美］史蒂芬·布雷耶：《打破恶性循环：政府如何有效规制风险》，宋华琳译，法律出版社 2009 年版，第 83 页。

估的识别、测量和评价的启动、协调、推进并独自承担责任。第二章已经论及，此处不再赘述。但在合作规制理念下：政府虽然仍是涉及碳排放环境风险的公共利益的代表者和表达者，但是公共利益的判断却是建立在与企业、公众等主体的沟通、论证和协商的基础上；尽管在规制活动中依然是主导者和领导者，但是已不再占据绝对地位，因为碳排放环境风险评估需要依赖复杂的背景信息，而这些信息是分散存在的，政府无法独自垄断；与其他主体合作协商达成的决策，决定了政府不再是碳排放环境风险评估的唯一责任主体，其他参与主体也要承担相应责任。

（二）碳排放环境风险评估中的专家

知识的匮乏常常是风险评估面临的最大挑战。人们所掌握的知识相对于无限的未知领域来说常常是微不足道的。尤其是面对复杂的碳排放环境风险问题时，似乎没有人能成为全知全能的专家。正如贝克在《世界风险社会》中所指出的"一种初始的洞察力是重要的：在危险事件中，没有人是专家——尤其是专家们"[1]。尽管这种说法显得绝对化，但在一定程度上说明了科学知识的局限性和专家认知能力的有限性。有批评者指出，专家具有不同于科学局限的不可靠性，主要有：①专家容易被已有的专业知识蒙蔽，没有意识到知识的阶段性、非终极性；②专家也会固执己见，听不进其他权威专家的不同意见；③专家通常受雇于一些企业和政府机构，难免会在一定程度上提出一些"偏袒"意见；④专家通常对专业技术知识的关注较多，容易出现对同样重要甚至更重要的非技术问题的排斥[2]。这些局限性会让碳排放环境风险评估出现一些人为误差，体现在：其一，对于预见所有可能发生的事故类型的能力过于自信；其二，风险评估通常建立在少量的、独立的数据上，而非经过广泛、深入和持续研究所获得的全面数据；其三，无法预见系统间的交互作用和相依作用；其四，在概率预测方面也会发生错误。所以，仍然

---

① ［德］乌尔里希·贝克：《世界风险社会》，吴英姿、孙淑敏译，南京大学出版社 2004 年版，第 77 页。

② 参见［英］奥特韦：《公众的智慧，专家的误差：风险的语境理论》，载［英］谢尔顿·克里姆斯基、多米尼克·戈尔丁编著：《风险的社会理论学说》，徐元玲、孟毓焕、徐玲等译，北京出版社出版集团、北京出版社 2005 年版，第 246~247 页。

重视专家在碳排放环境风险评估中的作用其实是权宜之计。相较普通公众的感性认知、可得性启发，专家是受过专业训练的，其能够凭借科学尺度去评估风险，而公众则是依赖多元易变的价值尺度去理解风险。但是，在环境行政管制理念和合作规制理念下，碳排放环境风险评估中的专家定位是不同的，后者发挥着更重要的作用。

在环境行政管制理念下，碳排放环境风险评估中的参与专家一般仅限于代表规制机构的专家，他们是规制机构的"代言人"，而非规制机构的专家无法参与进来。但在合作规制理念下，专家出现了分化，既有受雇于规制机构、企业的专家，也有发表独立见解的专家（包括为公众提供咨询的专家）。这两种类型的专家均应参与到碳排放环境风险评估过程中，同行专家间的专业知识竞争、非难与评议监督，有助于实现风险评估的科学性。这是因为他们在碳排放环境风险评估中主要扮演着极其重要的角色，发挥着重要作用：

第一，对碳排放环境风险数据与信息进行分析。无论是规制机构的专家还是公众邀请的专家，均可就碳排放环境风险信息进行分析。专家可能会因某一（些）问题无答案而将之予以排除。若数据信息不足或者存在其他不确定性时，专家对问题的考虑会被限制，并且其特定的学科背景也会对问题的描述产生影响。

第二，在其他方面发挥重要作用。除了分析科学数据，专家在碳排放环境风险评估中作用还涉及"界定问题、描述需要分析的具体疑问、安排外部评论程序（给专家组支持）、解释科学分析的结果、就如何管理危害提出建议等"。[①] 另外，评估专家与其所属的组织和所处的社会背景有着密切关联，他们会运用这些背景知识去分析和解释碳排放环境风险数据分析结果，创造性的技术分析可能会促进碳排放环境风险评估工作的进步。

（三）碳排放环境风险评估中的企业

环境行政管制理念的实质是一种权力理念，其特征体现在：①主体地位的不平等性。在环境行政管理法律关系中，环境行政主体居于主导地位，而

---

① 哈琳娜·布朗、罗伯特·L. 戈布尔、金自宁：《风险评估中的科学家》，载《交大法学》2013 年第 4 期。

作为环境行政相对人的控排企业则处于从属或服从地位。显然，二者的主体地位具有不平等性。②单方命令性。权力意味着支配，权力均等的地方即无权力，权力主体支配者权力受体。环境行政权力的行使表现为行政行为，其是行政主体单方意志的表达行为，不涉及与控排企业协商，也不论其同意或接受与否。③强制服从性。环境行政权力作为一种国家权力形态，不仅具有支配作为环境行政相对人的控排企业力量，还具有令其服从的力量，一旦其不服从，环境行政主体可强制执行或申请法院强制执行。④冲突与对立。权力行使中，环境行政主体与作为环境行政相对人的控排企业处于对立地位，一旦环境行政活动得不到企业的配合与支持，权力就会表现出强制性的暴力或软弱无力的状况。⑤"法定性"而非自由约定或自由处分。环境行政主体与作为行政相对人的控排企业间的权利义务关系均由法律规定，双方不能自由选择或相互约定。⑥权利义务具有不对等性。环境行政主体可以依法限制控排企业的权利、增减免其义务、采取制裁措施等。由以上分析，权力型的环境行政管制理念决定了企业在碳排放环境风险评估中处于不平等、无法平等协商、权义不对等的地位。

但是，合作规制理念强调控排企业与环境行政主体间的平等性和独立性、双方的合意性、自愿服从性、合作与互惠、自由或约定性、权利义务的对等性以及责任的共担性。这决定了在该理念下的碳排放环境风险评估活动中，控排企业与环境行政主体间的关系不再是监管与被监管的关系，而是一种合作、协商关系。这种合作、协商关系体现在碳排放环境风险评估过程中，表现为：控排企业可以平等地参与到风险评估的各环节中，自愿、充分的表达诉求，提供自身掌握的必要信息，与政府等主体一起协商作出风险评估决策，并承担相应的参与责任。

（四）碳排放环境风险评估中的公众

根据贝克的风险社会理论，风险是发生于未来并为人的理性所推知但却不能精准预测的潜在威胁，其"人为的不确定性"令政府的控制能力降低或无能为力，其跨越时空的特征说明它会产生代际影响。风险的这些特征使我们意识到了以下问题：其一，科学"全知全能"的形象正被人们所消解，因为富有说服力的科学结论已不能仅通过特定的科学实验、数据统计和逻辑推演等过程就能得出，"不存在任何一个人的理性，或任何数量的人的理性，能够达到确定性；它不过是因为许多的人对此一致同意而产生的一个说明"①。其二，越多的科学知识会创造越多的未知风险，而经验知识可以帮助人们对风险予以评估。其三，专家仅能提供一些关涉可能性的事实信息，但无法回答何种风险应予以接受或不接受。这些问题引发了我们对风险评估中社会理性的思考：公众的角色和功能应如何定位？

公众对风险的认知不同于专家，其意见和建议通常是一种经验或直觉的表达。诺贝尔经济学奖获得者、认知心理学家 Kahneman 关于"有限理性"理论的"约束条件"认识可以很好地解释这一现象。② 他认为，公众的认知判断一般有三种策略：其一，易获得策略。即，公众对风险进行认知或判断时，侧重于脑海中易于提取的记忆信息。因此，在对风险的概率进行判断时，公众易被生动感性、较近发生的信息所干扰。其二，代表性策略。即，公众总是根据某些主要特征对风险进行知觉。实践中，人们总是对风险的象征性信息表现得更敏感（如是否和以往风险相似），而对预测风险发生可能性的概率信息反应迟缓或忽视。其三，锚定调整策略。即，一个（些）不相关的、先入为主的数字信息或其他任何性质的事物，均会构成公众后续的认知或判断基础。尽管公众理性在风险认知中存在一定的局限性，但是其对于环境风险评估却是必要的。这是因为公众理性并非总是非理性的，其会弥补专家理性的不足，有助于专家作出高质量的决策，有利于增进公众对政府行为的理解，减少决策执行的阻力。③

然而，在环境行政管制理念下，公众在碳排放环境风险评估中不被重视，表现在：公众不能富有意义的参与到风险识别、风险测量和风险评价中去，其意见和建议可能会被忽视或被形式化处理。与之不同，在合作规制理念下，公众与政府、专家等主体一样均是碳排放环境风险的合作规制主体，其地位实现了由环境行政管制理念下的边缘化地位转向了中心地位，其可以实质性

---

① ［英］巴里·巴恩斯、大卫·布鲁尔、约翰·亨利主编：《科学知识：一种社会学的分析》，邢冬梅、蔡仲译，南京大学出版社 2004 年版，第 192 页。

② 参见谢晓非、郑蕊：《风险沟通与公众理性》，载《心理科学进展》2003 年第 4 期。

③ 参见［美］约翰·克莱顿·托马斯：《公共决策中的公民参与：公共管理者的新技能与新策略》，孙柏瑛等译，中国人民大学出版社 2005 年版，第 153 页。

地参与到风险评估过程中去，其意见和建议令其他主体不容忽视，这种实质性参与也决定了公众需要承担相应的碳排放环境风险评估责任。

第二节　风险评估的合法性危机及其克服

一、碳排放环境风险评估合法性危机的表现

在传统的环境行政管制理念下，政府主导的碳排放环境风险评估活动的合法性面临着较大挑战，主要表现在以下两个方面：

（一）碳排放环境风险评估中"科学理性决定论"被动摇

传统的碳排放环境风险评估遵奉的是唯科学理性，即由行政机关及其聘请的有关专家运用科学知识，依据科学方法，理性地评估不同碳排放环境风险对生态环境、公众健康造成的不利后果，从而正确、客观地反映风险的严重性，让有限的资源得到最优化配置。它是规制碳排放环境风险的基础，也是采取风险管理措施的前提。但客观上，科学、科学方法和专家本身都有局限性，不存在"确定无疑"的碳排放环境风险评估结论，专家们的观点往往会出现矛盾、对峙，致使评估结果的科学性和客观性因遭到公众质疑而受到抵制。[1]

实践中，控排企业碳排放带来的环境风险问题，普通公众却难以感知这种会对生态环境、公众健康产生重要影响的风险，因而需要依赖政府及大气科学、环境科学等领域的专家对之进行客观、科学、理性的评估。从 IPCC 的评估报告来看，尽管有来自全球各地诸多领域的 2000 余名专家的努力参与，但是气候变化影响的结论依旧具有不确定性：[2] 1995 年发布的第二次评估结论认为"观测到的气候变暖趋势'不可能完全由自然因素所引起'，综合比较各方证据显示气候变化过程中存在'显著的人为因素'"。2001 年发布的第三次评估报告结论认为"'在过去 50 年中观测到的大部分气候变暖很可能是由于温室

---

① 参见戚建刚、易君：《灾难性风险行政法规制的基本原理》，法律出版社 2015 年版，第 139 页。

② ［美］詹姆斯·萨尔兹曼、巴顿·汤普森：《美国环境法》，徐卓然、胡慕云译，北京大学出版社 2016 年版，第 113～114 页。

气体浓度增加所致',而温室气体来源于人类活动"。2007 年发布的第四次评估报告认为"1750 年以来的人类活动的净影响之一是气候变暖,我们对这一结论有相当的信心。自 20 世纪中叶以来,全球平均气温的上升很可能是由于观测到的温室气体浓度增加"。2013 年的评估报告认为上述结论的可能性高达 95%。尽管随着时间推移、科学证据不断收集、科技手段进步等使得 IPCC 报告的可信度提高,但是这种结论却一直备受来自世界各国的一些科学家的强烈质疑,他们认为"气候变暖"是一种"政治经济骗局"。专家们出现这种分歧的原因,可能涉及科学家的价值取向、背景立场或者资料选取、分析方法等因素。但是,这种碳排放环境风险评估呈现出的中立性和客观性的不足,会引致公众对专家评估结论的科学性、客观性的不信任感,乃至抵制。例如,在美国,一些企业自愿组成联盟,一致认为 IPCC 评估专家的结论充满不确定性,政府不应在科学证据不确定性的情况下盲目采取控排行动,否则会影响本国企业在世界范围内的竞争力,继而影响本国经济的发展,并可能诱发一些不利于社会稳定的因素,以此游说本国政府不要采取任何行动。

(二) 碳排放环境风险评估中"社会理性建构论"受排斥

既然传统的环境行政管制理念下碳排放环境风险评估遵循的是"唯科学理性",那么"社会理性建构论"在碳排放环境风险评估中就必然会受到忽视或排斥。这是因为,"社会理性建构论"者主张,科学知识仅属于社会制造的事实,即"不同的参与者在一个受到利益、权力、意识形态、价值等社会因素影响的过程中经过竞争、磋商、折中等互动过程达成的'共识',是不同社会主体基于主观因素对科学结论作出的选择性认知"。[①] 显然,"社会理性建构论"与"科学理性决定论"是对立的,前者的本质是价值论,属于哲学上的价值论范畴,后者的本质是认识论,属于哲学上的认识论范畴,二者认识事物的方式迥然不同。

在碳排放环境风险评估议题上,"科学理性决定论"者对"社会理性建构论"者的批评主要集中在后者对科学知识的产生和对碳排放的事实认识上。

---

① 陈贻健:《论气候变化法的科学基础——社会建构主义的视角》,载《江西社会科学》2016 年第 10 期。

支持理由主要有：

第一，碳排放的事实、归因和损害后果间的割裂。在"科学理性决定论"者看来，碳排放的事实、归因和损害结果间形成了一个完整的逻辑链条，不能忽视任一环节。碳排放的事实主要是由控排企业等人为原因导致的，控排企业等人为原因产生的过量碳排放导致了生态环境、公众健康遭受损害，这些损害促使人们采取规制行动。而"社会理性建构论"者通常是根据自身利益或价值等因素人为地割裂三者的内在联系，即只强调控排企业等产生的碳排放的事实或过量碳排放的后果，而不考虑二者的因果关系。譬如，对二氧化碳浓度的升高与生态环境、公众健康损害的结果的关系不加论证，仅仅强调其一予以渲染以博取公众的道德围观。

第二，因果关系认知的预设倾向。"社会理性建构论"者在论证控排企业等产生的碳排放的事实与后果间的因果关系时，有种预设倾向：即潜在的认为二者存在因果联系，而不必进行论证，因而把关注点集中在碳排放产生的后果上。"科学理性决定论"者据此进一步指出，"社会理性建构论"者的观点反映到碳排放环境风险评估立法时会出现目标的多元化问题，这是由于多元参与主体的立场、价值观和利益观等方面存在差异，可能会基于自身诉求而主张不同的风险评估标准、方法等，这会偏离"碳排放环境风险规制"的目标。

二、碳排放环境风险评估合法性危机的原因

在碳排放环境风险评估阶段之所以会出现上述合法性危机，主要是因为在风险的识别、测量和评价过程中不仅有科学自身的局限性（如专家知识的有限性等），而且有主体价值选择上的不确定性（如参与评估主体受价值观、个人偏好、伦理观、法律意识等多种因素影响）及保障制度的缺失。

（一）碳排放环境风险评估中科学理性的局限

"科学理性决定论"遭受公众质疑，主要是因为当今所处的风险社会是一个科学知识极度匮乏的时代，是一个决策于未知的时代，以致无法在碳排放环境风险评估议题上获得确定性结论。这主要体现在：

1. 碳排放环境风险知识的有限性

面对碳排放环境风险这样一种复杂的新型环境风险，专家知识出现不完

备性、模糊性等现象，无法满足风险评估的现实需求。其中的原因，主要体现在两个方面：一方面，碳排放环境风险形成逻辑的复杂性。即碳市场中控排企业的配额获取行为与生态环境损害、公众健康间的因果关联存在识别、测量等方面的困难，如测量方法不够科学、测量工具不够精确、运用模型误差高等。这些问题的存在势必会增加碳排放环境风险评估专家判断的难度，这种难度是因科学认识水平的客观不足造成的，而科学发展通常是个渐进的过程，要改变专家知识匮乏的问题需要大量的科学研究，往往需要等到气候变暖事件频发、造成损失的情况下才能积累相应的经验知识，但在此之前专家所进行的碳排放环境风险评估就表现出模糊性或仅凭直觉开展评估，这与一般公众的评估效果并无差别。另一方面，碳排放环境风险数据具有不确定性。碳排放环境风险评估涉及大量的数据信息，这需要一定范围内的企业的全面配合，需要企业公开在化石燃料燃烧活动、能源利用活动、工业生产过程等方面的完整、真实、可靠的碳排放数据信息，但是企业却大多出于商业秘密的缘由或拒绝或不如实公开。这就使专家基于这些数据所作出的评估结论不可避免的具有不确定性。

2. 碳排放环境风险评估专家的不可靠性

实践中，碳排放环境风险评估专家的不可靠性，主要体现在：其一，专家不能以发展的眼光看待本专业知识。例如，专家们所建立起的知识体系本应是一个开放的体系，随着时代的进步，一些知识需要不断得到检验、补充、完善或更新，而时下专家却将其作为一个封闭的认知体系，将其所拥有的知识视为终极知识。其二，专家的专业偏见。风险评估的主导专家通常只认可本专业的评估结论，而对于其他专业的重要专家意见则表现得不够包容，甚至很少邀请其出席评估活动，出现"一叶障目，不见泰山"现象。如在碳市场主管部门组织的涉及碳排放控排的一些评估活动中，几乎是来自经济学、环境科学等个别领域的"熟面孔"专家在主导，很少有法学专家等其他领域的专家身影出现，即使有极个别的其他专业专家被邀请参与也往往是"虚造声势"，有利用这些专家的头衔之嫌。其三，专家的中立性不足。与会专家常常受雇于碳市场主管部门、控排企业，专家就可能出于自身利益的考虑，作出一定程度的"偏袒"意见。在碳市场中很常见的一种现象是，碳市场主管部门所邀请的专家往往是该市场机制的（参与）设计者，一旦企业或公众对相关问题产生质疑时，他们就会根据主管部门的指示作出解释或回应。更深层次的原因，实际上是环境行政管制理念与合作规制理念下碳排放环境风险评估中专家定位差异，第一节已论及，此处不再赘述。

3. 公众知识与专家知识的竞争

当今社会，随着知识传播和获取手段的多样化、教育水平和教育质量的重视及平等、权利等观念的普及，受过良好教育的公众不断增多，其知识水平和认知能力等方面都有显著提高。这使得他们不再像过去那样盲目崇拜专家，而是开始运用自身拥有的不同领域的知识对专家知识进行审视与批评。公众在环境风险评估问题上拥有独特的知识系统，这种知识系统对专家知识构成挑战，甚至会影响到专家系统的可信度。①

反映到碳排放环境风险评估议题上，专家借助的是科学知识，公众理性则多是凭借经验和直觉。公众往往通过主观感受、联想、图像等方式对碳排放环境风险进行认知，例如，生活在大型水泥、钢铁、金属冶炼等"高能耗、高排放、高污染"控排企业周围的公众能够较为快速的将环境中的不确定或威胁性因素转化为惊慌、焦虑等情感反应。对公众的这种反应应全面看待，在部分极端事件上公众可能由于受到可得性启发的缘故而表现得过于担忧，如过量碳排放可能导致"传染病蔓延""空气污染加剧""人体免疫系统受损"等。但是，我们不能因此说公众在碳排放环境风险评估上的认识是错误的，这是由其独特的区别于专家的价值体系决定的。譬如，公众反对控排企业引致的碳排放环境风险，主要是由于对碳排放环境风险倍感陌生、对其危害性存在认知困难以及控排企业行为和危害后果间不具有直接联系。可见，公众所掌握的这些背景性因素对于评估碳排放环境风险的程度具有一定说服力。那么，若此时简单地否定公众关于碳排放环境风险的评估方法及依据该方法所得出的结果显然是不可取的，尤其是在一个涉及多元利益、价值的风险社会背景下。实际上，专家借助数据作出的碳排放环境风险评估是一种定量评估，而公众凭借直觉和经验作出的评估则为一种定性评估，后者考虑了专家所忽略的一些合理因素，令风险

① 参见戚建刚、易君：《灾难性风险行政法规制的基本原理》，法律出版社 2015 年版，第 164~165 页。

评估的内涵更丰富。在此意义上，可以说没有社会理性的碳排放环境风险评估是空洞的。加之，实践中专家间就碳排放环境风险评估存在观点分歧和对立，这更强化了公众对专家碳排放环境风险评估的不信任感。

（二）碳排放环境风险评估中民主理性的阙如

碳排放环境风险评估中"社会理性建构论"受排斥原因除了上述提到的易变性、差异性因素外，制度原因在于：公众参与碳排放环境风险评估缺乏制度保障，碳排放环境风险评估缺乏有效的信息沟通机制。

1. 公众参与碳排放环境风险评估缺乏制度保障

碳排放环境风险评估不应仅局限于科学理性，还需要民主理性，并且应该有相应的程序保障后者的实现。即使公众可能缺乏碳排放环境风险评估的专业知识，也可能会基于感性而表现出情绪化或者非理性的行为，甚至其参与还可能会引发利益和价值冲突，阻挠或延缓合理评估结论的作出，[1] 但是即使存在此种情况，也应让利益相关者或较广泛的公众参与碳排放环境风险评估过程，充分听取不同的利益诉求与主张，这既是对公众诉求的尊重、关注、考虑与回应，也是公众参与制度内在的、独立的民主价值。[2] 但是，在碳排放环境风险评估阶段，普通公众始终处于被动接受者、服从者地位，未有制度化的保障使其参与其中。

目前，我国尚未出台专门的应对气候变化法，现行的《大气污染防治法》《碳排放权交易管理暂行条例》《碳排放权交易管理办法（试行）》等有关温室气体控制立法并未规定碳排放环境风险评估中的公众参与。《大气污染防治法》虽然第 2 条第 2 款提出"大气污染物和温室气体实施协同控制"，第 28 条要求"建立和完善大气污染损害评估制度"，但是由于二氧化碳等温室气体并非大气污染物，所以这里的评估制度并不适用于碳排放环境风险评估，有关公众参与的条款自然无法适用。《碳排放权交易管理暂行条例》共 33 条不仅未规定"碳排放环境风险评估制度"，也没有保障公众参与。由国家发展改

---

① 参见王锡锌：《公众参与和行政过程——一个理念和制度分析的框架》，中国民主法制出版社 2007 年版，第 181 页。

② 参见沈岿：《风险治理决策程序的应急模式——对防控甲型 H1N1 流感隔离决策的考察》，载《华东政法大学学报》2009 年第 5 期。

革委牵头起草的《应对气候变化法（初稿）》尚未对外公开，中国社会科学院研究项目组起草于 2012 年发布的《应对气候变化法（征求意见稿）》（以下简称《意见稿》）反映的立法动向可供我们分析。《意见稿》第 79 条虽然对"温室气体减排预评估"进行了规定，要求"和节能能源评估、环境影响评价结合进行"，并强调评估主体为"有资质的机构"，但没有规定公众可以参与"温室气体减排预评估"的权利。显然，《意见稿》关于碳排放环境风险评估的制度雏形依然遵循的是科学理性模式，公众被排斥在外。

2. 碳排放环境风险评估缺乏有效的信息沟通机制

由于碳市场主管部门、相关领域专家、控排企业和公众在风险评估中扮演着不同的角色、拥有着不同的信息资源、发挥着不可替代的作用，所以理想的碳排放环境风险评估需要这些主体的共同参与，各主体在信息交流、沟通和协商的基础上就风险评估中的一些问题达成共识，避免科学理性与民主理性的对立与偏颇。显然，这需要立法能够为之提供一套信息沟通的保障机制。然而，审视上述现行立法，无论是《大气污染防治法》等环境污染防治立法，还是《碳排放权交易管理暂行条例》等碳市场管理立法均未对碳排放环境风险评估中的信息沟通机制作出规定。

三、碳排放环境风险评估合法性危机的克服

从传统环境行政管制理念下碳排放环境风险评估中出现的合法性危机可以看出，现行环境法的制度设计存在不适用或缺失的问题，难以科学、合理应对碳排放环境风险。合作规制理念能够平衡科学理性与民主理性的紧张关系，能够整合二者的优势。那么，该理念指导下的碳排放环境风险评估制度的立法设计需要重新认识科学理性和民主理性，才能克服风险评估危机。

（一）科学理性：由"客观理性"到"共同体高度认同"

长期以来，科学被认为是一种客观理性，具有"先验性、至上性和至高无上的权威"[①]。由此，一切以"科学"名义所进行的活动就潜在的被认为是

---

① 参见蔡曙山：《论技术行为、科学理性与人文精神——哈贝马斯的意识形态理论批判》，载《中国社会科学》2002 年第 2 期。

合乎理性的、客观的、正确的，乃至真理，不容置疑和批评。显然，这种认识没有意识到上述提及的科学理性的局限性，没有认识到科学自身的开放性、发展性。正如美国迈阿密大学哲学教授苏珊·哈克指出，这种科学主义"过分夸张了对科学的遵从，过分殷勤地把科学提出的任何东西奉为权威，摒弃任何对科学或科学实践者的批评，并把其视为反科学的偏见。"①

实际上，科学并非是神圣的，从语言（哲）学的角度来看，科学是人类理性创造的产物，是由语言符号进行表达的语言体系。科学作为一个特殊的语言体系，往往首先需要进行某种前提性假设，继而进行逻辑推演。在这一过程中，符号语言发挥着极其重要的作用，其呈现出四个方面的特质：其一，可分离性，即语言与语言主体相分离，所以可以传递至不同的范围。其二，可组织性，即语言是由基本语言符号组织的，可以表达出无穷的语义。其三，理智性，即语言是基于人类理智的产物，且遵循一定的理性规制。其四，可继承性，即语言可被继承，并世代相传。由于每个人掌握符号语言的能力不同，由此形成的科学认知也就不同（如上文提到的专家分歧、对峙）。但是，科学可以借助符号语言实现由"个体认知"向"共同体认知"的转变。譬如，通过符号语言的可组织性，可以把专家个体的分散的知识与经验积累下来，逐渐形成整体的知识体系；通过符号语言的可分离性、理智性和可继承性，可以对部分专家的知识进行批判、矫正，提出共同体高度认可的知识体系。

同样，评估碳排放环境风险的科学既是一种特殊的理论体系，也是一种语言体系，它不应是个别专家理性的产物，而应是所涉专家共同体的理性产物，需要不同专家间的合作。因此，碳排放环境风险评估制度设计时需要扭转环境行政管制理念下风险评估中科学之"客观、真理"认知，应充分体现出合作规制理念下的专家"共同体高度认同"的科学认知。

（二）民主理性：由"公众个体理性"到"公共理性"

人们对民主理性的排斥与批判，主要因为每个参与者在利益诉求、价值观等方面存在差异，且这些影响因素具有易变性，最终达成的共识可能具有

---

① ［美］苏珊·哈克：《理性地捍卫科学——在科学主义与犬儒主义之间》，曾国屏、袁航等译，中国人民大学出版社 2008 年版，第 2 页。

浓烈的主观色彩、缺乏足够的客观性，那么由此形成的碳排放环境风险评估结论就可能损及环境公共利益。这些担忧是必要的，这也因此引出了人们对民主理性的反思。那么，民主理性应如何超越公众个体理性？公共理性由此受到青睐。

所谓"公共理性"是指具有平等公民资格的社会成员所持有的理性，其以追求公共善为目的。① 这一理性具有以下特点：其一，公共理性承认公众理性的差异化。公共理性认识到，公众即使在道德观念和价值立场方面拥有普遍认知，但是其因社会分工、文化境遇等不同，在对某一理论体系的认识方面却不可能完全一致。其二，公共理性超越了个体观念。公共理性以合理善的共同追求为目标，以此化解工作中因公众理性差异带来的矛盾与冲突。这是因为公众的自利追求和妥协结果均会损及社会公共利益，而公共理性则是意识到一些原则的遵循对于公共利益的必要性，以此原则达成的共识不再是公众个体诉求的妥协，而是出于公共利益。其三，公共理性基于共同体。公共理性以共同体为基础，不同共同体的社会成员可以经由公共理性的交流、协商达成相应的共识内容。其四，公共理性适用于公共领域。公共领域催生于国家与市民社会的紧张关系之中，其前提在于"市民社会对私人领域的公共兴趣不仅要受到政府当局的关注，而且要引起民众的关注，把它当作是自己的事情"②。由此，公共领域并非公共权力领域的同义表达，而是由市民社会中私人集合而成的公众的领域。它是社会交往的场合，其为公众以公共自主的方式参与到公共事务，为人之理性提供了平台。公共理性所体现的公众就公共事务所展开的商谈正是在公共领域展开的。

合作规制理念蕴含着协商民主的观念，协商民主又体现出平等性、公共性、合意性等核心观念，这使得公共理性和合作规制理念有着内在的紧密联系。公共领域（如碳排放环境风险评估）既是公共理性的平台，也是合作规制的场域。可以说，合作规制中的民主理性是面向公共领域的一种公共理性。这种公共理性有助于化解公众对民主理性的质疑，有助于合作规制中公众参与质量的提升，有助于主体间信息的有效沟通。因此，合作规制理念下的碳排放环境风险评估

---

① 参见周谨平：《社会治理与公共理性》，载《马克思主义与现实》2016年第1期。
② ［德］哈贝马斯：《公共领域的结构转型》，曹卫东等译，学林出版社1999年版，第22页。

制度设计既要保障公众的有效参与，又要确保主体间信息的沟通。

第三节　控排企业碳排放环境风险评估
制度的立法构建

一、我国控排企业碳排放环境风险评估制度的实践检视

（一）控排企业碳排放环境风险评估的立法现状

目前，我国现行环境立法尚未把碳排放环境风险评估纳入。有关控排企业碳排放控制的立法除了能源法领域的《中华人民共和国节约能源法》《中华人民共和国可再生能源法》等立法外，前者强调通过能源效率标准、单位产品能耗标准等方式节能减排，后者则鼓励开发利用清洁能源替代化石能源的方式来控排；主要集中在环境资源法领域，主要有：《大气污染防治法》《碳排放权交易管理办法（试行）》及地方（试点、非试点）碳市场管理立法（涉及地方性法规或地方政府规章）等。从法律位阶角度看，这些环境资源立法分布于一般法律、地方性法规、行政规章（部门规章、地方政府规章）、其他规范性文件四个层级。

1. 一般法律

2018 年修正的《大气污染防治法》规定了对"大气污染物和温室气体实施协同控制"。该法第 2 条第 2 款规定："防治大气污染……对颗粒物、二氧化硫、氮氧化物、挥发性有机物、氨等大气污染物和温室气体实施协同控制。"依据文义解释，协同控制是指"协作共同控制"。强调协同控制是因为大气污染物和温室气体的产生基本上是"同根同源"，二者都主要源自企业（尤其是"高能耗、高排放和高污染"的控排企业）的化石燃料燃烧过程、工业生产过程等过程。两者的这种关联可以通过控制其中一种物质来降低另一种物质的排放。① 为了防止工业大气污染物对生态环境和公众健康造成影

---

① 参见龚微：《大气污染物与温室气体协同控制面临的挑战与应对——以法律实施为视角》，载《西南民族大学学报（人文社科版）》2017 年第 1 期。

响，该法除了要求企业采用清洁生产工艺、安装除污装置和技术改造升级等措施外，还把环境影响评价制度纳入了进来。例如，《大气污染防治法》第89条第1款规定"编制可能对国家大气污染防治重点区域的大气环境造成严重污染的有关工业园区、开发区、区域产业和发展等规划，应当依法进行环境影响评价……"但是，该法中的环境影响评价制度是针对大气污染物的，而控排企业排放的二氧化碳等温室气体尚未被现行环境立法确立为污染物，以致环评制度无法作为碳排放环境风险评估的依据。《环境影响评价法》规定的建设项目环境影响评价和规划环境影响评价也因二氧化碳的污染物地位未被法律确立而无法适用。

2. 地方性法规

"两省五市"试点碳市场中，只有深圳市、北京市先后出台了地方性法规。2019年修正的《深圳经济特区碳排放管理若干规定》。《深圳经济特区碳排放管理若干规定》共10条，其立法目的旨在"加快经济发展方式转变，优化环境资源配置，合理控制能源消费总量，推动碳排放强度的持续下降"，并要求建立面向控排企业的碳排放管控制度、碳排放配额管理制度、碳排放抵消制度、碳排放权交易制度、核查制度、责任制度。2013年12月27日，北京市人大常委会公布《关于北京市在严格控制碳排放总量前提下开展碳排放权交易试点工作的决定》。此决定共6条，先后规定了碳排放总量控制制度、配额管理制度、碳排放权交易制度、碳排放报告制度、第三方核查制度和责任制度。从立法内容来看，均是为确保所在试点碳市场启动和持续运行的，并不涉及碳排放环境风险评估制度。

3. 行政规章

国家发展改革委以部门规章的形式先后出台了《温室气体自愿减排交易管理暂行办法》和《碳排放权交易管理办法（试行）》，前者针对自愿减排交易市场，后者服务于强制减排市场；北京市和深圳市除了出台地方性法规外，还和其他试点、部分非试点一样以地方政府规章的形式出台了碳排放权交易的管理办法。无论是部门规章还是地方政府规章，条文及制度设置大体一致，主要涉及总量控制目标、管理体制、配额分配方式、温室气体管控类型、交易方式、参与者类型、碳排放报告、第三方核查制度、控排企业的法律责任等内容。无一例外的是，均未确立碳排放环境风险评估制度，这与这些立法的碳市场监管法的性质有关。

4. 其他规范性文件

目前，国家发展改革委已分三批共发布了 24 个行业的核查与报告指南，其中 10 个已以国家标准的形式固定下来。2013 年 10 月 15 日，《国家发展和改革委员会办公厅关于印发首批 10 个行业企业温室气体排放核算方法与报告指南（试行）的通知》公布了发电、电网、钢铁、化工、电解铝、镁冶炼、平板玻璃、水泥、陶瓷和民航 10 个行业企业的温室气体核查与报告指南。2014 年 12 月 3 日，《国家发展改革委办公厅关于印发第二批 4 个行业企业温室气体排放核算方法与报告指南（试行）的通知》又公布了石油和天然气、石油化工、独立焦化和煤炭 4 行业企业的温室气体核查与报告指南。2015 年 7 月 6 日，《国家发展改革委办公厅关于印发第三批 10 个行业企业温室气体排放核算方法与报告指南（试行）的通知》公布了造纸和纸制品、有色金属冶炼和压延加工、电子设备、机械设备、矿山、公共建筑、陆上交通运输、氟化工、工业其他行业等 10 个行业企业核查与报告指南。截至 2015 年 11 月，发电、电网、钢铁、化工、镁冶炼、铝冶炼、平板玻璃、水泥、陶瓷和民航等 10 个行业企业的温室气体核查与报告指南已经转化为首批碳排放国家标准，剩余 14 个行业正处于标准化研究之中。碳排放国家标准与温室气体核查与报告指南不同，其统一规范了指南中的术语定义、核算步骤、核算范围和核算边界、碳排放的界定和计算方法；修正了原指南中部分核算方法；提出了具体的数据质量控制的要求；规范了各指南中附录给出的排放因子相关参考值及来源等内容。统一的分行业的碳排放标准可以为碳排放环境风险评估提供重要依据。

（二）控排企业碳排放环境风险评估制度存在的问题

通过对上述相关立法实践的梳理，结合第一章的司法实践，不难看出对我国控排企业引致的碳排放环境风险进行评估尚存在如下问题：

1. 碳排放环境风险评估标准制定存在滞后性，部分行业控排企业缺乏统一的依据

尽管"两省五市"试点碳市场早在 2011 年就开始启动建设，并于 2013

年起相继启动交易，但是有关的碳排放标准制定却存在明显的滞后性。

第一，全国碳排放管理标委会成立较晚（见图6）。该标准委员会受国家发展改革委应对气候变化司指导，与国际上的 ISO TC265 二氧化碳捕集、运输与地质封存委员会、ISO TC207SC7 环境管理技术委员会/温室气体管理分技术委员会对口。其职能主要包括：建立中国温室气体管理标准体系框架、制定和修订碳排放管理领域国家标准。[①] 例如，研究制定企业层面的碳排放核算与报告、低碳企业等方面标准，低碳发展的术语、统计、监测等方面基础标准，基于项目层面的碳减排量核算与报告标准等标准。但是，2012年8月才提出筹建，直至2014年7月才正式成立，历时近两年，此时7个试点却均已启动。

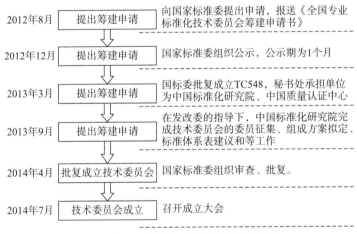

图6　全国碳排放标准委员会成立过程

第二，部分行业控排企业缺乏统一的标准。虽然国家发展改革委公布的24个行业企业的核算方法与报告指南已有10个转化为国家碳排放标准（GB/T32151.1-10，分别为：发电、电网、镁冶炼、铝冶炼、钢铁、民用航空、平板玻璃、水泥、陶瓷、化工），并有1项通则标准（GB/T32150）。[②] 但是，指

---

① 国家发展和改革委员会：《中国应对气候变化的政策与行动2016年度报告》，载国家发展和改革委员会网，http：//www.sdpc.gov.cn/gzdt/201611/t20161102_825493.html，最后访问时间：2017年5月18日。

② 参见陈健华等：《国内外企业温室气体排放核算标准的比较分析》，载《气候变化研究进展》2016年第6期。

南中依然有 14 家行业企业尚未制定标准。国家碳排放标准有助于碳排放环境标准的制定，如前者可以为后者提供关于碳排放的数据基础、经济社会方面的影响等。然而从目前的国家碳排放标准体系看（见图7）①，这一体系包括的基础通用类、核算报告类、评价类、核查类、技术类、碳管理服务类等 6 类标准均尚未把碳排放环境标准纳入进来。在访谈中，中国标准化研究院负责国家碳排放标准研究制定工作的陈亮主任指出，未来 5 年将启动碳排放环境标准的研究制定工作。那么，在这期间涉及碳排放环境风险评估因缺乏国家标准，只能依据相关现有标准、部分核查与报告指南开展与环境风险评估有关的工作。

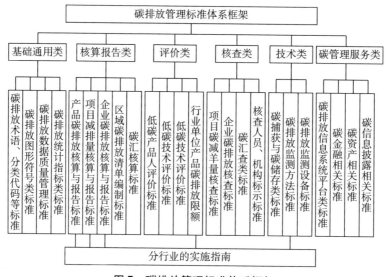

图 7　碳排放管理标准体系框架

2. 碳排放环境风险评估中对专家理性的过度依赖，民主理性被忽视

尽管碳排放环境风险评估尚缺乏法律依据，但是国家已经有了一些工作基础。2007 年以来，我国已经三次发布国家气候变化评估报告，报告均或多或少涉及工业企业等人为因素引致的碳排放环境风险评估内容。

如《气候变化国家评估报告》（又称《第一次气候变化国家评估报告》）

---

① 图源自国际化学品制造商协会（AICM）于 2016 年 12 月 9 日在上海主办的"AICM 产业政策促进会碳排放研讨会"上陈亮主任所作的主题报告《碳排放交易政策及标准化工作进展》。

于 2007 年 1 月 4 日发布，首次评估报告由科技部、中国气象局和中科院等 6 个部委共同组织，88 名专家参与编写，报告共三部分二十五章，内容主要包括：气候变化的科学基础、气候变化的影响与适应对策和气候变化的社会经济评价。又如，2011 年 11 月 15 日发布的《第二次气候变化国家评估报告》，第二次评估报告共同编写部委增至 12 个，并成立了由 158 位专家组成的编写组，报告共五部分四十章汇集了有关碳排放的科学、技术等方面的研究成果。报告除涵盖第一次报告的三部分内容外，还增加了评估方法分析、政策措施等内容。报告中还涉及温室气体排放对生态环境、人体健康的影响等有关碳排放环境风险评估的内容。再如，2015 年 11 月 20 日发布的《第三次气候变化国家评估报告》，报告共同编写部委增加至 16 个，全国各地的 500 余名专家参与报告研究与撰写。与前两次报告相比，这次报告还增加了温室气体造成社会经济影响评估等内容。报告内容也涉及温室气体排放对生态环境、人体健康的影响等有关碳排放环境风险评估的内容。显然，这三次评估报告实践均呈现出"政府主导、专家参与、公众缺失"的共同特点。

二、美英控排企业碳排放环境风险评估的立法经验与启示

美国和英国是较早对 IPCC 评估报告作出立法回应的国家，也是较早将温室气体影响纳入立法调整的国家。美国已有一些州将温室气体排放影响纳入州的环境评价，英国以国家立法的形式明确了气候变化风险评估，这些做法均涵盖了企业碳排放环境风险评估的内容。因此，有必要对两国的经验进行考察，以期能为我国碳排放环境风险评估问题的解决有所助益。

（一）美国：温室气体排放影响环境评价

美国国会自 1969 年通过《国家环境政策法》（NEPA）以来，超过 12 个州通过了类似的立法，通常称为"小《环境政策法》"（mini-NEPAs）或《州环境政策法》（SEPAs）。这些立法的一个核心制度是环境影响评价制度。即便一个项目不受国家环境政策法管制，其可能仍需要通过州级环境评价程序。通常，这些法律要求州和地方政府为可能对环境产生重大影响的项目准备环境影响报告，在一些州，项目发起人必须寻求办法以减轻温室气体排放的负面影响。

然而，美国于 1963 年制定的《清洁空气法》（CAA）及接下来的 1970 年、1977 年和 1990 年等年份的修订并无明确规定气候变化应对问题。直到在 2007 年的 Massachusetts v. EPA 案中，联邦最高法院将二氧化碳和其他温室气体认定为符合 CAA 中"空气污染物"的定义。法院才据此认为，EPA 拒绝判断温室气体是否导致气候变化或对气候变化产生影响，属于不作为，且没有"提供任何合理的解释"。后来 EPA 发布的"危害性报告"结论指出"可以合理预见到二氧化碳和其他五种温室气体可能通过因全球变暖和气候变化而危害当前和未来几代人的健康和福利"。①

受此案影响，2007 年马萨诸塞州率先成为正式把气候变化影响纳入其环境评估程序的州。管制条例指示政府机构"考虑可合理预见的气候变化影响，包括额外的温室气体排放和诸如预测的海平面上升等效果"。项目申请人必须提交项目排放量分析，他们还必须考虑可行的减缓方案。如果拒绝采取更具能源效率的方案，申请者必须解释原因。② 2009 年 7 月，纽约州的环境保护部紧随马萨诸塞州的脚步修改了其条例，以便在州和地方机构准备大规模土地开发项目的环境影响报告时，为其提供关于评价程序和减缓项目温室气体排放方面的指导。环保部门的指南列出了若干减缓措施供土地利用机构在《州环境质量评价法》程序中考虑，具体包括：绿色屋顶、具有能源效率的建筑维护结构、高反射率屋面、最大限度的室内采光、建筑材料再利用、现场可再生能源、热电结合技术。③

根据《加利福尼亚州环境质量法》制定的气候变化影响评估指南于 2010 年 3 月 18 日生效。在很多年前的一起案件，即 Communities for a Better Environment v. City of Richmond 案中，④ 法庭否决了一个精炼厂的环境影响评价，因为其减缓温室气体排放的计划不充分。在这一点上，法庭解释道：

① 参见［美］罗伯特·V. 珀西瓦尔：《美国环境法——联邦最高法院法官教程》，赵绘宇译，法律出版社 2014 年版，第 53~54 页。

② Massachusetts Executive Office of Energy and Environmental Affairs, Greenhouse Gas Emissions Policy（Apr. 23, 2007）.

③ ［美］约翰·R. 诺朗、帕特里夏·E. 萨尔金：《气候变化与可持续发展法精要》，申进忠、曹彩丹译，南开大学出版社 2016 年版，第 100 页。

④ 184 Cal. App. 4th 70, 108 Cal. Rptr. 3d 478（Cal. App. 2010）.

　　"最终的环境影响评价只是提出不让温室气体排放净增长的一般性目标，然后提出了一些粗糙的替未来后代考虑的环节措施……没有做任何努力来计算按照这些模糊描述的未来减缓措施将会导致多少（如果有的话）项目预期温室气体排放被减少。"

　　虽然环境影响评价设想的是市政当局会对制定得更加充分的温室气体减排计划在最后予以批准，但法院强调：

　　"分析项目影响并制定缓解措施以最小化或避免这些影响的时间，是在环境影响评价的过程中，且在该项目提交规划委员会和城市理事会寻求最终批准之前。因为如果该城市直到环境影响评价程序的最后阶段才算承认项目的温室气体排放会对环境造成重大影响，那么显然，该城市无法在其环境影响评价过程中搜集到足够的信息来制定具体的缓解措施。解决方案不是直到项目批准一年后才详细说明和采取措施，而是直到拟议的减缓措施被全部提出、清晰定义，并且可为公众和感兴趣的机构获得来进行审查和评论，才批准该项目。"①

　　此外，美国也较早提出碳排放标准立法。碳排放标准除是碳监测、碳交易等制度的基础外，还是温室气体排放影响评价的重要依据。虽然美国联邦政府尚未将碳排放标准进行立法，但是诸州具有立法权且表现积极，"主要从污染物排放标准的角度进行立法，其中包括温室气体或其前体物的排放标准"。比较典型的有《能源设备二氧化碳排放标准》和《机动车温室气体排放标准》。② 俄勒冈州早在 1975 年就设立了能源设备选址委员会，其有权根据"必需性、安全性和环境可接受性"标准决定是否进行新能源设备建设。根据州立法机关的授权，该委员会在 1997 年制定了关于能源设备的碳排放标准，

---

　　① ［美］约翰·R. 诺朗、帕特里夏·E. 萨尔金：《气候变化与可持续发展法精要》，申进忠、曹彩丹译，南开大学出版社 2016 年版，第 101~102 页。
　　② 参见刘明明、徐伟：《美国温室气体排放标准立法评析及经验借鉴》，载《环境污染与防治》2012 年第 8 期。

这是美国首部降低碳排放水平的立法。该标准旨在规范一些企业的天然气设备（即天然气作为燃烧的发电设备）、电力设备（即化石燃料作为燃料的电力设备）和非发电能源设备（主要针对天然气储存设备）的二氧化碳排放。在加利福尼亚州，碳排放标准立法受到了公众的广泛支持，越多的公众支持往往越能促进标准立法的实现。2004年7月，加利福尼亚州公共政策研究中心就要求汽车制造商承担减排责任问题进行了专项调查，结果显示高达80%的民众支持这一主张。紧接着，在2004年9月加利福尼亚州环保局空气资源委员会就为机动车制定了碳排放标准。该标准涵盖了机动车行驶、空调系统使用、汽车燃油等过程中排放的二氧化碳、甲烷、氧化亚氮和氢氟碳化物4种温室气体。据预测实施标准将会产生良好的环境效益，如到2020年加利福尼亚州轻型机动车的温室气体排放将减少18%，2030年可下降27%。

（二）英国：气候变化风险评估

受2007年IPCC评估报告的影响和来自国际减排的压力，英国率先以立法的形式确保温室气体减排目标的实现。2008年英国女王批准实施的《气候变化法案》（*Climate Change Act*）是世界上首部把温室气体减排目标纳入调整的法律，英国也因此开创了一项新的立法先河。该法案包括序言和六章构成，共101个条文，各章内容依次为：碳排放和碳预算（第一章）、气候变化委员会（第二章）、交易计划（第三章）、气候变化的影响和应对（第四章）、其他条款（第五章）和一般补充规定（第六章）。

其中，法案第一章第1~3条规定，能源和气候变化部是主管温室气体减排的部门，排放量的约束目标是由主管部门确保京都机制下的6种温室气体到2050年在1990年基础上减排80%以上。第二章专章规定了主要由专家组成的独立机构——气候变化委员会，其主要职能包括：①为实现2050年减排目标，为政府提供独立意见和建议；②检查减排任务落实情况，并将之进展情况形成年度报告提交议会。①

第四章专章规定了"气候变化的影响与应对"，共有第56~70个条文。

---

① 参见宋锡祥、高大力：《论英国〈气候变化法〉及其对我国的启示》，载《上海大学学报（社会科学版）》2011年第2期。

其中，第 56 条第 1 款要求主管部门对国内当下及未来潜在的气候变化影响进行评估，并于法案生效后 3 年内提交首份《气候变化风险评估》（CCRA），以后 5 年提交一次类似报告，若要延期提交报告须由主管部门作出原因解释并明确提交日期；第 57 条规定了气候变化委员会在气候变化报告编写过程中的建议权，但须在报告提交议会截止日期的 6 个月前；第 58 条规定了议会制定气候变化影响应对目标时，报告主体的提交有关方案的义务；第 59、61～65 条分别规定了报告过程、国务秘书的报告编写主导权及其行使限制，如指定和指示编写机构的权利，其可以指示一家或几家编写；第 60、66～69 条分别规定了北爱尔兰和威尔士如何来执行该评估报告制度；第 70 条规定评估主体可以是个人或具有公营性质的实体，但不能为"内阁成员、上下两会议员、下一级的行政机构或立法机构"。

法案强调通过法定风险评价来及时作出或调整应对气候变化的决策，这将促进公共与私营部门间共同实施气候风险评价。CCRA 包括风险评估报告的提交和适应方案的经济评价两个阶段，具体评估过程如下[①]：

第一，问题和目标的确定。对气候变化引致的本国所有风险与机遇进行综合评估，如对经济、社会、生态环境、公众健康的影响，以帮助政府确定优先采取的行动。

第二，决策标准的建立。标准的建立主要依据英国的气候变化适应计划的基本情况。

第三，风险评价。风险评价又涉及五个环节，每个环节都有不同的要求：

环节一：识别与表征影响。该环节需要广泛听取专家和利益相关者的意见来完成。为确保数据收集和协商过程的顺利，要求受风险影响波及的相关部门提供自己掌握的相关资料信息，对气候影响同风险间的关系进行跨部门联合评估。

环节二：脆弱性评估。该环节主要评估政府是否涵盖该风险，风险会对公众健康造成什么影响，以及政府部门是否具备风险适应的能力。

环节三：确定主要风险。在该环节，首先要鉴定出最重要的风险，并在

---

① 参见 D. M. 拉姆斯博滕等：《英国气候变化风险评估》，载《水利水电快报》2012 年第 1 期。

接下来的风险评估中予以详细分析；其次选择一定的风险度量指标，以用于量化评估风险后果。

环节四：目前与未来风险评估。这一环节，首先需要建立后果响应函数，以反映风险度量指标与风险变量的关联，其次将该函数应用于特定情景下的气候风险后果评估，气候风险后果评估前还需要对气候变化作出预测，最后对每项气候风险可能导致的经济社会后果予以考虑，并对后果进行货币化以便比较风险大小。

环节五：风险报告。综合以上环节信息，形成风险报告。

①风险应对方案的确定。根据风险报告制定气候变化适应方案，以降低风险评价中明确的风险。②风险应对方案的鉴定。在风险评估的经济评价阶段进行，通常会运用成本—收益分析等经济学的方法。③风险决策的作出、执行与监督和审查。根据风险应对方案的鉴定结果作出决策，并交由政府去实施，并由相关主体（如气候变化委员会）进行监督、审查执行情况。

（三）比较与启示

IPCC 评估报告的影响、《联合国气候变化框架公约》及其《京都议定书》中对发达国家设定的强制减排目标，如议定书要求在第一承诺期，美国须削减 7% 的温室气体，欧盟（含英国）须削减 8%，是两国对碳排放环境风险评估进行立法的共同背景。但是，两国立法存有不同：首先，立法推动主体方面，美国联邦政府的立法表现不够积极，相反是由各州在推动，而英国则是先由国家层面立法再由地方政府去执行。对此有学者认为，地方气候变化立法虽然可以为国家立法积累经验、提供模式参考，营造必要的法律气候，推动地方合作，增加国际谈判筹码，慰藉心理需求（有立法总比无立法好），但是地方立法无法解决气候变化这种"超级难题"，因此认为国家立法是理想的模式。[①] 其次，评估对象方面，美国的温室气体影响环境评价对象是政府行为，而英国气候变化风险评估对象是实体行为（如排放企业）。此外，具体评

---

① 参见王慧：《美国地方气候变化立法及其启示》，载《中国地质大学学报（社会科学版）》2017 年第 1 期。

估程序方面也有差异，相对来说，英国立法规定的较为详尽。尽管存有不同，但是两国立法使我们认识到：碳排放环境风险评估需要纳入国家立法，并作出实体和程序上的制度安排；需要有分行业的统一的标准；需要注重政府、专家、公众等主体间的协商与沟通。

三、构建控排企业碳排放环境风险评估制度的立法思考

我国对构建控排企业碳排放环境风险评估制度的法律法规上仍需进一步完善，对国外相关制度经验可以参考借鉴。本书认为，需要把碳排放环境风险评估制度纳入国家气候变化立法。2021 年 9 月 22 日，《中共中央、国务院关于完整准确全面贯彻新发展理念做好碳达峰碳中和工作的意见》提出，健全气候变化领域的法律法规，完善温室气体控制领域的标准计量体系。基此背景，我们应抓住这个立法契机。

（一）控排企业碳排放环境风险评估制度的立法价值

1. 预防或减轻控排企业产生的碳排放环境风险影响

控排企业行为引致的碳排放环境风险问题不仅会给生态环境带来潜在威胁，而且会使公众健康面临诸多影响。鉴于碳排放环境风险损害后果的多元性，就需要在采取措施前预先认识这种风险，涉及综合运用科学手段、民主手段来对这一风险加以识别、估算和评价。立法上确立碳排放环境风险评估制度，不仅能为此类风险评估活动提供法律依据、提升其权威性、稳定性，也能对控排企业的相关行为加以规范，体现在：其一，通过设定相应的权利与义务，可以指引控排企业通过合法手段获取碳排放机会；其二，可以对控排企业是否违法碳排放、违法碳排放的程度如何加以评价；其三，可以对控排企业的行为方式、行为后果作出预测；其四，可以依此对控排企业今后的碳排放获取行为、碳排放行为加以引导。显然，这对于预防或减轻控排企业引致的碳排放环境风险影响具有重要作用。

2. 奠定对碳市场中控排企业涉碳排放行为进行管理的基础

碳排放环境风险评估制度，不仅只是涉及风险识别、测量与评价三个简单环节，这个过程实际上是由一系列的包括风险评估合作主体、协商程序、评估模型与方法、评估标准与原则、评估程序、评估后果、评估责任等内容

组成。该制度的立法价值，不能止步于认识碳排放环境风险这一新型环境风险，更重要的是在认识的基础上，以更好地对碳市场中控排企业的涉碳排放行为进行源头管理。

（二）控排企业碳排放环境风险评估制度构建的基本原则

1. 区分统一原则

所谓区分统一原则，是指碳排放环境风险评估要有区分行业的统一的碳排放环境风险评估标准。目前的碳排放标准体系尚未包含碳排放环境风险评估标准，需要尽快完善这一体系。但是，建立碳排放环境风险评估标准应该是区分行业、统一的。强调"区分行业"是因为控排企业涉及诸多行业，每个行业的控排企业在碳排放产生过程、评估方法学等方面存有不同，需要区分对待。例如，一些行业（如火力发电）主要源自化石燃料燃烧过程，另一些行业（如钢铁生产）则主要来自工业生产过程，因此需要结合行业特点选用不同的计算公式、排放因子才能保证相对公平。强调"统一"，一方面由于目前各试点核查与报告指南的行业覆盖范围、核算方法等存有不同，显然这不利于全国碳市场建设和风险评估活动的公平性，另一方面由于 14 个行业还没有统一的标准，需要尽快建立。

2. 合作协商原则

所谓合作协商原则，是指碳排放环境风险评估的政府、专家、与碳排放环境风险有利害关系人（特别是控排企业）和其他对碳排放环境风险感兴趣的公众均以平等身份参与进来，通过表达诉求、提交证据、平等协商，对其共同关注的碳排放环境风险议题进行省思与交流，试图说服对方并达成各方都能接受的沟通过程。碳排放环境风险的二元属性决定了碳排放环境风险评估应是协商性、合作式的，需要多元主体的实质性参与。此原则蕴含着风险评估中的各参与主体会就碳排放环境风险问题的各个方面进行思考，一旦有新的认知或发现，将会重新考虑之前所得出的结论，这将有助于参与者深入理解评估中的细节问题。该原则，旨在解决碳排放环境风险评估过程中科学理性与民主理性的割裂问题。它能反映或揭示不同参与主体的价值偏好，增进不同参与主体间的理解，缓和这些主体间的对立或对峙，继而提出新观点或新思路，发现新问题，有益于形成基于共识、妥协且能体现相对公平的风险评估结论。①

3. 平衡性原则

所谓平衡性原则，是指将碳排放环境风险评估过程中的科学理性与民主理性进行有机平衡。平衡性原则的实现，可采取如下方法：首先，由碳排放环境风险评估的主导者组织控排企业、专家、公众代表等。这些主体对碳排放环境风险及其潜在影响存在不同观点或偏好。组织者应把这些观点或偏好加以详细汇总，最大限度地体现民主的一面。其次，由代表官方、企业、公众的专家共同对上述不同观点或偏好进行剖析，特别是对各方争议的焦点问题进行系统评估。经过不同专家平等协商、分析讨论，最终形成关于碳排放环境风险的定量评估报告。最后，将定量评估报告提供给控排企业、公众代表等促成的讨论小组进行讨论，并可以就其中的疑问让专家作出解释或更深入的补充分析、调查研究。继而讨论小组可经过协商对最终的碳排放环境风险评估报告提出意见或建议提供给组织者。那么，碳排放环境风险评估的主导者就需要对这两个方面的意见加以充分考虑。

（三）控排企业碳排放环境风险评估制度的具体设计

1. 在未来的《应对气候变化法》立法中确立碳排放环境标准制度，为评估控排企业的碳排放环境风险提供法律依据

目前的碳排放标准体系主要服务于碳市场建设，是为控排企业了解自身碳排放情况、第三方核查机构核实控排企业碳排放报告真实情况、碳市场主管部门审定碳排放报告和核查报告的真实性等活动提供判断依据的，而非专门为评估碳排放环境影响建立的。反映到碳市场立法，无论是已经出台的碳市场管理的地方性法规、行政规章，还是现行的《碳排放权交易管理暂行条例》，在性质上均属于碳市场监管法，立法目的旨在规范市场建设和运行，保障市场机制在碳排放资源配置中发挥决定性作用的，也未明确保护生态环境安全和公众健康之目的。显然，碳排放环境标准制度不宜在《碳排放权交易管理暂行条例》中规定。一种较为可行的方案是：在《应对气候变化法》立

---

① See Fiorino, D. J., "Citizen partipation and environmental risk: A survey of institutional mechanisms", *Science*, *Technology*, *and Human Valuse*, 1990, Vol. 15, No. 2, pp. 226–243.

法时设置专门条款纳入这一制度。例如，条款可表述为"标准主管部门应加强碳排放标准体系建设，会同有关部门制定分行业的统一的碳排放环境标准，制定过程应听取利益相关者、公众的意见。"然后，标准主管部门（我国实践中一般指国家质量监督检验检疫总局和国家标准化管理委员会）可以委托科研机构（如中国标准化研究院）研究草拟碳排放环境标准。

但是，制定碳排放环境标准制定过程十分复杂，首先需成立编制组展开碳排放环境基准研究、碳排放现状调查评价、碳监测分析、技术经济调研等方面的工作，然后是"草拟标准—验证—审议—审批—发布"等系列环节。该标准的制定涉及控排企业发展权的限制、公众环境权的保护，加之政府维护环境公共利益之追求，必然会出现不同的利益诉求。因此，标准制定过程中需要主管部门、专家（包括参与编制的专家和非参与编制的专家）、分行业的控排企业代表、普通公众等多元主体参与制定。

2. 在未来的《应对气候变化法》立法中设置碳排放环境风险评估制度，为评估控排企业的碳排放环境风险问题提供实体和程序保障

（1）控排企业碳排放环境风险评估制度的实体设计。碳排放环境风险评估既是采取气候变化减缓、适应手段的重要前提，也是确保气候变化应对监管的重要依据。因此，《应对气候变化法》应将之作为一项基本法律制度。例如，可在总则部分设置专门条款，"国家实行碳排放环境风险评估制度，主管部门应当会同有关部门、组织、个人定期对温室气体产生的环境影响进行评估"。另外，还需要设置一些条款明确规定碳排放环境风险评估主体的范围、权利义务与责任共担机制。例如，政府享有主导权、最终决定权，承担主要责任；控排企业享有表达诉求的权利，履行提供相关数据信息等评估材料的义务，需要对自己的主张和提交的材料的真实性负责；不同的专家，均有根据科学理论发表评估见解的权利，并对评估结论的科学性、可靠性、准确性承担相应责任；公众享有知情权、表达权和监督权，也需履行保密、提交支撑诉求的证据等义务，并承担相应的责任。接下来，就是碳排放环境风险评估制度与环境影响评价制度的关系或对接问题。对此，本书认为，应当把碳排放环境风险纳入到环境影响评价中去，这是必要且可行的。具体说来：

第一，必要性。现行的环境影响评价制度是在未考虑气候变化问题的情

形下建立的，以致相关立法中的环评制度无法约束建设项目和规划实施中的碳排放行为。如《大气污染防治法》中的环境影响评价制度无法适用控排企业的碳排放行为。但是，碳排放问题作为环境问题纳入环评制度进行全面环评是落实保护优先原则的必然选择。保护优先强调的是从源头上强化生态环境保护与资源合理利用，[①] 避免环境污染、生态破坏和公众健康受损。显然，这需要把碳排放引入环境影响评价中，如此一来：宏观上可借助规划环评分析碳排放量，推动区域能源结构调整，促进"低排放、低能耗、低污染"的控排企业发展，限制"三高"控排企业的发展；微观上可借助建设项目环评，剖析和测算具体项目的碳排放量，对控排企业实行低碳筛选，促进其能源结构调整。

第二，可行性。将碳排放的环境影响纳入环境影响评价制度，在国外已有先例。如新南威尔士的《环境规划和评估法案》（1979）要求，对化石能源开采过程、运输过程及利用过程中的碳排放环境影响作出评估；又如欧盟的《战略环评指令2001》要求，评价规划、计划对环境的影响，需要考虑碳排放因素，并适当采取措施减少碳排放的影响。另外，我国个别领域已有将碳排放影响纳入环评的实践。譬如，2016年国务院公布的《"十三五"控制温室气体排放工作方案》要求，工业领域的CCS（碳捕获、利用与封存）试点建设需要做好环境风险评价。

（2）控排企业碳排放环境风险评估制度的程序设计。合作规制理念下的碳排放环境风险评估至少应包括如下程序：

第一，碳排放环境风险评估议题的提出。在碳排放环境风险评估议题的提出阶段，为保障控排企业、专家、公众等主体的知情权，作为主导者——政府（主要是作为政府组成部门的各级发展改革委），首先，应该采取官方网站、广播、报纸、电视等便于了解的形式向其公告，为其能够参与碳排放环境风险评估的后续程序提供保障；其次，在公告结束后，政府应组织召开会议，确定参与的普通公众代表和控排企业代表，确保评估专家的组成在知识上的平衡，尽可能减少专家个人偏见的影响。这些专家不应局限于自然科学

---

① 参见信春鹰主编：《〈中华人民共和国环境保护法〉学习读本》，中国民主法制出版社2014年版，第64页。

领域的专家，还应当有社会科学领域的专家；不应局限于受雇于政府的专家，还应当有一定比例的代表控排企业、公众的专家和发表独立见解的专家。

第二，碳排放环境风险评估议题的协商、评论与完善。接下来，各方主体就进入碳排放环境风险评估议题的协商与评论环节。合作规制理念下各参与主体是平等的，各方均有权就碳排放环境风险评估议题提出建议，他们的不同建议在协商中均应受到同等的尊重。若各方对此存在理性与价值上的明显分歧，则需要通过进一步的说明理由、提供证据等方式进行沟通以消除认知差异。紧接着，各方主体协商后的碳排放环境风险评估议题草案还需要接受更大范围的公众评论和监督，并附上草案的详细说明解释，如采用的方法、数据分析、计算公式等。这样不仅能保证未参与公众、控排企业的了解议题情况并提出意见和建议，还有能更好地接受其他专家的检验与批评。在此基础上，主导者需要根据建议作出必要修改，并确定评估结论。倘若评估结论争议依旧很大，则需要再次接受上述主体的评论以进一步完善，直到形成正式的碳排放环境风险评估结论。

第三，碳排放环境风险评估报告的形成。如同环境影响评价报告、碳排放报告一样，碳排放环境风险评估报告也具有重要的法律意义。然而，现行立法对碳排放环境风险评估报告未作规定。为防止主导者对碳排放环境风险的恣意判断，必须在法律上明确碳排放环境风险评估报告的形式，要求主导者说明有关碳排放环境风险的各方诉求与证据、各种证据和观点的采纳情况等，从而促使其审慎作出判断。最终形成的报告还应通过适当形式予以公开，方便其他主体查询与监督，甚至可以达到作为环境行政决定案宗材料的标准，在环境行政诉讼中予以审查。一份最终的碳排放环境风险评估报告至少应涉及如下内容：碳排放环境风险的影响因素与来源，风险程度、规模、危害，风险评估结论的形成过程（如协商、权衡情况等），方法学的选择（如采取的标准、模型等）和尚存的不确定情况及其对评估结论的影响等。

第四章 规制核心：控排企业碳排放环境风险管理制度的构建

碳排放环境风险评估完成后，接下来合作规制主体需要采取一定的措施对风险进行管理。鉴于碳市场中控排企业的不法行为是引发碳排放环境风险的重要源头，那么碳排放环境风险管理的关键就应是对碳市场中控排企业的争取碳排放机会的行为进行源头控制。根据国内外碳市场建设实践，资格管理制度、碳监测计划制度、碳排放报告制度等都是控制碳市场控排企业行为的重要制度。其中，会员资格、碳交易员是资格管理制度的重要内容。这是因为：会员资格是控排企业参与碳交易获取配额的前提条件，不具备会员资格则被禁止直接参加交易活动，只能请求具备代理资格的会员代理交易，否则构成违法；碳交易员是控排企业碳交易业务的执行者，控排企业的不法行为除了管理层决策因素外，碳交易员的违法违规交易行为则是另一个重要原因。碳监测计划是重要的管理手段和依据，在控制控排企业行为方面发挥着实质性的作用。[①] 譬如，控排企业编制碳排放报告需要以碳监测计划为重要依据。碳排放报告是第三方核查机构核实控排企业排放情况的信息基础，也是履约阶段碳市场主管部门的审定内容之一。但是，这些制度在实践中存在着要么未在立法中确立，要么虽有立法但存在法律位阶低和过于刚性等问题，以致实施效果不好。接下来，本书将在合作规制理念下在下文中对这些制度进行立法重构。

---

① 参见陈惠珍：《中国碳排放权交易监管法律制度研究》，社会科学文献出版社 2017 年版，第 117 页。

第一节　风险管理的一般原理

一、风险管理的概念

（一）"管理"的法学内涵

"管理"一词的初始含义是凭借技能而获得职权的人，通过规制、管控系列活动，以实现预期目的、标准的一种动态劳动过程。[①] 此后，该概念在管理学、公共管理学等学科中获得长足发展，并形成过程论、职能论、目的论、决策论、程序论、环境论 6 种典型观点。过程论者认为，管理是一种活动过程，包括计划、组织和控制等环节。职能论者主张，计划、组织、配备人员、领导、控制等是管理者的职能，既定目标的实现需要其通过职能实施来协调他人行动，收到的效果是任何个人独自活动所无法达到的；目的论者强调，管理者采取相应方式的控制人或组织活动，是为了使客观事物的存在、发展具有预定目的的指向；决策论者提出，管理的过程就是决策的过程；程序论者主张，管理是运用数学模型表示的一系列程序，包括计划、组织、控制、决策等程序；环境论者认为，管理是创造、维持良好环境，帮助个人在集体中高效率地达到预定目标。综上观点可看出，管理有管理者凭借职能或职权使事物或行为合乎程序、合乎目的之意。

翻译成法学的语言，管理就是法律授权或者依法接受委托的主体，根据法律或者委托授权，使有关主体的行为目的合乎实体法和程序法的要求。对此定义的理解，在环境行政管制模式下，管理的主体仅指国家或政府，管理客体是行政相对人的思想或活动，管理的目标是管制。但在合作规制理念下，管理主体除了国家或政府还有社会主体，管理客体是社会行为、市场行为，管理的目标是安全，如环境安全、市场安全等。

[①]　参见孟军本：《管理概念源头追问》，载《长春工业大学学报（社会科学版）》2014 年第 2 期。

（二）"风险管理"的概念

风险管理是解决已经确定存在某种风险的决策程序，包括根据社会、经济与政治因素考虑减少风险的技术可行性。① 易言之，风险管理是建立在风险评估结果的基础上，权衡减少或降低所评估的危险性并采取适当的措施的过程，主要涉及措施归纳（列出可供选择的措施）、措施评估（分析每项措施的影响）、措施衡量（对各项措施进行比较衡量）、执行（选择最优的措施执行）、监督与反馈（观察执行的效果）等内容②。由于风险管理措施会影响或限制利益相关者的权利，而法治国家要求风险管理活动需考虑管理措施、措施效果及措施影响后，应具备实质正当性。是故，风险管理应重视对管理措施的评价，这一评价需要考虑措施是否能够实现目标，二者的关联程度如何，以及措施的必要性、成本—收益等。

二、风险管理的两大维度

一般认为，风险管理被认为是一个价值权衡、取舍的过程，而与科学无涉。然而实践中，风险管理并非单纯的价值判断过程，还涉及科学判断问题。

（一）风险管理的民主维度

风险评估最终指向一个目标，这个目标体现在风险管理环节中，体现在对不确定性的"把握"：在风险管理环节，所要追求的是在考虑社会和经济因素之后，把所有的风险都降到最低。在这个过程中，就需要对不同的与技术相关的价值进行"权衡""协调"，最终力求避免或者——当无法避免的时候——尽可能降低那些被评价为无法接受的风险。正如 Hanse Poser 指出，"当所追求的目标是尽可能减少那些原则上无法扭转的改变时，那么，社会在面对各个子系统的时候，要始终严格执行风险最小化的策略"。③ 显然，风险

---

① 参见［美］丹尼尔・A. 法伯、罗杰・W. 芬德利：《环境法精要》，田其云、黄彪译，南开大学出版社 2016 年版，第 135 页。

② 参见赵鹏：《风险规制的行政法问题——以突发事件预防为中心》，中国政法大学 2009 年博士学位论文。

③ ［德］格哈德・班塞：《风险研究的缘由和目标》，陈霄等译，载刘刚编译：《风险规制：德国的理论与实践》，法律出版社 2012 年版，第 49 页。

管理呈现出价值判断与衡量的一面。具言之：

第一，风险管理通常不是追求单一的目标，而是需要在多个目标间获得最佳平衡，呈现出多元价值权衡。① 譬如，我国政府已经认可 IPCC 气候变化评估报告观点——人为碳排放是造成全球气候变暖的主因，并意识到化石能源燃烧和工业生产过程中的长期碳排放正令我国遭受着气候变化带来的不利影响，诸如水资源短缺、生物多样性减少、农业减产、气象灾害频繁、传染病肆虐等问题，这无疑会令生态环境和公众健康遭受威胁。鉴于此，政府于2011 年启动"两省五市"试点碳市场建设，试图通过市场机制来控制控排企业的碳排放问题。之所以采用市场手段对风险予以控制，是基于国情的综合考虑：国外碳减排呼声高涨，我国碳减排形势严峻、国家经济发展水平仍需发展、消除贫困的任务依旧任重道远、公众环保意识渐趋增强，为此国家在不违反国际气候公约的共同但有区别、各自能力等原则下努力权衡国内的环境保护与经济发展。

第二，风险管理必然会触及一些利益相关者的利益，而另一些主体可能因此而受益，那么就需要权衡不同主体间的利益冲突。② 正如学者所指出，任何规制活动均是政治，部分群体由此而生并获得利益，部分群体因此而生却丧失利益，规制主体需要据此作出或多或少的规制。③ 如严格的资格管理、碳监测计划、碳排放报告会对碳市场中控排企业的行为予以限制，若严格执行则会增加其成本、限制其自由，甚至影响其发展。但是，对于国家环境保护、公众环境权益诉求的实现却是有益的。因此，风险管理需对此进行衡量。

第三，风险管理涉及诸多活动，需要消耗一定的公共资源，这必然会使用于其他活动的资源相对减少，由此资源如何分配需要权衡。④ 例如，控制碳市场中控排企业的行为既涉及主管部门和相关部门、交易所、核查机构的市

---

① 参见赵鹏：《风险规制的行政法问题——以突发事件预防为中心》，中国政法大学 2009 年博士学位论文。

② 参见赵鹏：《风险规制的行政法问题——以突发事件预防为中心》，中国政法大学 2009 年博士学位论文。

③ See Richard J. Pierce，Sidney A. Shapiro，Paul R.，*Verkuil: Administrative Law and Process*，The Foundation Press. 1985. p. 17.

④ 参见赵鹏：《风险规制的行政法问题——以突发事件预防为中心》，中国政法大学 2009 年博士学位论文。

场监管，又涉及社会监督。每项活动都需要花费一定的人力、物力、财力。但是，用于风险管理的资源是有限的，不可能把所有的行政资源都用在解决风险上，所以有限的资源更不应该用于解决所有的风险，否则总会出现"顾此失彼"的问题，可见合理分配资源是风险管理活动必须面对的问题。

（二）风险管理的科学维度

风险管理被普遍认为是一个价值权衡的过程，具有一定的合理性。但风险管理不只是一个纯粹的价值判断过程，它离不开科学的作用。正如赵鹏博士所说，风险管理建立在对风险的科学认知上，风险管理措施能否实现预期效果、产生成本是否适当、有无其他可替代措施等问题又常常需要科学的判断或预测。[①] 所以，风险管理不仅涉及价值判断、权衡，而且需要科学知识的支撑。如碳排放报告制度作为一项风险管理制度，离不开科学、准确、全面的碳监测。再如风险管理的碳监测计划制度不仅仅是控排企业权衡企业实际的结果，还需要建立在企业内部碳监测科学技术手段的基础上，因为不严格执行经备案的监测计划，履约期到来企业超额排放又不能在规定期限购买配额补足差额时则会面临行政处罚的风险。

三、碳排放环境风险管理的理论模型

风险管理过程既涉及价值衡量又涉及科学判断，作为复杂的碳排放环境风险管理更应综合考量二者的作用。立法上也要对此作出回应，并进行相应的实体上和程序上的制度安排，为这一类风险管理提供法律保障。

（一）风险管理的两大模型

针对如何进行风险管理，学界并未达成一致共识，呈现出两种对立观点：一种强调发挥科学的作用进行风险管理，并把专家知识作为风险管理的基础；另一种则主张发挥民主的作用进行风险管理，其认为价值衡量才是风险管理的基石。[②] 两种对立观点由此构筑起了风险管理的两大模型，表现在：

[①]　参见赵鹏：《风险规制的行政法问题——以突发事件预防为中心》，中国政法大学 2009 年博士学位论文。

[②]　国内个别行政法学者对风险规制的理性模型和民主模型进行了探讨，并主张熔铸两种模型。可参见赵鹏：《风险规制的行政法问题——以突发事件预防为中心》，中国政法大学 2009 年博士学位论文。

1. 风险管理的科学理性模型

风险管理的科学理性模型强调，风险管理活动应建立在对风险的科学认识上，运用符合成本—收益的措施进行风险管控，以最小的规制资源投入、更少的自由和权利限制，达至最佳的管理效果。这一主张的倡导者并不否认风险管理中价值判断的存在，只是在他们看来风险管理更需要借助科学技术、科学方法，而价值判断只能在完成这些科学认识工作后才发挥作用。他们几乎一致认为，相较价值判断与衡量，专家的科学理性在风险管理中有着诸多优势：

第一，专家对风险的认识更可靠，而公众认识往往是非理性的。在他们看来，公众易受感性认知的影响，行为具有盲目性，因为公众存在过度依赖感性、缺乏完备的信息和必要的科学知识等诸多问题。

第二，专家更能合理的进行风险管理资源配置，而公众可能在此问题上出现"因小失大"。专家在配置风险管理的资源时往往是依据风险大小、程度、发生可能性等因素，而公众常受可得性启发的影响，往往把注意力集中在发生概率低但需投入大量规制资源的小风险上，这常常令一些重要的风险管理无法获得足够的资源。

第三，过于依赖民主理性，可能令风险管理出现"恶性循环"问题。公众认知迥异于专家，其不仅受可得性启发影响，还受显著性（如风险是否引人注目）、伦理义务的感受强度（风险距离的远近，其通常关注近距离风险，而对远距离风险表现得不够关心）、潜意识形成的判断（一旦形成，往往固执己见）、风险的盖然性（通常会高估风险）等影响。在此情形下，若规制主体迫于压力，过度依赖公众的认知进行风险管理则会强化公众的错误认知。正如布雷耶所说，"外部的压力对规制机构的结果控制越多，公众对规制机构的信心似乎就越少；公众对规制机构的信心越少，越感觉需要采取更多的外部行动；规制机构就越有压力要证明自己是秉承'宁可失之谨慎'原则行事，在此时就越倾向采纳公众的风险议程，如此这样一个循环得到了强化。"①

2. 风险管理的民主理性模型

风险管理的民主理性模型主张，风险管理绝非仅仅依靠科学的分析、

---

① ［美］史蒂芬·布雷耶：《打破恶性循环：政府如何有效规制风险》，宋华琳译，法律出版社2009年版，第69页。

科学的手段，还离不开价值观、情感等因素。在倡导民主与法治的今天，风险管理不应是科技精英的独断领域，其应考虑公众、企业等主体的现实需求，从而使风险管理具备社会基础。人类认知能力的有限性令科学出现诸多局限，这警示规制主体的风险管理不能过于依赖科技专家。在某种意义上，风险管理是一个社会愿意接受何种生活方式的问题，这要求政府应该以民主的方式进行风险管理，唯此才能在风险管理中进行价值衡量，改善政府与社会的互信关系。详细说来，强调风险管理中的民主理性主要基于以下考虑：

第一，风险管理牵涉价值判断与衡量。风险社会的风险的复杂性已经超出单一领域知识的解释力，专家通常局限于一定的领域，超出该领域时，他们的认知实际上与公众无异，当对此风险进行管理时也不得不凭借直觉。风险管理过程中的成本—收益分析实际上也是在进行价值判断。风险管理中的价值分歧无法通过科学分析加以解决，而需要借助民主程序决断。

第二，风险管理的科学理性依赖会带来诸多风险。若风险管理过度依赖专业人士、行政官员等组成的精英团体，并确保其能够最大限度地发挥自身作用和其风险管理活动的权威，这要求这些主体需掌握完备的信息，但现实是信息是不对称、不完备的，一味地执着于这些信息的获取会产生高昂的成本。另外，若风险管理中缺乏民主参与，政府官员会产生恣意决策的问题，超控专家以证明自身行为的合法性，甚至会出现"权力寻租"现象。

第三，风险管理中的科学自身具有局限性。一方面，风险社会中风险常常具有高科技背景，如核能利用带来的环境风险，以科学手段管理这些风险本身又会产生新的风险，如此永无止境的进行风险管理会令公众对政府行为能力产生怀疑或不信任感。另一方面，风险管理中的科学自身具有不确定性，其分析结论可能出现不够精准、考虑不周的问题，那么因此而进行的风险管理则可能遭到抵制。譬如，尽管 IPCC 已有足够证据证实人为大量碳排放与气候变暖的关系，但是在碳沉淀和云层作用等因素上依然充满不确定性。反对者同样会用科学结论反对温室气体控制，他们认为若不能证实碳排放与气候变化的因果关系，则不能认定碳排放会构成现实威胁，也不应采取管理措施限制排放，以免影响经济的发展。①

（二）碳排放环境风险管理的融合模型

上述两种理论模型是解决风险管理的极端模型，尤其是在复杂的风险管理上通常难以奏效。这是因为实践中风险管理既要考虑科学的结论，又要考虑文化、价值观等其他因素。二者应该有机融合起来，扬长避短。基于合作规制理念的合作式碳排放环境风险管理就是二者融合的典型体现，其与环境行政管制理念下的权力型或威权型风险管理不同，具有以下内涵：

第一，本质方面：政府风险管理方式的应然转向。即，由单一的政府管理转向多元主体的合作管理。没有其他主体参与的风险管理属于单纯的政府行政管理，自然难以有效应对复杂的碳排放环境风险。唯有体现科学理性和民主理性的合作式风险管理的确立，才能摆脱传统风险管理的窠臼，实现由"管制"到"合作"的碳排放环境风险管理转型。申言之，它是各有关主体间以互相合作、共同决策、相互监督、共担责任形式来进行碳排放环境风险规制措施的选取、实施、监督、回馈，这是由碳排放环境风险的利益关系复杂性这一特征决定的。

第二，目的方面：通过控制碳市场中控排企业的有关行为，预防或减缓风险，实现环境相对安全。由于碳市场中控排企业的不法行为是碳排放环境风险产生的重要源头。要贯彻风险预防原则，首先需要对碳市场中的控排企业的相关行为进行预先管理。但是，碳排放环境风险管理的目的并非追求零危险环境，而是追求相对安全的环境。因为刻意追求零风险还会带来新的风险问题。例如，控排企业的不法配额获取、交易行为等会加剧碳排放环境风险，但是若因此而禁止或限制碳市场中的一切企业行为则可能会带来更大的风险，诸如增加企业减排成本、碳市场缺乏活力甚至形同虚设等。因此，碳市场语境下的碳排放环境风险管理的目的是对市场中控排企业的一些重要行为进行适当管理，减少风险代价而非彻底将之消除。

第三，机制方面：沟通协商机制。环境行政管制理念下的碳排放环境风

---

① See Dale Jamieson, "Uncertainty and Risk Assessment: Scientific Uncertainty and the Political Process", *The Annals of The American Academy of Political and Social Science*, 1996, No. 35, p. 545.

险管理的机制是一种由上至下的权力管理，由于缺乏沟通、协调、协商而令人诟病。而合作规制理念下的碳排放环境风险管理将打破这种传统机制的束缚，引入了体现科学理性和民主理性的沟通协商机制。

第四，价值方面：建构碳市场法治秩序。一般来说，风险管理的最终价值均是追求一种有序的秩序。秩序考量大致分为两种情形：第一种，追求有序的秩序。即以稳定秩序为目的，要求所有行为活动要合乎有序的秩序，任何影响秩序稳定的行为均应成为管控对象，甚至可以为此秩序而不计成本，哪怕牺牲自然人、法人等主体的权利。第二种，出于对自然人、法人等权利的尊重和保障而对公权力予以限制。即稳定的秩序仅是一种手段，构建有序秩序的目的旨在实现自然人、法人等主体的有关权利，这是因为没有秩序就无法实现这些主体的权利，倘若有了有序的秩序但不能实现这些权利，秩序仍然毫无意义。前一种秩序是传统政府管理所追求的，实质是追求表面秩序稳定而忽视有关主体权利诉求的人治秩序；后一种秩序则为政府管理所青睐，实质是充分尊重和保障相关主体权利的法治秩序。合作规制理念下的碳排放环境风险管理的价值也不例外，但其价值选择是碳市场法治秩序，在这一秩序下政府不再是独断专行，权力受到控排企业、公众等主体权力的约束或制约，但这并不否定政府的主导作用，只是出于有效风险管理之目的。

（三）法律在碳排放环境风险管理中的作用

一般来讲，法律被解释为促进风险管理的科学性或民主性的工具，为科学或民主"创造一块准自治的地盘"，以维系民主或科学权威。体现在：其一，法律要求决策者利用科学和科学工具；其二，法律促进民主性，创造公众参与的机会。[①] 换言之，风险管理无法脱离法治。就碳排放环境风险管理来说，也需要法律进行实体和程序制度的安排来确立、保障科学和民主的权威。在实体上，将碳排放环境风险管理目标转换为控制控排企业行为的原则和规制，相应的法律制度设计需要体现对科学或民主的考量、明

---

① 参见［英］伊丽莎白·费雪：《风险规制与行政宪政主义》，沈岿译，法律出版社 2012 年版，第 18~19 页。

确必须考虑的因素等，唯此才能令规制主体于风险管理实践中既重视科学的结论又注重民主的价值。在程序上，通过程序上的安排来促进碳排放环境风险管理的科学和民主，既要求规制主体运用科学工具进行管理，又确保控排企业、普通公众等主体能够参与到这一过程中来，并发挥实质性作用。

第二节　面向控排企业的碳市场资格管理制度的立法构建

一、试点碳市场中资格管理的实践审视：以会员和碳交易员管理为例

（一）试点碳市场资格管理的立法现状

在现行立法中，涉及会员和碳交易员管理的立法主要体现在行政法规《碳排放权交易管理暂行条例》、部门规章《碳排放权交易管理办法（试行）》和"两省五市"试点出台的地方性法规或地方政府规章中；专门规范会员和碳交易员行为的规范性文件则主要由各交易所制定。具体说来：

1. 国家立法

生态环境部出台的《碳排放权交易管理办法（试行）》并未对会员、碳交易员管理作出明确规定，主要是要求交易机构及其工作人员履行报告义务、建立风险管理机制、维护市场安全。例如，该办法第 5 条第 4 款要求交易机构"定期向生态环境部报告全国碳排放权登记、交易、结算等活动和机构运行有关情况"，以维护交易安全；第 22 条第 2 款要求交易机构"防止过度投机的交易行为，维护市场健康发展"；第 33 条第 1 款要求交易机构建立风险管理机制和信息披露制度，交易机构的工作人员若违反该条第 2 款"不得利用职务便利谋取不正当利益，不得泄露商业秘密"的规定，则可能招致限期改正、行政处罚责任、民事赔偿责任和刑事责任。《碳排放权交易管理暂行条例》也有类似规定，如第 5 条第 2 款要求交易机构"完善相关业务规则，建

立风险防控和信息披露制度"。

2. "两省五市"试点立法

在"两省五市"试点出台的关于碳市场管理的地方性法规或地方政府规章中，上海市、深圳市试点立法对"会员制度"作了原则性规定，深圳市试点对"碳交易员制度"作了简单要求，其他试点对会员和碳交易员制度均未明确规定。如《上海市碳排放管理试行办法》（已失效）第 22 条规定了会员的类型（如自营类会员、综合类会员）、权限（如自营业务、接受代理委托）、身份变更（如自营会员的控排企业可申请作为综合类会员）；第 28 条第 2 款虽然规定了风险管理制度，要求交易所实施涨跌幅限制、配额持有量限制、大户报告、风险警示、风险准备金等制度，但未明确碳交易员管理制度。再如，《深圳市碳排放权交易管理暂行办法》（已失效）第 52 条第 2 款要求控排企业中从事碳交易业务的人员须获得交易机构核发的交易员资格证书；第 60 条要求交易机构建立会员管理细则，对会员行为予以监管。其他试点立法仅对风险管理作了上述类似规定。

3. 碳交易机构的规范性文件

"两省五市"试点的碳交易机构除重庆市外，其他试点普遍制定了会员管理细则规范会员的市场行为（见表 7）①，但各试点并未有专门的碳交易员管理细则。不难看出，这些交易所细则普遍界定了会员的概念、类型、权利义务，明确了会员资格获取、变更、终止的条件或情形，以及违反会员管理的相应罚则，但是具体内容上却不尽相同。例如，在会员类型上，天津市试点分为交易会员、服务提供商会员；上海市试点分为自营类会员、综合类会员；北京市试点分为战略会员、服务会员与交易会员；深圳市试点分为交易类会员和服务类会员。再如，在会员资格获取上，有的试点条件苛刻，有的则较为宽松，湖北省试点规定控排企业可自然成为会员；上海市试点的控排企业仅是自营类会员，其若要从事代理业务须向交易所申请综合类会员。此外，不同试点的会员在权利义务、变更和终止情形等方面也存在差异。

---

① 表格内容根据各交易机构会员管理细则自制。

表 7 "两省五市"会员管理规定一览表

试点省市	会员管理规定	主要内容
北京市	《北京环境交易所会员管理办法》	会员概念、类型、申请条件、权利与义务、会员管理（年检、取消/注销资格）、处罚等
上海市	《上海环境能源交易所碳排放交易会员管理办法（试行）》	会员概念、权利义务、资格获取、资格的变更与终止、会员代理、会员联系人、监管等
天津市	《天津排放权交易所会员管理办法》	会员概念、类型、资质条件、权利义务、会员资格管理（申请、变更、终止）、日常管理（会员代表、报告与公告）、会员收费、纠纷解决、监督检查和纪律处分等
重庆市	——	——
深圳市	《深圳排放权交易所有限公司会员管理规则》（暂行）	会员概念、类型、交易类会员（范围、子类型、申请条件）、服务类会员（范围、子类型、申请条件）、权利与义务、申请和办理、监管等
湖北省	《湖北碳排放权交易中心有限公司经纪类会员管理办法（试行）》	经纪类会员资格、经纪类会员的申请和办理、变更、转让及终止、权利义务、考核和处罚等
广东省	《广州碳排放权交易中心碳交易会员管理办法》（2022 年修订）	会员概念、类型、资格和资质申请、权利义务、监管、资格和资质转让等

（二）试点碳市场资格管理的实践问题

会员制度、碳交易员制度是规制碳市场中控排企业行为的两个非常重要的制度，健全的会员制度、碳交易员制度可以防止企业不法行为的发生。但是，从上述梳理来看，现行的法律在会员和碳交易管理方面仍存在不足：

第一，会员和碳交易员管理未明确纳入国家立法调整。现行《碳排放权交易管理办法（试行）》《碳排放权交易管理暂行条例》均未明确规定会员制度，实践中是由各交易机构制定各自交易规则，这使得一些试点在会员管理上出现了上述众多不同。从国家碳市场建设的角度看，缺失国家统一立法将不利于控排企业间的公平竞争，还可能助长其市场违法行为，甚至会产生碳泄漏的问题。

第二，会员和碳交易员管理的试点立法仅有个别试点作了原则性规定，这会带来一些实践中的问题。目前，仅有上海市和深圳市试点立法把会员制度纳入调整，仅有深圳市试点对碳交易员制度作了简单要求，其他试点对之全无规定。两个试点的立法实践不失为一种良好的开端，但是这些立法规定存在过于原则和抽象、不统一、法律位阶低和威慑力不足等问题。显然，这在实践中难以有效规范碳市场中控排企业的配额获取等行为，控排企业也很少执行这些制度，甚至会员和碳交易员的不法行为会给企业带来法律风险。

第三，会员管理的碳交易所细则存在不统一的问题，且普遍缺乏对碳交易员的管理。目前，除重庆市试点外，其他 6 个试点的碳交易机构均根据授权出台了会员管理细则，这对于规范控排企业的市场行为具有积极作用，有利于碳市场秩序、安全和利益的维护。但是，各试点的细则存在上述诸多不统一，若此问题不加以解决，到了国家碳市场阶段，会员管理严格的交易机构可能出现交易量显著下降甚至没有交易的问题。相较而言会员管理宽松的交易机构会出现交易量明显增加，短期来看显示出了个别市场流动性好，但长期来看会助长不稳定因素，不利于国家碳市场的建设。另外，各试点交易机构普遍未出台细则规范碳交易员行为，这也会出现会员的类似问题。

二、构建面向控排企业的碳市场资格管理制度的立法思考

（一）控排企业碳市场资格管理制度的立法价值

1. 预防或减少碳市场中控排企业的不法行为

由第一章研究可知，碳市场中控排企业的违法的配额获取行为、配额交易行为和配额清缴行为是产生碳排放环境风险的重要源头。例如，虚报历史碳排放数据获取较多配额、不按交易规定进行配额交易和"能而不履约"的抗拒配额清缴行为，这些方式结余的配额都会刺激控排企业超额排放。产生这些行为的两个重要原因：其一，会员行为尚未纳入高位阶法律调整，仅仅

出现在个别试点立法中。控排企业是碳市场最重要的会员，会员法律制度的缺失必然无法对会员上述行为进行富有法律效果的约束。其二，碳交易员行为更是缺乏法律规范。碳交易员通常是企业的员工，由企业聘请或内部指派产生，具体负责实施企业的碳交易业务，其行为不仅代表着企业形象，而且会因大量买入和卖出等行为影响市场稳定，这也会增加企业的市场风险。若会员行为、碳交易员行为纳入法律调整，通过行为模式、行为后果的规则设定不仅可以规范控排企业的碳交易业务活动，使其能够形成稳定的法律预期，而且会对潜在的企业不法行为起到威慑作用，这无疑有助于预防或减少碳市场中控排企业的不法行为的发生。

2. 降低控排企业的减排成本，维护其合法权益

实践中，对控排企业来说，其会员资格可为其参与碳交易活动带来诸多助益：其一，降低信息获取成本，作为会员可通过交易所提供的专业化平台及早了解碳交易的市场走向，以便更加系统地作出可持续发展和温室气体减排计划，通过交易所出售其减排量，以获得额外利润。其二，降低交易成本、提高交易效率，能有效防范交易风险。其三，随时关注国家环境发展的动向，为企业参与全球碳交易活动做好充分准备，预见碳交易发展的战略前景。[①] 同样，作为碳交易员除了可获取来自交易所的相关信息外，还有参加培训的机会，这将会减少碳交易员行为的盲目性，避免给企业带来不必要的风险。倘若法律把会员行为、碳交易员行为纳入调整，并明确其享有的权利义务等事项，这有助于降低企业的减排成本和维护其合法权益。

(二) 控排企业碳市场资格管理制度构建的基本原则

1. 全程性原则

合作规制理念的全程性特征要求在进行资格管理制度构建时应以全程性为原则。所谓全程性原则是指会员管理和碳交易员管理应体现完整的过程性、阶段性。强调全程性是因为碳市场实践具有显著的阶段性特点，其包括初始配额获取、配额交易和配额清缴三个阶段，各阶段作为会员的控排企业及其

---

① 参见郭冬梅：《中国碳排放权交易制度构建的法律问题研究》，群众出版社 2015 年版，第 225~226 页。

碳交易员会有不同的行为表现或影响，具言之：

第一，初始配额获取阶段。作为会员的企业和企业的碳交易员在这一阶段会出现以下行为：其一，进行"游说"，影响政府的配额分配方式。控排企业通常出于眼前利益的考虑，借助参加配额分配方案讨论会、碳交易和碳资产管理培训会、立法听证会等机会①，向碳市场政府主管部门及相关部门施压以满足自身利益诉求。如通过反对严格的、对其不利的碳市场政策、立法，以影响政府决策或令其妥协，采取不合理但对其分配较多配额有利的分配方法等行为。② 再如，在存在数量限制与交易系统中，美国重工业部门曾游说政府免费配发他们一部分排放许可证。③ 若任由此行为发生，则会导致控排企业推迟或者不采取减排行动，扭曲市场机制，妨碍市场选择最佳减排者，进而会产生延缓或不能实现市场机制应有减排效果的不利影响。其二，提供虚假排放数据，争取更多配额。在碳市场建设初期，各碳市场普遍存在基础数据保存、收集、界定、监测、核实等方面的问题，以致较大程度上依赖于控排企业自主申报的可靠性、真实性、准确性均较低的数据。例如，欧盟碳市场早期，因无法掌握控排企业历史排放数据，过度依赖于各国企业自主申报数据，最终导致初始配额过多的连锁问题。④ 其三，不按规定提出配额竞价购买申请。控排企业若以竞价拍卖形式获取配额，则需要依据规定先提出配额购买申请、缴纳保证金并缴纳购买资金，再由政府主管部门通过注册登记系统完成相应配额的交割。

第二，配额交易阶段。与初始配额获取阶段被动的向碳市场主管部门申请配额的行为不同，作为会员的企业及其碳交易员的行为在这一阶段多表现为主动的配额买卖行为，一旦出现不法行为通常会给碳市场带来一些不利影响：一方面，引发配额价格（以下简称"碳价"）的异常波动。碳价的异常

---

①　参见姜晓川：《我国碳排放权初始分配制度研究——以分配方式为中心》，江西财经大学 2012 年博士学位论文。

②　刘慧、谭艳秋：《欧盟碳排放交易体系改革的内外制约及发展趋向》，载《德国研究》2015 年第 1 期。

③　唐方方主编：《气候变化与碳交易》，北京大学出版社 2012 年版，第 109 页。

④　参见秦天宝、付璐：《欧盟排放交易的立法进程及其对中国的启示》，载《江苏大学学报（社会科学版）》2012 年第 3 期。

波动多表现为价格过低或过高。导致碳价出现异常的因素可分为控排企业外部因素和控排企业内部行为因素。外部因素主要有恶劣气候环境、宏观经济重大改变、政府分配配额过多、配额"寿命化"、其他市场主体的投机行为等。具体来说，恶劣的气候环境变化会刺激用能，控排企业就会碳排放超量，进而需要购买更多的配额；宏观经济发生重大变化时，政府调整配额会影响到市场供需平衡；政府不合理（或妥协）的配额分配，会导致市场配额供给过多，碳价骤降；配额通常有一定注销期限要求，履约期到来前往往会出现集体抛售等现象，也可能导致碳价过低；投资机构、个人等其他市场主体的"炒配额"、操纵市场行为也会影响市场供求，从而会相应出现碳价过低或过高问题。而控排企业行为因素则表现为违法违规交易行为和合法投资转移行为[1]，前者表现为不依据法定或者约定的交易方式、交易程序、交易时间、相关费用缴纳方式等要求交易，甚至出现操纵市场价格、扰乱市场秩序现象，后者表现为控排企业向未纳入控排或者控排要求较低的国家或地区迁徙，即"碳泄漏"现象，这两种行为都会影响到（原）碳市场配额的供求，进而出现碳价的非正常波动。另一方面，减损碳市场机制的减排效应。控排企业采取的违规配额交易行为往往基于理性的利润最大化目的[2]，却引致碳价异常波动，危及利益相关者的切身利益，也会因控排企业的自利行为进而损及减排效果，甚至令碳交易机制无法实现良好的环境效应。

第三，配额清缴阶段。在这一阶段，作为会员的企业及其碳交易员的行为可能出现"履约不能"和"能而不履约"的问题。[3] 所谓"履约不能"是指客观上不可能在规定期限或者延长期限内完成配额上交。主要表现在：其一，碳排放量严重超排导致的履约不能。配额获取后，作为会员的企业及其碳交易员由于疏忽大意或者盲目自信而没有采取科学、适当的减排措施，导致其碳排放量远超出其碳排放权许可，以致其即使在碳市场购买法定比例的CCER冲抵部分配额，仍然不能足额上缴并完成履约义务。其二，碳排放数据

---

[1] 王燕、张磊：《碳排放交易市场化法律保障机制的探索》，复旦大学出版社2015年版，第163~164页。

[2] 参见聂力：《中国碳排放权交易博弈分析》，首都经济贸易大学出版社2014年版，第90页。

[3] 参见吕忠梅、王国飞：《中国碳排放市场建设：司法问题及对策》，载《甘肃社会科学》2016年第5期。

原因导致的履约不能。由于会员企业的过错，出现设备监测、燃料消耗、工艺过程等方面的数据或者信息的严重丢失或者保存极其不完整，以致无法开展碳排放核查工作；或者数据存在伪造、编造现象影响履约的。所谓"能而不履约"是指客观上具备履约的条件，但出于自身经济利益的考虑或者其他人为原因，在主观上故意不完成履约义务的行为。主要表现在：其一，能如期完成履约而不上缴任何配额，即"不交付"，体现在不配合、干扰、拒绝接受核查机构开展核查工作，以致超过法定或者依法延长的履约期限；其二，能一次按时完成履约，却违法分期、拖延或者不足额缴纳配额或者一定比例的 CCER，即"交付量不足"或者"履约存在瑕疵"。

2. 互动性原则

合作规制理念的信息双向传递和共享特征要求在进行资格管理制度构建时应体现互动性原则。所谓互动性原则是指碳市场主管部门与作为会员的控排企业及其碳交易员间的关系不应是传统的监管者与被监管者的关系，而应是合作关系，其共同就管理事项进行有效互动沟通以达至环境管理之目的。这是因为，碳交易对大多数会员控排企业及其碳交易员来说是新鲜事物，甚至因限制减排而触及其切身利益，实践中常被企业作为一项边缘化业务，得不到足够的重视；对此，碳市场主管部门应在决策前、决策中、决策后等诸阶段与包括控排企业在内的相关主体进行沟通，使其全面认识、真正接受这一市场机制。如此一来，会员管理、碳交易员管理等监管制度才能真正发挥实效，否则实践中就会出现一味强调威权管理而不顾行政效果、成本的现象，"翔峰公司诉深圳发改委行政处罚案"暴露出的问题就是很好的例证。

（三）控排企业碳市场资格管理制度的法律表达

鉴于现行立法在会员管理、碳交易员管理方面存在的问题，本书认为首先应在高位阶的法律中确立这两个制度，然后再在相关的条例或其他配套规定中对这两个制度进行实体和程序上的设计。一种符合我国实际的方案是：首先，应在未来的《应对气候变化法》中设立"碳市场管理"专章，这是因为碳市场机制已成为国家应对气候变化的有力手段，其建设需要高位阶的法律保障，在这一章中不仅需要明确管理主体、对象、权利义务等事项，还需要确立会员管理、碳交易员管理等管理制度并作出原则性规定，如可表述为

"碳市场主管部门、碳交易机构等主体应加强会员管理和碳交易员管理";其次,与《应对气候变化法》相衔接,现行《碳排放权交易管理暂行条例》需要对这两项制度进一步细化。

1. 资格管理制度的实体设计

(1) 管理主体范围应拓宽。实践中,会员、碳交易员的管理主体仅限于各碳交易所,且主要集中在配额交易阶段,而对碳市场主管部门的管理主体地位和公众的监督主体地位却未予以明确,这不仅不利于对会员和碳交易员行为进行全程管理,还不利于会员和碳交易员权益的维护。强调碳市场主管部门的管理主体地位和公众的监督主体地位是因为碳市场主管部门应对市场主体行为进行全面、全程管理,公众的监督权是一项宪法性权利,不容剥夺。鉴于此,相关立法中应明确碳市场主管部门、碳交易所的管理主体地位,明确公众的社会监督主体地位。具体说来,建议在《碳排放权交易管理暂行条例》中增设 1 条,可表述为"碳市场主管部门、碳交易机构等主体依法对会员、碳交易员的行为进行管理,公众依法享有监督的权利"。这里的"依法"主要是指作为上位法的《应对气候变化法》《环境保护法》和《中华人民共和国宪法》等法律中的有关规定。

(2) 管理客体应作全面理解。法律上的客体是利益的法律形式、主体权利义务指向的对象,主要有物、行为、智力成果、人身利益等类型。在会员管理法律关系、碳交易员管理法律关系中,其客体分别是会员行为和碳交易员行为。但是,这里的"客体"不应局限于配额交易阶段的会员行为、碳交易员行为,还包括配额初始分配阶段、配额清缴阶段,因为在这两个阶段会员和碳交易员均有不同的行为表现。例如,在配额初始分配阶段,尽管是以作为会员的控排企业的名义去履行历史排放数据上交的义务,以作为获取配额的重要参考依据,但是这项工作的实际执行者通常是碳交易员,其在获得碳交易员资格后基于委托关系进行网上信息填报、与主管部门沟通联系等;在配额清缴阶段,尽管是以作为会员的控排企业的名义去进行配额清缴,实际上网上履约、与主管部门的沟通等工作却是由碳交易员实施的。

(3) 权利义务内容应予以明确。

第一,会员管理中的权利义务配置,体现在以下三个不同阶段:

在会员资格的获取阶段，控排企业享有获取普通会员（如可直接参与碳交易活动）、申请综合会员（如除可直接参与碳交易活动外，还可以代理交易）等权利，但同时须履行申请的义务，包括确定企业的会员代表、相关高级管理人员、从业人员、联络员及其职责，准备和提交申报材料，办理会员手续，如缴纳会员资格费和年会费、开设专用资金账户、领取会员证书等；碳市场主管部门和碳交易机构均应享有审核权，把主管部门纳入进来可以监管碳交易机构防止其暗箱操作，二者可以依据控排企业的行为能力、人员配置、必要设施、技术条件、经验和知识等作为判断控排企业是否具备会员资格的评估标准[1]，若控排企业符合这些标准则应及时作出予以批准的决定，不符合时则应作出不予以批准的决定并告知理由，或补充材料后申报或重新申请；公众对会员申请过程中控排企业、碳市场主管部门、碳交易机构的行为享有监督权，其可以依法向有关部门检举或报告。

在会员资格的变更阶段，所谓"会员资格的变更"是指控排企业取得会员资格后，由于主客观情况的变化，根据生产经营活动的需要，在企业组织机构和其他登记注册事项上的改变，以致需要有关主体履行变更手续的活动。主要体现在组织合并和分立两种情形：①组织合并分为存续合并和新设合并，前者是一方主体资格存在，其他各方主体资格消灭，而后者中各方主体资格均消灭。在存续合并的情形下，若是会员间的存续合并，则会员一方的会员资格保留，另一方的会员资格则须按规定注销；若是会员与非会员的存续合并，会员吸收非会员合并，则会员一方的会员资格依然存在，非会员主体资格消灭，反之，会员一方的会员资格须依规定注销，另一方可依规定申请变更以承继会员资格。[2] 在新设合并的情形下，无论是会员间合并还是会员与非会员合并，其主体资格均消灭，新设企业则须申请变更以承继会员资格。②组织分立包括存续分立和新设分立，前者中原主体资格存在，并产生新的主体，后者中则原企业主体资格消灭，产生两个及以上新的主体。在组织存续分立的条件下，会员资格仍存在，新设企业须依规定申请会员资格，而在

---

[1]　参见李挚萍：《碳交易市场的监管机制研究》，载《江苏大学学报（社会科学版）》2012年第1期。

[2]　参见《上海环境能源交易所碳排放交易会员管理办法（试行）》第16条。

组织新设分立的条件下，会员资格消灭，新设企业经协商其中的一方可提出变更申请以承继原会员资格，他方则要申请会员资格。概言之，在发生组织变更前控排企业须书面报告碳市场主管部门、碳交易机构，组织变更后的会员资格保留企业、会员资格承继企业需按照规定履行会员资格变更或申请手续。同样，在这一阶段，碳市场主管部门、碳交易机构享有依法审查并作出是否变更的决定的权力，同时负有在不批准时说明理由的义务，公众对各方主体依然享有检举和控告权。

在会员资格的终止阶段，所谓"会员资格的终止"是指已经取得会员资格的控排企业，因法律、法规、章程规定事由或约定事由的发生，致使其不再具备会员资格条件或不愿延续会员资格，经碳市场主管部门、碳交易机构批准后，会员资格归于消灭的一种法律行为或法律事实。会员资格的终止分为自愿终止和法定终止两种。前者是控排企业根据自身需要或章程中终止事由的出现而主动提出的会员资格终止，后者是因控排企业法定终止事由的出现而被迫终止会员资格的情形。例如，上海市和天津市试点规定了一些法定事由：①严重侵害客户利益的；②资金、人员和设备严重不足，管理混乱，经整顿无效的；③无正当理由连续6个月未经交易的（纳入配额管理的单位除外）；④不再具备会员资格和条件的；⑤违反与交易所签订的协议的；⑥其他违反国家法律、法规、规章及有关规定的。① 因此，当控排企业出现会员资格终止情形时，应当履行报告义务，并办理相关手续，碳市场主管部门和碳交易机构对此应严格审查以决定是否批准，不予批准须说明理由，公众在此阶段可行使监督权。

第二，碳交易员管理中的权利义务配置，体现在以下三个不同阶段：

在碳交易员的产生阶段，碳交易员的确定是控排企业开展碳交易活动的重要前提，也是提高碳市场竞争力的关键。这是由于碳交易具有较强的专业性、技术性，须由相关知识背景、专业技能的人去实施。一般来说，碳交易员需具备经济学、法学、金融学等学科背景，懂得碳交易的基本原理和实践操作，熟悉碳市场相关政策法律和碳交易规则，能够分析和把握国内外气候变化形势、能源供求情况、碳市场供求和价格波动情况等。但是，碳交易员

---

① 参见《上海环境能源交易所碳排放交易会员管理办法（试行）》第18条、《天津排放权交易所会员管理办法》第14条。

并非控排企业的董事、监事和高级管理人员，仅是在碳交易岗位上具备特殊专业知识的普通员工或外聘人员，其产生是基于控排企业内部指定或者委托合同。鉴于实践中存在的碳交易员权限或缺失或不统一的问题，会给企业带来一些潜在风险，因此应对控排企业的授权行为进行规范。具体来说，控排企业对碳交易员的授权应当适度，体现在：一方面赋予其必要的权利，碳交易员处理碳交易业务以获得授权为前提，无授权则不得开展交易活动。从碳交易实践来看，企业可以授权碳交易员自主决定交易时间、交易申请、交易策略、交易结算，以及资助其参加碳交易员培训等权利。另一方面限制其不合理的交易行为，权利应受到制约，失去制约的权利易产生市场法律风险。鉴于此，控排企业在进行上述授权的同时，须明确规定碳交易员可以交易的数量、可接受价格区间，但不得高价买入、不合理低价出售配额等。控排企业确定碳交易员并进行授权后，应该将此信息报送至碳市场主管部门、碳交易机构，以便这些部门对其进行监督管理，公众可以依法申请查询碳交易员的信息。

在碳交易员的交易阶段，碳交易员是控排企业参与碳交易活动的实际执行者，其负责控排企业的注册登记账户、碳交易账户的使用、维护与管理，以及碳资产的日常交易活动。根据《中华人民共和国民法典》第922条、第924条的规定，受托人须按照委托人指示行事，按照委托人的要求报告委托事务的处理情况。控排企业可基于委托合同关系对碳交易员行使监督权，并要求其履行报告义务。碳市场主管部门、碳交易机构基于法律授权对碳交易员的市场行为进行监督管理，如是否违反法律的禁止性规定、是否违反交易规则等。公众可基于公共利益维护考虑，对碳交易员危害碳市场稳定、损害其他市场主体利益等方面的行为进行监督，并有权监督碳市场主管部门、碳交易机构是否有相应的违法、违规行为。

在碳交易员的退出阶段，所谓"碳交易员的退出"是指控排企业的碳交易员，因法定、约定或者企业章定事由的出现，主动或被动退出碳交易员岗位的一种法律行为或法律事实。碳交易员岗位具有较强的流动性，无序的、非法的流动可能会给控排企业带来诸多弊害。控排企业（单位）与碳交易员（员工）间的委托合同关系实质是"劳动合同"关系，因此碳交易员的退出受《中华人民共和国劳动合同法》（以下简称《劳动合同法》）的调整。《劳动合同法》第36~41条分别规定了双方协商解除、劳动者提前通知解除（试用期内）、劳动者单方解除（用人单位过错）、用人单位单方解除（劳动者过错）、用人单位无过失性辞退、经济性裁员等解除劳动合同的情形。这六种情形下的劳动合同解除均会令碳交易员退出碳交易员岗位。据此，碳交易员的退出享有《劳动合同法》等法律规定的权利，也须履行相应的义务。控排企业在碳交易员退出上尽管享有一定的解除权，但其权利也受到现行法律的限制，也须履行通知、送达等义务。一旦碳交易员退出控排企业的碳交易员岗位，控排企业须及时确定新的碳交易员，将之报送至碳市场主管部门、碳交易机构，并申请作出相应变更。

综上，《碳排放权交易管理暂行条例》中可增设3条，可依次表述为"控排企业在申请、变更、终止会员资格时依法享有权利并履行义务，碳交易员在产生、交易和退出时依法享有权利并履行义务""碳市场主管部门、碳交易机构对会员的申请、变更、终止和碳交易员的产生、交易、退出等行为依法进行管理""公众对会员、碳交易员的碳市场行为及其管理者的有关行为享有监督的权利"。

（4）责任分担机制应当建立。与传统的环境行政管制理念下的碳市场主管部门的一元管理责任不同，合作规制理念下的会员、碳交易员管理的责任主体是多元的。具体来说，其一，碳市场主管部门、碳交易机构对会员的申请、变更、终止负有审查责任和对碳交易员的产生、交易和退出负有监管责任，若在此过程中碳市场主管部门、碳交易机构及其工作人员存在滥用职权等行为应当依法承担行政责任，触犯《中华人民共和国刑法》（以下简称《刑法》）公职人员渎职罪的有关条款则须承担相应的刑事责任，给其他碳市场参与主体造成损失的还要依法承担民事赔偿责任。其二，控排企业在进行会员申请、变更和终止过程中须按照要求提供全面、真实的信息材料，否则可能被取消资格并承担相应的行政处罚责任、刑事责任和民事赔偿责任，在碳交易员的委托、授权交易、退出上不得违反法律的禁止性规定和公序良俗否则相关行为可能被撤销或认定为无效，给其他主体造成损失的须承担民事赔偿责任，不履行报告、变更等行政手续的还要承担行政处罚责任，构成

《刑法》市场管理有关罪名的须承担相应的刑事责任。其三，公众在监督碳市场主管部门、碳交易机构、会员和碳交易员的碳市场行为时，应当遵守《中华人民共和国保守秘密法》（以下简称《保密法》）、《环境保护法》等法律中关于国家秘密、商业秘密和个人隐私保护的规定，违者需要承担相应的行政处罚、民事赔偿和刑事责任。

由此，《碳排放权交易管理暂行条例》中可增设 3 条依次为"控排企业不按照规定进行会员申请、变更和终止的，由管理部门责令限期改正，逾期未改正的给予行政处罚，给他人造成经济损失的依法承担赔偿责任，情节严重构成犯罪的须承担刑事责任""碳市场主管部门、碳交易机构及其工作人员在会员、碳交易员管理中存在玩忽职守、滥用职权、牟取不正当利益等违法行为的应依法承担行政责任、刑事责任，给他人造成损失的须承担赔偿责任""公众违反法律规定泄露国家秘密、商业秘密和他人隐私的应依法承担相应的责任"。

2. 资格管理制度的程序设计

第一，涉及会员、碳交易员权益的决策，在决策前应由多元主体的参与。无论是在配额初始分配阶段，还是在配额交易阶段、配额清缴阶段，碳市场主管部门在进行涉及会员、碳交易员权益的决策前，需要召集控排企业、碳市场专家、其他同行专家、普通公众代表等主体参加。其中，对会员和碳交易员权益的限制，实际上主要体现为控排企业的权益，因为控排企业是碳市场最重要的会员，碳交易员与控排企业间存在内部委托合同关系，所以在二者权益受损或受限制时对外应以企业名义参与相关决策进行维护；不同的专家参与不仅可以避免碳市场专家的技术垄断和提供全面、客观、中立的咨询，还有助于同行专家对政府聘请的碳市场专家进行监督；公众是碳排放影响的潜在（最终）受害者，其参与可以增强决策的合法性、合理性基础，提升公众对决策的认可度，能够减少决策实施的阻力。因此，相应的程序设计可表述为"碳市场主管部门在涉及会员、碳交易员权益的决策前应由控排企业、专家、公众等必要主体的参与"。

第二，涉及会员、碳交易员权益的决策，在决策中应公开有关信息。任何一项合法、合理的决策都是建立在一定的信息基础上。同样，在初始配额分配、配额交易和配额清缴阶段涉及会员和碳交易员权益的决策内容和信息应该公开，并且作为决策的客观事实、法律依据和理由说明也应公开。这些决策信息的公开有助于监督碳市场主管部门权力的行使，确保会员管理和碳交易管理的互动过程中各主体拥有对称且充分的信息。所以，相应的程序设计可表达为"碳市场主管部门在涉及会员、碳交易员权益的决策中应公开相关信息"。

第三，涉及会员、碳交易员权益的决策，在决策后应充分说明理由。传统环境行政管制理念的实质是基于权力的单方决策。与之不同，合作规制理念强调协商和充分的理由说明，避免陷入单方决策的窠臼。所以，尽管涉及会员、碳交易员的规制决策是建立在沟通、协商的基础上，但是依然需要就决策进行事后的充分的理由阐释，以强化决策的权威性。由此，相应的程序设计可表述为"碳市场主管部门在涉及会员、碳交易员权益的决策后应充分说明理由"。

第四，涉及会员、碳交易员权益的执行措施应进行评估，并作出必要调整。碳市场建设皆受到政策、法律、气候变化、经济、政治，以及控排企业、公众、专家异议或建议等诸多因素的影响，这一因素可能影响到决策措施执行的可行性和必要性。因此，碳市场主管部门在执行资格管理决策的过程中，应综合各种因素运用科学、合理的手段（如成本—收益分析）对正在执行的措施进行评估，并根据评估结果决定是否需要调整、如何调整。那么，相应的程序设计就可表达为"碳市场主管部门执行涉及会员、碳交易员权益的措施后应进行评估，并根据实际情况作出必要调整"。

第三节　控排企业碳监测计划制度的立法构建

一、我国控排企业碳监测计划制度的实践检讨

（一）我国控排企业碳监测计划的立法现状

"碳监测"是控排企业计算温室气体排放所采取的测量、获取、分析、记

录、处理等技术和管理措施。"计划"是某主体就未来某一或某些事项的事实所作的一种安排。碳监测计划是控排企业依据温室气体核查与报告国家标准或指南制定的，用以证实在未来特定时期内其可以有效管理碳排放源的一种内在安排。它是碳市场主管部门了解控排企业排放源、排放设施、测量方法等情况的重要载体，也是控排企业实施碳排放监测、进行碳排放报告的重要基础。目前，碳监测计划已作为一项制度纳入碳市场相关立法调整，主要体现在：

1. 部门规章

部门规章《碳排放权交易管理办法（试行）》在第四章"核查与配额清缴"中对碳监测计划制度进行了规定，仅有第 25 条、第 26 条两个条文。其第 25 条分别明确了碳监测计划的制定依据、备案、实施、变更。例如，将碳排放国家标准或国家碳市场主管部门公布的碳排放核查与报告指南作为制定监测计划的依据，制定完成的监测计划须向所在省级碳市场主管部门备案，通过备案后控排企业应严格执行该计划，在监测计划实施中出现重大变更情形时须向原备案主管部门提出变更申请。其第 26 条则强调碳监测计划是编制碳排放报告的重要依据。例如，要求控排企业编制碳排放报告不仅要依据有关的国家标准、核查与报告指南，还要依据经备案的碳监测计划。《碳排放权交易管理条例（送审稿）》在第四章"报告、核查与清缴"和第六章"法律责任"中规定了碳监测计划制度，涉及第 21 条、第 31 条两个条文：第 21 条未明确碳监测计划的制定依据，仅对碳监测计划的备案、重大变更作了要求；第 31 条规定了控排企业不按规定提交碳监测计划的责任，如由省级碳市场主管部门责令限期改正，逾期未改正的给予罚款处罚。但遗憾的是，正式通过的《碳排放权交易管理暂行条例》并未明确纳入碳监测计划制度，仅在第 11条第 1 款要求重点排放单位制定并严格执行温室气体排放数据质量控制方案。

2. 地方性法规和地方政府规章

"两省五市"试点中，除深圳市、重庆市和广东省 3 个试点立法未作明确规定外，湖北省、上海市、天津市和北京市 4 个试点在碳市场管理地方性法规或地方政府规章中对碳监测计划制度作了规定，既有规定的事项大体一致，但具体要求上存在些许差异（见表 8）。具体体现在：①4 个试点的立法中有1~2 个条文确立了碳监测计划制度，除上海市试点立法设置 1 个条文外，其他 3 个试点都有 2 个条文安排；②报送时间上均作了要求但却不同，北京市试点特别要求碳监测计划与碳排放报告同时报送但具体报送时间不详；③内容上除北京市试点未作明确规定外，其他 3 个试点都普遍要求明确监测的方式、频次、责任人，其中上海市试点还要求明确监测范围，天津市试点要求明确排放源；④实施要求上，湖北省、上海市、天津市 3 个试点条文在措辞上明确要求"严格实施"，北京市试点则要求"按计划组织实施"，强制性要求稍弱；⑤碳监测计划变更上，北京市试点未作规定，上海市和天津市规定了内容"发生重大变更"时控排企业的报告义务，湖北省试点则规定了内容"发生变更"时控排企业的报告义务；⑥法律责任上，除上海市试点未作立法规定外，其他 3 个试点均有涉及但存在不同，湖北省试点明确规定了警告、限期履行报告义务、罚款 3 种责任形式，天津市试点明确了责令限期改正、不得享受有关优惠政策 2 种责任形式，北京市试点明确了限期改正、逾期未改正的罚款两种责任形式。

表 8　试点立法中碳监测计划制度的比较

试点立法相关条文	报送时间	内容要求	实施要求	变更要求	法律责任
《湖北省碳排放权管理和交易暂行办法》（已失效）①第 32、47 条	每年 9 月的最后一个工作日	监测方式、频次和责任人等	严格实施	"发生变更"时向主管部门"报告"的义务	警告、限期履行报告义务、罚款等法律责任
《上海市碳排放管理试行办法》（已失效）②第 11 条	每年的 12 月 31 日前	监测范围、方式、频次和责任人员等	严格实施	"重大变更"时向市发改委"报告"的义务	未作规定

---

①　需要注意的是，2024 年 3 月 1 日起实施的《湖北省碳排放权交易管理暂行办法》第 25 条确立了年度排放数据质量控制计划制度，该计划的事项要求、报告义务、变更程序同碳监测计划制度类似，但未规定报送时间，此处不赘述。

②　需要注意的是，2025 年 4 月 1 日起实施的《上海市碳排放管理办法》并未明确设置碳监测计划制度，仅在第 15 条要求纳管单位制定温室气体数据质量控制方案并明确排放边界、数据确定方式、测量频次、责任人员等内容。

续表

试点立法相关条文	报送时间	内容要求	实施要求	变更要求	法律责任
《天津市碳排放权交易管理暂行办法》① 第13条、第32条	每年11月30日前	排放源、监测方法、频次、相关责任人等	严格实施	"重大变更"向市发改委"报告"义务	责令限期改正、不得享受有关优惠政策的责任
《北京市碳排放权交易管理办法（试行）》② 第10条第2款和第22条	未明确，但要求碳排放监测计划与碳排放报告同时报送	未规定	按计划组织实施	未规定	限期改正、逾期未改正的罚款
《深圳市碳排放权交易管理暂行办法》（已失效）③	——	——	——	——	——
《重庆市碳排放权交易管理暂行办法》④	——	——	——	——	——
《广东省碳排放管理试行办法》⑤	——	——	——	——	——

---

①　需要注意的是，2020年7月1日起实施的《天津市碳排放权交易管理暂行办法》第13条也确立了碳监测计划制度，但除了监管部门由市发改委变更为市生态环境局外，其他事项并无变化。

②　需要注意的是，2025年5月1日起实施的《北京市碳排放权交易管理办法》并未明确设置碳监测计划制度。

③　需要注意的是，2014年3月19日起实施的《深圳市碳排放权交易管理暂行办法》（已失效）、2022年7月1日起实施的《深圳市碳排放权交易管理办法》、2024年5月13日修正的《深圳市碳排放权交易管理办法》均未确立碳监测计划制度。

④　需要注意的是，2014年4月26日起实施的《重庆市碳排放权交易管理暂行办法》（已失效）和2023年2月20日实施的《重庆市碳排放权交易管理办法（试行）》均未确立碳监测计划制度。

⑤　需要注意的是，2014年3月1日起实施的《广东省碳排放管理试行办法》和2020年5月12日修订的《广东省碳排放管理试行办法》均未确立碳监测计划制度。

（二）我国控排企业碳监测计划制度存在的问题

控排企业碳监测计划制度是规制碳市场中控排企业行为的又一预防性制度。从以上立法现状的梳理看，目前的碳监测计划制度仅被部门规章和部分试点立法纳入调整，尚未被纳入更高位阶的法律。从学理的角度看，该制度主要存在以下问题：

1. 控排企业碳监测计划制度的科学理性问题

（1）碳监测计划立法存在不统一、内容过于狭窄。碳监测计划是详细了解、呈现控排企业的监测水平和能力的重要载体。统一、全面的碳监测计划有助于主管部门对控排企业的排放行为进行有效管理。然而，国内的碳监测计划制度却存在立法上不统一、内容上过于狭窄等问题。首先，碳监测计划立法规定存在不统一的问题。部门规章和试点立法规定存在不统一，例如，在碳监测计划的编制依据、备案、实施、变更、责任等方面存在上述些许差异，有的试点规定严格，有的则相对宽松，这显然不利于对碳市场中控排企业的有关行为作出整齐划一的管理，也有违环境公平、正义。其次，碳监测计划内容过于狭窄。实践中，碳监测计划尽管因不同行业的能源结构、选用参数、计算方法等方面的差异而存在内容要求上的不同，但是总体上差别不大。以湖北省 2015 年度水泥企业和电力企业的碳排放监测计划内容为例，二者均由两部分构成：第一部分是"一般性描述"，主要包括项目基本信息、文件版本号信息、企业排放情况说明、排放设施或活动清单；第二部分是"监测计划"信息，包括量化方法、事先确定参数、监测参数、数据缺失处理。然而，这些内容涵盖范围却过于简单化，并不涉及数据分析方法和分析程序、控制活动等重要内容。这难以保证碳监测计划的科学性、完备性，难以全面呈现出企业的监测水平和能力，反映到碳市场规制活动实践就会出现有效性不足的问题。

（2）碳监测计划制度过于强调专家理性。一方面作为碳监测计划编制依据的国家标准、监测指南具有很强的专业性、技术性特征，除了本领域专家能准确理解相关参数、排放因子、方法学、计算方法等科学含义外，其他领域专家、普通公众乃至控排企业通常难以作出全面、正确的理解，甚至会出现认识上的分歧或错误；另一方面作为碳监测计划的编制内容体现了科学理性的要求，从碳监测计划承载的信息内容来看，"一般性描述"和"监测计划"信息均是一些客观的描述、记录，均不涉及价值判断的问题。这种唯专家理性的碳监测计划制度过于夸大了科学的作用，却忽视了科学自身的局限性和价值判断的功能。

2. 控排企业碳监测计划制度的民主理性缺失

从上述关于碳监测计划制度的条文设计来看，强调的是碳市场主管部门的权力和控排企业的义务。譬如，控排企业必须严格实施碳监测计划，监测计划（重大）变更时须向省级主管部门报告，违反相关规定还必须承担相应的法律责任。显然，当前的碳监测计划制度体现了浓烈的环境行政管制色彩。详细说来，主要表现在：

第一，实体上，没有明确多元主体的权利（力）、义务、责任。现行碳监测计划制度设计秉承的是传统环境行政管制理念，体现在碳监测计划监管法律关系中：碳市场主管部门作为行政主体是最主要的权力主体，而控排企业作为行政相对人则是最重要的义务主体（实践中个别试点还将部分事业单位纳入控排），二者是监管者与被监管者的关系，责任设置上更是呈现出"重控排企业的碳监测计划行政责任，轻主管部门的碳监测计划监管责任"，显然具有地位上的不平等性。但是，对于（同行）专家是否享有建议权、公众是否享有监督权，二者若享有是否需要履行相应的义务，违反时又是否需要承担相应的责任？现行法规对此却没有规定。

第二，程序上，缺乏多元主体参与的制度安排。现行规定仅从碳监测计划的编制依据、备案、实施和变更方面对控排企业作了上述简单要求，而对具体的编制、备案、实施和变更程序及多元主体如何形成互动参与其中却未规定。实践中，控排企业在发展程度、管理意识和管理水平等方面良莠不齐，在基础数据的收集、整理和归档程度等方面也参差不齐，数据存在缺乏统一性、完整性和真实性的问题，[①] 这显然需要多方主体共同参与解决，而碳市场主管部门、控排企业、专家、公众在碳监测计划规制议题上却缺乏互动，无法进行信息的有效传递、沟通与协商，这不利于有效规

---

① 参见吴宏杰编著：《碳资产管理：低碳发展之路任重而道远》，北京联合出版公司 2015 年版，第 23 页。

制控排企业的相关行为。

二、欧盟控排企业碳监测计划制度的立法经验与启示

（一）欧盟控排企业碳监测计划制度的立法实践

欧盟的环境立法分为一级法和二级法，前者主要是指欧盟成员国签订的条约，后者则主要是欧盟的指令、条例和决定。① 其中，指令属于"硬法"的一种，其具有"完整的法律效力结构、需要国家强制力保证实施和能够产生法律拘束力"的特点，构成了欧盟碳监测计划立法最主要的形式。其主要由 2003 年 10 月 13 日欧洲议会和欧盟理事会颁布的《设立共同体内温室气体排放配额交易体系和修改欧盟理事会指令 96/61/EC》（以下简称"第 2003/87/EC 号指令"）、2007 年 7 月 18 日欧盟委员会颁布的《关于根据第 2003/87/EC 号指令制定温室气体排放监测与报告指南》（以下简称"第 2007/589/EC 号指令 C（2007）3416 号"）等指令构成。其中，第 2003/87/EC 号指令第 3 条 g 项规定了"监测和报告计划"，如要求"管理成员国应保证各飞机经营者向权力机构报告监测计划。监测计划应阐明监测和报告减排的手段，以及吨公里数据，从而保证可以按照第三条 e 款要求进行申请。此计划由权力机构按照第 14 条所列规则批准通过"；第 2007/589/EC 号指令 C（2007）3416 号则作了更详尽的规定。具体说来，主要体现在以下方面：

1. EU-ETS 碳监测计划的监测原则

控排企业制定监测计划对实际碳排放量实施监测，旨在确保企业碳排放数据的准确性和可重复核查性。为此，欧盟立法要求碳排放监测应遵循如下原则：其一，完整性原则。监测数据应包括所有排放源的所有处理过程和燃料燃烧，以及第 2003/87/EC 号指令所涵盖的经济活动所产生的温室气体排放，但应避免重复计算。其二，一致性原则。监测与报告的排放数据应基于同样的检测方法和数据，确保不同时间的结果可进行比较。根据有关规定，如果其他的检测方法可以提高监测结果的准确性，则在经过权威部门许可后，

---

① 参见黄德林、王国飞：《欧盟地下水保护的立法实践及其启示》，载《法学评论》2010 年第 5 期。

应更换方法。其三，透明性原则。监测过程中使用的参数和条件，包括假设、参考资料、活动数据、排放因子、氧化因子和转换因子在内的监测数据应可重新确定实际排放量，保证监测过程和结果具有可重复性，并且不产生较大的结果差异。其四，真实性原则。确保监测排放量总体上不能过分偏离真实排放量，要尽可能的识别不确定的排放源，并从排放源中去除，保证排放量的计算和测定具有可以达到的最高准确性。排放量的检测方法应根据第2007/589/EC号指令C（2007）3416号确定，用于测量排放量的工具必须正确使用、保管和检查。其五，节约成本原则。在选择监测方法时，应在准确性和成本之间进行权衡，选择的方法应该是经济上可以承受的，同时可以达到最高准确性的方法，而不应选择技术上不可行或者成本很高的方法。

2. EU-ETS碳监测计划的编制内容

按照第2003/87/EC号指令的规定，控排企业在申请碳排放权配额时，需要在申请报告中制定一份详细的碳监测计划，提供与监测程序相关的材料，其中必须要注明监测实际排放量的方法和频率，由有关权威部门对该计划进行审核，以确保其操作的可行性。这样的碳监测计划通常应包括：详细的设施一般信息、监测和报告的职责分配、排放源和源流的清单、各个参数的数据流控制方式、活动水平数据的层级确定、监测方法学的详细描述、是否采用候补方法学、内部数据质量控制等内容；[①] 当碳监测计划不完善时，控排企业应向成员国主管机构提交更新的碳监测计划，并由权力机构批准。

第2007/589/EC号指令C（2007）3416号对碳监测计划内容作了更详尽的要求，[②] 主要包括：①描述设施和被监测的设施所进行的活动；②设施内关于监测与报告责任的信息；③设施内被监测各活动的排放源和源流清单；④所采用的基于计算的方法学或基于测量的方法学的介绍；⑤所采用的被监测源流的活动数据级、排放因子级、氧化和转化因子级的清单及描述；⑥测量系统的描述，以及各使用在被监测源流的测量工具的详细参数和准确位置；⑦证明遵

---

①　参见张丽欣、王峰等：《欧美日韩及中国碳排放交易体系下的监测、报告和核查机制对比》，载苏树辉、袁国林主编：《温室气体减排与碳市场发展报告（2016）》，世界知识出版社2016年版，第27页。

②　参见焦小平主译：《欧盟温室气体排放监测与报告指南》，中国财政经济出版社2012年版，第24页。

守活动数据不确定性阈值的证据，以及各源流所应用级的参数；⑧如果适用，用于确定各源流净热值、碳含量、排放因子、氧化和转化因子以及生物质含量的燃料和材料取样方法的描述；⑨用于确定各源流净热值、碳含量、排放因子、氧化和转化因子以及生物质比例的分析方法和来源的描述；⑩如果适用，非授权实验室和相关分析方法，包括所有相应质量保证措施的清单和描述；⑪如果适用于监测排放源的连续排放监测体系，如测量点、测量频率、使用设备、校准程序、数据采集和保存程序以及证实计算的方式和报告活动数据、排放因子和其他方式的描述；⑫如果适用，在使用所谓"备用方案"的情况下，完整描述方案和不确定性；⑬数据采集程序、活动处理程序和活动控制程序的描述以及项目活动的描述；⑭在适用的地方，提供与实施共同体生态管理和审计体系（EMAS）和其他环境管理体系相关活动的链接，特别是与碳排放监测与报告相关的程序和控制。

3. EU-ETS 碳监测计划的方法学

控排企业的碳排放量监测要根据第 2003/87/EC 号指令的规定进行，对实际碳排放量的监测可选择使用以下两种方法：

（1）基于计算的方法。该方法是指控排企业在确定实际碳排放量时，以每年投入的原始材料的总量为基础，挑选实验或者经验得出的每种燃料燃烧排放二氧化碳的相关参数，代入相应的公式，核算出总排放量的数据；除此之外，控排企业也可以以产出总量为基础数据，来核算二氧化碳的总排放量。

（2）基于测量的方法。该方法是指对不同的排放源，控排企业采用单位时间抽样的方法，使用碳排放量测量工具连续测量温室气体的浓度，然后根据相关规定对样本数据进行处理，折算成年度总排放量。

4. EU-ETS 碳监测计划制度中的沟通

第 2003/87/EC 号指令对碳监测计划制度中的沟通作了规定。如指令的第 14 条第 4 款规定："可以包括要求使用电子化系统和数据交换格式来协调监测计划、年度排放报告以及经营者、核查者和权力机构之间的沟通"①，又如指

---

① 焦小平主译：《欧盟排放交易体系规则》，中国财政经济出版社 2010 年版，第 32 页。

令的第 21 条第 3 款要求欧盟委员会组织各成员国的主管机构进行包括碳监测计划在内的信息交换①。

第 2007/589/EC 号指令 C（2007）3416 号也强调了碳监测计划实施中的沟通，例如，碳监测计划中监测方法学的"重要修改"须经权力机构审批，所谓"重要修改"包括设施类别的修改、基于计算的方法学或基于测量的方法学的修改、因提高活动数据和其他参数不确定性导致的改变和从储存地泄漏的排放量的量化方法的应用或修订；又如，当监测计划中其他监测方法学或数据组的修改（和修改提议）应在控排企业察觉后及时向权力机构通告，除非已经在碳监测计划中明确；再如，碳监测计划的修改应在控排企业内部记录中被陈述、被证明和被完全记录，若该计划与指南中规则不再一致，权力机构应要求控排企业对之进行修改，一个例外是修改碳监测方法学在技术上不可行或导致不合理的高成本。

（二）欧盟控排企业碳监测计划制度的重要启示

欧盟的碳监测计划制度对其履行国际减排义务和统一规范其成员国控排企业的碳监测行为并落实各国的减排分解任务具有重要促进作用。完备的碳监测计划制度是落实 MRV（监测、报告与核证）制度的基础，其为欧盟成员国碳市场主管部门规制控排企业碳排放行为提供了重要依据，也为碳排放报告、碳核查、配额分配等碳市场要素的实施奠定了重要数据基础。欧盟指令必须转化为各成员国的相应立法才能在成员国内得以落实，这种转化有利于成员国的相关立法趋于一致。这正是落实《建立欧洲共同体条约》第三章"法律的趋于一致"的体现，该章要求"各成员国中直接影响共同体市场建立运行的那些法律、法规和行政条例的各项规定趋于一致"。虽然我国与欧盟存在政治体制、立法体制等方面的不同，但是作为碳市场机制的先行者其碳监测计划立法却给了我们一些有益启发：

第一，碳监测计划需要纳入国家法律进行统一调整。统一立法可以提高碳监测计划制度的权威性，对控排企业的违法碳测量行为形成威慑，实现统一、公平的规制。

---

① 参见郝海青：《欧美碳排放权交易法律制度研究》，中国海洋大学出版社 2011 年版，第 168 页。

第二，碳监测计划应包含完备的内容。全面、完备的碳监测计划内容要求才能如实反映控排企业的监测能力和水平，以帮助碳市场主管部门作出正确的决策。

第三，碳监测计划制度实施中应保障主管部门、控排企业等主体间的沟通、协商，这对于碳市场主管部门有效规制控排企业行为是必要的。

第四，碳监测计划变更要区分情况作出调整。如碳监测方法学的更新或改变要根据重要性程度并依据一定程序作出调整，同时考虑实施中的成本—收益问题。

三、重构控排企业碳监测计划制度的立法思考

（一）控排企业碳监测计划制度的立法价值

1. 统一规制控排企业的碳监测行为

国家碳市场建设已成必然趋势，试点阶段对碳监测计划分散型立法存在的诸多弊病说明其已经无法满足全国碳市场建设阶段对统一法制的需求。不同的报送时间、内容要求、实施要求、法律责任等试点"乱象"，碳监测计划制度的科学理性和民主理性问题并存，不利于碳市场主管部门对控排企业的碳监测行为进行统一规制。要改变这一现状，就需要更高位阶的立法在吸取试点阶段经验教训的基础上，把碳监测计划纳入进行统一调整，使之成为碳市场主管部门规制控排企业碳监测行为的有力工具，通过统一的内容、方式、标准、备案、责任、程序等要求，规范控排企业的数据测量和收集行为，来避免碳排放数据出现不完整、不准确、不真实的问题。

2. 奠定控排企业碳排放报告的数据基础

碳市场中控排企业出于自身经济利益和企业发展考虑，可能会出现虚报、瞒报实际的碳排放情况。碳监测计划在碳市场主管部门的规制行动中发挥着实质性作用。[①] 碳监测计划实施前须提交主管部门备案，备案后须严格照此实施，若出现重要更新或变更则须履行报告手续。显然，严格、统一的碳监测

---

① 参见陈惠珍：《中国碳排放权交易监管法律制度研究》，社会科学文献出版社 2017 年版，第117 页。

计划制度则有助于主管部门了解控排企业即将采取的监测的方法学、手段、步骤等信息，及时发现并纠正控排企业在碳监测计划的各个阶段和环节存在的碳排放数据监测问题，从而以高质量的碳监测为其之后的碳排放报告提供全面、真实、可靠的数据。

（二）控排企业碳监测计划制度构建的基本原则

1. 整体性原则

合作规制理念的全程性特征要求在进行碳监测计划制度构建时需遵循整体性原则。所谓整体性原则是指碳监测计划制度构建应综合体现统一性、完整性、透明性、真实性和经济性。①统一性是指碳监测计划应由统一的立法来调整，不应出现试点阶段分散立法导致的碳监测计划在编制依据、报送时间、变更要求和责任等方面的不同。统一性旨在保证碳监测计划在不同行业企业、不同省份间的公平性，避免肆意的、不公的现象，其要求碳监测计划涉及的主体行为须纳入高位阶的法律，以统领各地方立法。②完整性是指碳监测计划内容上应是完备的，能够涵盖边界内所有的排放设施。完整性的目的是帮助主管部门了解控排企业的碳排放实际情况和碳监测能力，其要求碳监测计划制度构建应有助于规制活动的有效开展。③透明性是指与控排企业碳监测相关的基础数据信息，尤其是涉及活动水平数据获取、记录、编辑、分析、计算方法和参数选取等信息，均应以清晰、真实准确的方式加以披露，涉及企业商业秘密的信息依据法律规定处理。透明性旨在保障参与各方的知情权、监督权，其要求碳监测计划制度构建应保证相关信息应充分披露，并能够以易获取的方式在参与各方中进行传递。④真实性是指碳监测数据足够精确、可靠，经得起核查，能够为规制主体的决策活动提供必要的保证。真实性是为了获得更加接近真实的碳排放量、最大限度地减少不确定性，其要求选择合适的碳监测方法学、维护和校准测量和计量设备等。⑤经济性是指在选择监测方法学时，应选取最高精度的方法学，除非技术上不可行或者实施成本高昂。经济性的目的是既能减少企业碳监测的成本又能确保数据的相对精确，其要求应在监测的真实性和成本间进行权衡，以选择合适的方法学。

2. 沟通性原则

合作规制理念的双向传递且能实现共享的特征要求在进行碳监测计划制

度构建时需体现沟通性原则。所谓沟通性原则是指碳监测计划制度构建应考虑主管部门、控排企业、公众等主体间的沟通。沟通性原则的目的旨在避免或减少碳监测计划制度实施中的理解偏差、执行不到位，从而确保碳监测制度的有效性，其要求立法时应有一些程序上的安排以保障控排企业与碳市场主管部门等主体在碳监测计划编制、备案、实施和变更阶段进行充分协商沟通。试点阶段，碳监测计划制度民主理性缺失导致实践中一些纠纷的出现，如第一章提到的"翔峰公司诉深圳发改委行政处罚案"。为此，可以借鉴欧盟的立法经验。

（三）控排企业碳监测计划制度的立法设计

碳监测计划制度作为一项规制工具其在规制控排企业行为方面发挥着重要作用。它直接规定了控排企业如何进行碳排放监测，其实体内容、程序安排、法律效力会对企业行为产生重要影响。但是，目前这一规制工具在实体内容和程序上存在的诸多弊病已无法满足全国碳市场建设对统一法制的需求。因此，其作为一项预防性的碳市场管理制度应被纳入高位阶的法律调整，并在实体内容和程序上进行重构。具体思路上，如同资格管理制度，首先在《应对气候变化法》"碳市场管理"一章中确立碳监测计划制度，如可表述为"碳市场主管部门应加强对控排企业碳监测行为的管理，国家鼓励公众对控排企业的碳监测行为进行监督"；其次由专门的《碳排放权交易管理暂行条例》立法对之进行细化。

1. 控排企业碳监测计划制度的实体设计

（1）拓宽碳监测计划的内容。目前的碳监测计划制度编制内容上涉及的一般性描述和碳监测计划信息均是一些基本信息。与欧盟相比，我国碳监测计划内容上稍显狭窄，未区分重要排放源和小排放源。鉴于此，可借鉴欧盟的做法，拓展碳监测计划的内容要求，具体来讲：第一部分的"一般性描述"除了项目基本信息、文件版本号、企业排放情况说明、排放设施或活动清单外，增加企业所属行业；第二部分"碳监测计划信息"除现有要求外，还应包括测量系统的描述、活动数据或其他参数存在不确定性的证据、确定参数的燃料和物质的抽样方法的描述、分析方法的描述、不被认可的实验和相关分析程序的描述、替代方法的描述、数据采集程序和处理方法的说明、数据质量控制的说明等事项。这些内容宜由具体的配套规定加以规定，但需在条例中明确国家碳市场主管部门调整碳监测计划内容的职责。那么，《碳排放权交易管理暂行条例》可表述为"国务院碳交易主管部门负责完善碳监测计划的内容要求"。

（2）明确碳监测计划规制中多元主体的权力（利）义务。碳监测计划规制中的不同主体的权力（利）义务配置应区分不同的环节。具言之：

第一，碳监测计划编制阶段。该阶段不应由控排企业"唱独角戏"，而应明确相关主体的权力（利）义务以确保碳监测计划的编制质量。例如，立法上可以规定国家碳市场主管部门享有制定碳监测计划内容要求和格式范本、督促控排企业编制碳监测计划等权力，同时在控排企业编制碳监测计划前负有向其提供统一、明确的内容要求和格式范本并作出说明的义务；控排企业享有获取碳监测计划编制内容和格式范本、就相关疑问要求主管部门及时作出答复的权利，同时负有依照规定完成碳监测计划编制的义务；专家享有对碳监测计划信息的科学性提出质疑的权利，同时负有提供相关科学证据以证明有更好的方法或手段来保证信息的科学性的义务，来说服国家碳市场主管部门对碳监测计划的内容要求、格式范本等事项作出调整或完善；公众享有对主管部门制定碳监测计划编制依据和控排企业编制碳监测计划的行为进行监督的权利，并负有提供相关基本违法事实、线索和证据的义务。

第二，碳监测计划备案阶段。该阶段不应仅规定控排企业向碳市场主管部门提交碳监测计划备案的义务，备案活动应受到制约与监督。具体来说，立法上可以规定：控排企业享有就如何备案向所属省级碳市场主管部门咨询并获得明确答复的权利，同时负有按照要求向主管部门提供碳监测计划履行备案手续的义务；省级碳市场主管部门享有对控排企业提供的碳监测计划进行形式审查的权利，对于不符合备案要求的碳监测计划负有向控排企业作出解释、说明的义务，以便其现场更改或者补充信息后再次提交；公众有对控排企业的备案行为和备案部门的审查行为进行监督的权利，发现违法行为时享有向有关部门进行检举和控告的权利，并负有证明违法事实存在等义务。

第三，碳监测计划的实施阶段。目前的规定仅要求控排企业严格实施碳监测计划,如何确保其严格实施却未规定。本书认为,还需要明确碳监测计划实施阶段不同主体的权力(利)义务。譬如,立法赋予控排企业享有碳监测计划的独立实施权,同时负有按照经备案的碳监测计划进行严格碳排放监测的义务;国家、省级碳市场主管部门分别享有对全国范围、省级行政管辖范围内的碳监测计划的实施情况进行管理的权力,并负有将发现的问题及时告知控排企业并监督其改正的义务;公众享有对控排企业的碳监测计划实施行为和主管部门的管理行为进行监督的权利,发现存在违法行为时可以向有关部门进行检举或控告,同时负有证明违法事实存在等义务。

第四,碳监测计划的变更阶段。目前的碳监测计划变更仅规定了控排企业的告知义务,且不区分变更事项重要性,导致不足以规制控排企业的行为,对此可借鉴欧盟经验对其进行重构。详细说来,立法上可以规定:控排企业应享有对碳监测计划事项进行修改的权利,但是涉及设施类型、碳监测方法学选择和量化方法等影响碳排放数据准确性的重要修改须报原备案部门审批,其他一般事项的修改则须提前告知原备案机关;省级碳市场主管部门不仅有对碳监测计划重要事项修改进行审批的权力,而且对一般事项修改享有知情权,不予审批时须作出说明或解释;公众享有对控排企业变更碳监测计划事项的行为和主管部门审批碳监测计划变更申请的行为进行监督的权利,发现违法行为存在时可向有关部门进行检举或控告,同时履行基本的证明义务。

那么,《碳排放权交易管理暂行条例》应作以下完善,依次为"控排企业在碳监测计划编制、备案、实施和变更中依法享有相应权利并履行义务""碳市场主管部门对控排企业碳监测计划的编制、备案、实施和变更等行为依法进行管理,必要时应履行解释、说明等义务""公众在控排企业的上述行为和主管部门的管理行为出现违法时有权向有关部门进行检举或控告,并依法履行相关义务""专家有权就碳监测计划信息提出科学意见或建议,国家碳市场主管部门认为必要时可以作出调整或完善"。

(3)明确碳监测计划中不同主体的法律责任。目前的碳监测计划责任设置强调的是控排企业的责任,且责任形式在各试点立法中并不统一;碳市场主管部门的责任规定也明显不足,专家、公众的责任更是被忽视。所以,应在合作规制理念下重构碳监测计划中多元主体的责任分担机制。既然控排企业、碳市场主管部门、公众等主体在碳监测计划的各个阶段均享有一定权力（利）、负有一定义务，那么当这些主体违法行使权力（利）、不履行有关义务时理应承担相应的法律责任。具体说来，体现在：

第一，统一控排企业的碳监测计划履行中的法律责任。行政法规可以设定除限制人身自由外的行政处罚，通常包括警告、通报批评、罚款、责令停产停业、暂扣或吊销许可证件、降低资质等级、没收违法所得、没收非法财物、限制开展生产经营活动、限制从业。试点阶段碳市场立法针对控排企业违反碳监测计划的有关行为仅规定了罚款、限期履行、取消或不得享受优惠政策，显然是不足的。应该在不违反上位法的情况下，把这些行政处罚类型均纳入进来。

第二，明确碳市场主管部门的法律责任。既然碳市场主管部门享有监督控排企业在碳监测计划的编制、备案、实施和变更中的有关行为的权力，那么为防止其出现权力寻租、滥用现象，就应该有明确的相应的责任设置。因此，要明确碳市场主管部门在各环节中的法律责任，确保其依法行政。未来《碳排放权交易管理暂行条例》修改时可通过"抽象＋列举"的方式进行明确。

第三，明确公众、专家社会监督的法律责任。公众、专家在享有上述监督权的同时，也应当遵守《保密法》《环境保护法》等法律中关于国家秘密、商业秘密和个人隐私保护的规定，否则应依法承担相应的行政处罚、民事赔偿和刑事责任。

由此，《碳排放权交易管理暂行条例》中的重点排放单位法律责任部分可以把不按规定进行碳监测计划编制、备案、实施、变更的作为行政处罚的情形。该条例中的主管部门法律责任部分可以修改为"重点排放单位有下列情形之一的，由所在省、自治区、直辖市、计划单列市、新疆生产建设兵团的省级碳交易主管部门根据情况予以警告、罚款、责令停产停业、暂扣或吊销许可证、暂扣或吊销执照、没收违法所得、没收违法所得财物。（一）……；（二）不按规定进行碳监测计划编制、备案、实施、变更的；……"条例的第35条主管部门责任可以修改为"国务院碳交易主管部门和省级碳交易主管部门及其工作人员有下列情形之一的，由上级行政机关或者监察机关给予行政处分；情节严重构成犯罪的，依法追究刑事责任。（一）在碳监测计划监督和管理中玩忽职守、滥用职权、利用职务便利牟取不正当利益，或者泄露所知悉的有关单位和个人的商业秘密的；（二）……"另外，法律责任部分还应增加关于公众、专家等主体监督责任的条款，可表述为"公众、专家等主体在下列监督活动中泄露国家秘密、商业秘密和他人隐私的应依法承担相应的责任。（一）控排企业的碳监测计划编制、备案、实施和变更，……活动；（二）碳市场主管部门对碳监测计划……的监督和管理等活动；……"

2. 控排企业碳监测计划制度的程序设计

碳监测计划制度的程序要求，应体现在碳监测计划的"编制、备案、实施、变更"四个环节，具体说来：

（1）碳监测计划的编制。该阶段控排企业须按照碳市场主管部门提供的碳监测计划模板中所载信息要求，来收集信息、填报信息、确认信息。首先，收集信息。控排企业须把碳监测计划模板中"一般描述信息"和"碳监测计划信息"收集齐全，然后整理、初步核实、反馈完善。其次，填报信息。经初步核实无误后，控排企业指定有关人员（通常是碳交易员）根据模板要求逐项填写，并通过本企业专用账号提交至温室气体监测报告管理系统备审。最后，确认信息。控排企业内部管理层（如董事会）对填报的碳监测计划信息进行审核，并根据审核结果作出修改反馈或报请备案的决定。整个编制过程，控排企业均可就编制中存在的信息问题随时与省级碳市场主管部门进行沟通，以确保信息质量符合要求。

（2）碳监测计划的备案。碳监测计划经控排企业的管理层审核通过后，便可以企业名义履行备案手续。这里的"备案"具有监督性质，行政主管部门对行政相对人报送材料或信息的完备性进行形式审查，符合要求的，予以存档备查，不符合要求的，告知其及时纠正以完成备案。① 因为碳市场主管部门须对碳监测计划进行形式审查，且经备案的碳监测计划才能作为核查的重要依据，未完成备案还将面临罚款等行政处罚。从便于管理的角度，国内的

---

① 参见朱最新、曹延亮：《行政备案的法理界说》，载《法学杂志》2010 年第 4 期。

备案可分为两个步骤：①向所在地市级发展改革委报送。在截止日期前，控排企业须将加盖本企业公章的碳监测计划报送至企业主要办事机构所在地的地市级发展改革委，电子档的碳监测计划须上传至温室气体监测报告管理系统，地市级发展改革委对收集到的本辖区的企业碳监测计划予以清点、整理，并督促未报送的企业。需要说明的是"地市级发展改革委"在两级（国家和省级）管理体制之外，仅有协助作用。②统一向省级碳市场主管部门报备。地市级发展改革委将本辖区已提交的碳监测计划及其清单、未提交企业名单及说明情况等材料一并按法定报送形式报送至省级主管部门，经形式审查，通过的予以存档，未能通过的由地市级发展改革委通知其修改并报送，否则将面临行政处罚等责任。同样，在碳监测计划备案过程中，控排企业与主管部门就报送要求、形式、时间等进行沟通，以确保备案工作按期完成。

（3）碳监测计划的实施。科学、合理的程序设计能够确保碳监测计划实施中碳监测的质量，避免或减少执行中数据出现错误、失实、遗漏等现象。我国控排企业可借鉴欧盟经验，通过以下步骤来确保碳监测计划得以有效实施：其一，监测设备的安装维护。控排企业安装经初始认证的监测设备，并指派专人负责监测设备的测试、运行、维护，定期对监测设备进行校准、调整和检查，特别是计算公式的正确性、数据库的生成与备份，确保监测设备运行的连续性和安全性，进而获得及时、全面、可靠、准确的数据。其二，监测数据的抽查。在监测期内，控排企业可采取定期或不定期的方式，对生成的数据质量进行抽查。若发现数据质量问题，则对监测设备系统进行检查与调试，直至数据满足质量要求。此外，控排企业也可以现场操作监测设备，查看数据生成过程是否存在问题。其三，监测结果的校验。监测期截止前，控排企业需要对生成和保存数据进行检查，可通过交互性验证方式证明监测结果是否真实可靠。若发现存在数据丢失等情况，先进行风险评估，然后基于评估结果采取恢复或补充活动，避免、降低或转移风险。对实施中遇到的技术问题可向碳市场主管部门、有关专家进行咨询，后者也可以主动提供咨询、指导服务。

（4）碳监测计划的变更。"重大变更"是对实现原监测计划目的有显著影响的事项变更。"显著影响"体现在变更前后监测数据品质或质量出现明显差异。从实践来看，以下事项的重大变化会导致监测数据显著变化：其一，排放设施类别的变化。不同类别的排放设施，其年排放量不同。采用新的排放设施类型，则会导致原监测计划不再适宜。例如，A 类排放设施年排放量≤50 千吨 CO_2，50 千吨 CO_2<B 类排放设施年排放量≤500 千吨 CO_2，而 C 类排放设施年排放量>500 千吨 CO_2。[1] 其二，计算方法的变化。不同行业存在差异，通常其计算二氧化碳排放量方法也不同。若使用不统一的计算方法或者不够精确的计算方法，则可能出现计算结果严重失实。其三，活动数据或参数的变化。这是指不同级别的活动水平或其他参数的不确定性提高。[2] 活动数据或参数的变化会导致不确定性增加，数据的乘积也随之发生重大变化。是故，控排企业在实施碳排放监测计划的过程中，若出现上述事项的变化，则应在申请报告中对变化予以清晰描述并附之以合理证据。变更一般由三个步骤构成：首先，修订碳排放监测计划。控排企业基于重大变更事项，对碳排放监测计划中的相关信息进行修改。修改后报企业内部权力机构审议，若存在问题则进一步完善，不存在问题则以控排企业名义上报。其次，提交所在地的地市级发展改革委。控排企业须把修改后的碳排放监测计划，加盖企业公章后报送企业主要办事机构所在地的地市级发展改革委。地市级发展改革委对之进行形式审查，填写完备、辅助材料齐全的及时上报省级主管部门。最后，由地市级发展改革委上报省级发展改革委。省级发展改革委收到变更材料后，对重大变更事项及说明材料进行审查，认为符合重大变更情形的，则作出准予变更的决定并归档，不符合重大变更情形的，则作出不予以变更的决定并说明理由，控排企业仍按原备案监测计划执行。但是，这些事项的变更应考虑成本因素，若技术不可行或成本过高均是不可取的。所以，变更过程中控排企业、碳市场主管部门等应进行充分沟通、综合衡量。

综上，《碳排放权交易管理暂行条例》可增加 1 条专门对程序作出规定，可表述为"控排企业应根据要求，进行信息收集、填报和审核以完成碳监测

---

① 参见王毅刚等：《碳排放交易制度的中国道路——国际实践与中国应用》，经济管理出版社 2011 年版，第 365 页。

② 中国质量认证中心、清华大学环境学院、国家发改委能源研究所编著：《企业碳排放管理国际经验与中国实践》，中国质检出版社、中国标准出版社 2015 年版，第 11 页。

计划编制。编制完成后，碳监测计划须由企业所在地的地市级发展改革委报省级碳市场主管部门备案。备案通过后，控排企业应采取措施确保碳监测计划有效实施，若出现重大变更情形时应及时报原备案部门审批，技术上不可行或实施成本过高的除外。"

第四节　控排企业碳排放报告制度的立法构建

一、我国控排企业碳排放报告制度的实践检视

（一）我国控排企业碳排放报告制度的立法现状

"碳排放报告"是控排企业依据国家发布的行业温室气体报告指南，计算出组织边界内排放源直接或间接排放的温室气体排放总量，并按照法定形式和要求编制成报告，提请第三方核查机构核查和省级碳市场主管部门审定的一种活动。目前，碳排放报告已被作为一项制度纳入相关立法调整以规范控排企业的报告行为。具体体现在：

1. 行政法规和部门规章

为了规范国家碳市场控排企业的碳排放报告行为，国家层面先后出台的部门规章和行政法规均把碳排放报告制度作为一项基本制度。但是，这些不同阶段的国家碳排放报告制度的内在设计存在一定差异。

第一，报告要求方面。《碳排放权交易管理暂行办法》（已失效）、《碳排放权交易管理办法（试行）》《碳排放权交易管理暂行条例》均明确了碳排放报告编制依据，但编制依据存在不同，分别是"国家标准+国务院碳交易主管部门的企业温室气体核算与报告指南+经备案的监测计划"、"生态环境部制定的温室气体排放核算与报告技术规范"和"国家有关规定+国务院生态环境主管部门制定的技术规范"。另外，《碳排放权交易管理办法（试行）》规定了相对确定的报送时间（每年 3 月 31 日前），而其他两部法规则没有明确，而是交由有关工作文件加以确定；《碳排放权交易管理办法（试行）》《碳排放权交易管理暂行条例》明确了报告的最低保存期（即 5 年）、社会公开（公

开范围上，前者规定抽象，后者规定更具体），而《碳排放权交易管理暂行办法》（已失效）则没有规定。

第二，报告监管方面。三部法规均赋权碳市场主管部门对包括控排企业碳排放报告在内的行为进行监管，为此设置了不完全相同的监管制度。其中，《碳排放权交易管理暂行办法》（已失效）设置了复查制度、核查制度、报告审定制度、信用制度、"黑名单"制度等制度，《碳排放权交易管理办法（试行）》设置了核查制度、复核制度、"双随机、一公开"制度、信息公开制度、举报制度等制度，《碳排放权交易管理暂行条例》设置了核查制度、现场检查制度、举报制度以及建立全国碳市场管理平台等制度和措施。

第三，报告责任方面。《碳排放权交易管理暂行办法》（已失效）和《碳排放权交易管理办法（试行）》均把控排企业虚报、瞒报和拒报碳排放报告的行为纳入行政处罚的范围，前者把"责令限期改正但未改正"作为行政处罚的前置条件，后者则是把"责令限期改正"和"罚款"并用，"限期未改正"仅是主管部门组织测算碳排放量和等量扣减企业配额的前提。《碳排放权交易管理暂行条例》对未按规定报送、公开、保存碳排放报告（信息）等行为规定了更严的罚则，其中，"责令限期改正"和"罚款"仍是并用，但条例中的罚款数额较前部门规章有了大幅提高（由 3 万提至 50 万），而"限期未改正"则是适用"责令停产整治"这一行政处罚的前置条件。

2. 地方性法规和地方政府规章

"两省五市"试点立法均把控排企业碳排放报告纳入调整①，但是在报告

---

① "两省五市"试点碳市场立法均有专门的条款规范碳排放报告行为，主要涉及：《湖北省碳排放权管理和交易暂行办法》（已失效）第 33 条、第 47 条和现行《湖北省碳排放权交易暂行办法》第 6 条第 2 款、第 26 条、第 27 条、第 39 条、第 40 条。现行《广东省碳排放管理试行办法》（2020 修订）第 7 条、第 29 条、第 30 条和第 35 条第 1 款第 1 项。《北京市碳排放权交易管理办法（试行）》（已失效）第 10 条第 1 款、第 18 条、第 22 条，现行《北京市碳排放权交易管理办法》第 2 条第 2 款、第 21 条、第 22 条、第 30 条。《上海市碳排放管理试行办法》（已失效）第 12 条、第 31 条第 1 款、第 37 条、第 40 条，《上海市碳排放管理办法》将于 2025 年 4 月 1 日生效。《天津市碳排放权交易管理暂行办法》（2018）第 14 条、第 25 条、第 32 条、第 36 条，现行《天津市碳排放权交易管理暂行办法》第 14 条、第 15 条、第 16 条、第 24 条。《重庆市碳排放权交易管理暂行办法》（已失效）第 5 条第 5 款、第 15 条、第 34 条第 1 款、第 36 条和现行《重庆市碳排放权交易管理办法（试行）》第 2 条、第 4 条、第 9 条、第 24 条、第 25 条、第 28 条。《深圳市碳排放权交易管理暂行办法》（已失效）第 28 条、第 29 条、第 30 条、第 34 条、第 65 条、第 67 条和现行《深圳市碳排放权交易管理办法》第 37 条、第 38 条、第 45 条、第 51 条、第 52 条。

要求、监管和法律责任等方面存在诸多差异。具体表现在：

第一，报告要求方面。湖北省、上海市、天津市、重庆市、深圳市对报告时间予以了明确，其他2个试点均未明确；上海市要求报告信息数据具有"真实性、完整性"，北京市、湖北省、深圳市、重庆市、天津市则强调"真实性、完整性、准确性或规范性"，广东省却未明确要求。此外，在报告提交形式、报告抽查等方面也不尽相同，如天津市要求书面形式、重庆市要求书面和电子系统同步；广东省、深圳市立法规定了报告抽查，其他试点却未规定。

第二，报告监管方面。各试点立法均把碳排放报告纳入主管部门监管范围，其中深圳市试点还明确规定了针对企业碳排放报告中出现的碳排放数据造假等情况采取从严确定碳排放量的措施。此外，个别试点还规定了对碳排放报告进行社会监督，如天津市、深圳市规定任何单位和个人可对违法违规碳排放报告行为进行投诉或举报。

第三，法律责任方面。警告作为一种最轻的行政处罚种类，现行试点立法中仅湖北省立法加以了规定。罚款作为另一种行政处罚，在湖北省、上海市、广东省、深圳市的现行立法中均作了规定，其适用通常建立在主管部门"责令限期改正且逾期未改"的前提下，但具体罚款数额上有差异，湖北省、上海市、广东省统一设定为1万以上3万以下，深圳市为5万元。另外，上海市、重庆市等试点在"法律责任"部分还规定了取消政策优惠、禁止参加评优活动、限制项目审批、纳入环境信用评价体系等具体措施。

（二）我国控排企业碳排放报告制度的现存弊病

同资格管理制度、碳监测计划制度一样，碳排放报告制度也是规制碳市场中控排企业行为的一项重要预防性制度。尽管这一制度已在上述立法中得以确立，但该制度仍存在科学理性不足、民主理性缺失的问题。

1. 控排企业碳排放报告制度的科学理性不足

（1）在《碳排放权交易管理暂行条例》生效前，现行国家立法无法统领试点立法，二者间、试点立法间存在不一致、不统一的问题。根据现行《中华人民共和国立法法》（以下简称《立法法》）第91条，部门规章和地方政府规章具有同等效力，均可在各自权限内实施。二者间的冲突，根据《立法法》第 95 条第 1 款第 3 项规定的规则去处理，即由国务院裁决。可见，部门规章《碳排放权交易管理办法（试行）》并非相关地方政府规章的上位法，其关于碳排放报告制度的规定无法在试点地方政府规章中得以全面贯彻，这必然会出现国家立法与试点立法间、试点立法间不统一、不一致的问题。例如，部门规章与试点立法中的责任情形并不完全相同，甚至试点间还存在报告要求、监督管理和责任等方面的差异。自《碳排放权交易管理暂行条例》生效以来，部分试点和非试点省市尚未及时依据该条例对本省或本市碳市场立法中的碳排放报告条款进行修改，有违上位法的现象依然存在。例如，该条例对碳排放报告数据造假规定了严厉的罚则，而 2023 年 2 月公布的《重庆市碳排放权交易管理办法（试行）》无责任条款设计，也尚未根据条例完成修改。

（2）碳排放报告涵盖信息范围较窄。目前，试点立法普遍对碳排放报告数据信息的完整性作了规定，《碳排放权交易管理暂行条例》第 11 条第 2 款也作了类似规定。实践中，主要由国家碳市场主管部门发布的 24 个行业的温室气体核算方法与报告指南和试点省市的温室气体核算方法与报告指南，对碳排放报告的编制信息予以明确。尽管国家和试点的报告指南在计算方法、排放因子选取等方面存在些许差异，但在报告信息要求上差别并不大。从碳排放报告模板来看，碳排放报告通常仅涵盖以下信息：其一，一般性描述，主要涉及控排企业的基本信息、文件版本号信息、排放情况说明、排放设施/活动清单；其二，监测系统的描述，包括碳监测计划的变更信息、事先确定参数、监测参数；其三，碳排放量计算，涵盖能源直接碳排放（包括固定燃烧源排放和服务于生产的移动排放源排放）、工艺过程碳排放、能源间接碳排放、生物质使用排放及总排放量。此外，与碳排放报告相关的补充资料、说明资料需附于报告后。[①] 但是，这些信息并未明确区分具体情形下的信息要求，如使用燃料、质量守恒方法、连续监测、后备方法等不同情形时，应该有哪些相应的信息要求却是不明确的，碳排放报告信息范围尚有待拓展。

[①]　参见张宁：《中国碳市场建设初探——理论、国际经验与中国的选择》，中央编译出版社 2013 年版，第 198 页。

2. 控排企业碳排放报告制度的民主理性缺失

（1）碳市场主管部门与控排企业间的协商互动不充分。上述立法主要科以控排企业碳排放报告的义务、责任和赋予碳市场主管部门监督、管理的权力①。显然，这些规定可能会造成碳市场主管部门与控排企业间关系的紧张，这是因为报告活动本身会增加企业的成本，甚至一些新纳入企业不了解碳排放报告、缺乏作为报告前提的碳监测条件，那么不进行充分的协商沟通便要求企业进行碳排放报告，制度实施效果往往欠佳，甚至会引发一些行政纠纷。所以，未来的碳排放报告制度设计需要破除这一通弊，以实现碳市场主管部门与控排企业间的互动，增强报告这一规制工具的实效。

（2）公众监督碳排放报告行为缺乏较为充分的法律依据。碳排放报告过程可能会出现虚报、瞒报、拒报等行为。虽然上述部分立法已经将碳排放报告过程中的上述行为纳入碳市场主管部门监管的范围，但是主管部门的监管也存在失灵的问题，如碳市场主管部门自身不具备相应的技术手段来核实控排企业报告数据信息是否真实、可靠、完整，而委托或指定核查机构又需要付出更多的时间、金钱等成本。那么，社会监督不失为一种成本低廉且能弥补主管部门失灵弊病的必要方式。然而，除天津市和深圳市试点立法明确规定了公众对碳排放报告的社会监督外，上述国家立法和其他试点立法却未充分赋予公众监督的权利。即使《碳排放权交易管理暂行条例》第 11 条第 3 款要求向社会公开碳排放报告的有关信息②，也仅保证了公众的知情权，这不足以实现公众对碳排放报告行为的全面监督。

二、欧盟控排企业碳排放报告制度的立法经验与启示

（一）欧盟控排企业碳排放报告制度的立法经验

欧盟的第 2003/87/EC 号指令、第 2007/589/EC 号指令 C（2007）3416 号等指令确立了碳排放报告制度。第 2003/87/EC 号指令第 14 条要求，欧盟

---

① 参见王彬辉：《我国碳排放权交易的发展及其立法跟进》，载《时代法学》2015 年第 2 期。
② 《碳排放权交易管理暂行条例》第 11 条第 3 款规定："重点排放单位应当按照国家有关规定，向社会公开其年度排放报告中的排放量、排放设施、统计核算方法等信息。年度排放报告所涉数据的原始记录和管理台账应当至少保存 5 年。"

委员会应为附件一的排放活动（主要指能源活动、黑色金属的生产和处理、采掘工业等）制定碳排放报告规则，并特别强调规则制定应考虑最新和最准确的科学证据，特别是来自 IPCC 的证据，同时明确对高能耗工业经营者报告的要求。欧盟委员会根据授权，发布了第 2007/589/EC 号指令 C（2007）3416 号，对温室气体排放监测与报告作了专门、统一规定。2012 年欧盟还颁布了《温室气体排放认证与核查条例》（即 NO.600/2012 条例），令其核查机制更加健全①。后《欧盟气候法》明确把海上船舶碳排放纳入欧盟碳交易体系调整②，并在 2015 年出台了《海洋碳排放的监测、报告和批准计划 2015/757 条例》，并借助 MRV 制度规范欧盟港口的大型船舶碳排放行为。但碳排放报告制度主要体现在前两部指令，这些立法明确了碳排放报告的实体构造与程序构造内容。

1. 控排企业碳排放报告的实体内容

（1）碳排放报告的信息范围。第 2003/87/EC 号指令在附件四中要求经营者在其碳排放报告中涵盖如下信息：其一，设施的识别信息，包括设施的名称、地址（包括邮编和国家），设施进行附件一活动的种类和数量，联系人的地址、电话、传真和电子邮件，以及设施所有者及母公司的名称；其二，附件一列举活动的碳排放量的计算，包括活动数据、排放系数、氧化系数、总排放量、不确定性；其三，附件一列举活动的碳排放量的测量，包括总排放量、测量方式的真实性和不确定性；其四，在计算燃烧的碳排放量时，除非在确定特定活动的排放系数已经考虑到氧化因素，该报告还应当考虑氧化系数。附件四还特别强调，基于报告负担最小化的目的，成员国应采取措施使报告的要求与任何现有的报告要求相一致。

第 2007/589/EC 号指令 C（2007）3416 号是对第 2003/87/EC 号指令的细化，其要求编制碳排放报告应至少包括以下信息③：一是控排企业的主要经

---

① 参见刘学之等：《欧盟碳市场 MRV 制度体系及其对中国的启示》，载《中国科技论坛》2018 年第 8 期。

② 参见杨解君：《"双碳"目标的涉外立法回应——基于国内法与国际法协同视角》，载《求索》2024 年第 1 期。

③ 参见中国清洁发展机制基金管理中心、大连商品交易所：《碳配额管理与交易》，经济科学出版社 2010 年版，第 76 页。

营数据；二是所有排放源的说明，包括排放总量、监测方法和参数等级的选用、活动数据、排放因子、氧化/转换因子；三是使用燃料的情况下，须提供每年平均冷热值的补充代理数据和每种燃料的排放因子；四是使用质量守恒方法的情况下，须提供质量流量、每种燃料物质流的碳和能量含量；五是使用连续排放检测的情况下，须提供化石燃料和生物燃料的二氧化碳的排放量；六是变量选用发生暂时或永久变化的情况下，永久性变化须说明原因，暂时性变化须说明起止和中止时间；七是使用后备方法的情况下，需报告每个参数的补充代理数据；八是报告期内其他与碳排放报告相关的内容。

（2）碳排放报告的形式。上述立法要求经营者碳排放量的结果应以简明的方式载入报告中，以便核查机构和主管部门进行核实、审定。为此，欧盟针对不同的监测方法设计有不同的碳排放报告表格，主要包括基于测量方法的报告表和基于计算方法的报告表两种。具体报告形式多采用电子形式，如脱欧前的英国须首先将碳排放报告数据输入碳排放跟踪系统（ETSWAP），经核查后再由企业输入注册登记系统。

（3）碳排放报告的时间。经营者在报告期结束后应编制碳排放报告，并经独立核证该报告的准确性、合规性后提交所属国审定。① 第 2003/87/EC 号指令第 14 条第 3 款规定，成员国的经营者应在每年年末向所属国主管部门报告所拥有设施的碳排放情况。但是，碳排放报告提交主管部门前须通过核证，核证完成时间统一规定在每年的 3 月 31 日前。只有核证机构依据该指令附件五规定的核证标准（如是否涵盖附件一每项活动的碳排放量，监控系统的可靠性、可信性和准确性，方法学和核查最低资质要求等）认为总排放量不存在实质性误报，方可根据该指令第 14 条第 3 款作出令人满意的说明报告，经营者才可以把碳排放报告和核查报告提交主管部门。实际上，欧盟对碳排放报告时间仅作出大致统一的规定，具体时间由成员国结合自身情况作出详细规定，以曾经的欧盟成员国英国为例，其碳排放报告过程有以下几个时间节点：1 月 1 日，企业根据经备案的碳监测计划开始监测相关数据，碳排放跟踪

---

① See Xi Luo, Ran Yan, Shuaian Wang, "After Five Years'Application of the European Union Monitoring, Reporting, and Verification (MRV) Mechanism: Review and Prospectives", *Journal of Cleaner Production*, Vol. 434, No. 1, 2024, p. 3.

系统将以电子邮件的方式提醒企业开始监测；2 月 28 日，企业将上一年度碳排放报告输入碳排放跟踪系统，并指定第三方进行核查，核查机构将出具核查意见；3 月 31 日，企业将经核查的上一年度碳排放量输入注册登记系统，随后核查机构将在注册登记系统中予以确认。

（4）碳排放报告的公开与沟通。欧盟环境立法普遍重视信息公开与公众参与，温室气体控制立法也不例外。[①] 第 2003/87/EC 号指令第 17 条对公众的知情权作了规定，要求主管机构将持有的碳排放报告、配额分配决定、成员国参与项目活动信息、成员国授权的公私实体参与项目活动的信息等信息向社会公众公布。该指令第 14 条第 4 款还要求使用电子化系统和数据交换格式来协调碳监测计划、年度碳排放报告及经营者、权力机构等主体间的沟通。

2. 控排企业碳排放报告的程序

欧盟的碳排放报告程序遵循"数据资料核实、整理—报告初稿编制—报告提交核查—报告提交主管部门检查和备案"的实践逻辑。具体来说，经营者在每个年度结束后，应首先核实和整理碳排放报告所需要的数据资料，并按照相应的公式完成实际碳排放量的计算。其次是按照报告规定的格式，将计算结果汇总，完成报告的初稿，并将计算的方法和各种材料附在报告中。控排企业完成初稿后，并不是直接提交给相关主管部门，而是提交给核查部门，进入核查程序，以确定企业报告数据的真实性。核查机构完成核查流程后，对排放报告出具核查意见，如果企业的排放报告出现较大问题，则企业应尽快修改报告，再次提交核查；如果核查结果满意，则企业应将核查机构的意见与排放报告一起在规定的时间提交相关主管部门，进行监督检查和备案。

（二）欧盟控排企业碳排放报告制度的重要启示

欧盟和我国实施碳排放报告制度的目的不同，欧盟的首要目的是基于更好地履行气候公约规定的强制减排义务，其次是引领世界低碳经济的发展；而我国当时并不负有强制减排的国际义务，实施这一制度主要因为碳排放形势严峻和实现低碳经济转型之所需。尽管我国与欧盟实施碳排放报告制度的

---

① 参见张宝：《欧盟碳中和立法及其对我国的挑战和启示》，载《世界社会科学》2023 年第 5 期。

背景存在差异，但碳排放报告制度是任何碳市场建设的必备要素，欧盟的碳排放报告制度立法经验也可为我国碳排放报告制度问题的解决提供些许参鉴。具体说来：

第一，碳排放报告制度需要统一的国家法律调整。欧盟统一的碳排放报告制度可以协调、规范各成员国企业的碳排放报告行为。同样，我国若将碳排放报告制度纳入国家法律，将可以更好地统领各地方的立法、统一规范全国范围内控排企业的碳排放报告行为，这也是实现国家碳市场建设中的法治统一和报告规制的公平性的现实需求。

第二，碳排放报告应该承载完整的信息。碳排放报告信息的完整、透明、一致、准确是欧盟碳市场有效运作的基础①。欧盟的碳排放报告制度涵盖的信息范围比较广、相对全面，考虑到了实践中各种不同情形下的信息要求，并针对不同的监测方法有专门的碳排放报告表格，以便于核查机构去核实碳排放信息。与之相比，我国的碳排放信息范围仍需扩大，应考虑全面地考虑实践中的不同情形，以便扼制控排企业的虚报、瞒报等违法行为的发生，也会降低核查工作的难度，继而避免发生履约延缓或履约不能，下文将具体阐述。

第三，碳排放报告规制离不开必要的沟通。我国的碳排放报告制度遵循的是环境行政管制逻辑，即"单向沟通"，碳市场主管部门向控排企业依法下达碳排放报告通知，控排企业无条件去履行报告义务。而欧盟则不同，它允许报告过程中主管部门与企业就碳排放报告进行协调、沟通，这反而能增强报告规制工具的实施效果。

三、重构控排企业碳排放报告制度的法律思考

（一）控排企业碳排放报告制度的立法价值

1. 统一规制控排企业的碳排放报告行为

试点阶段碳排放报告制度存在的科学理性不足、民主理性缺失的问题，显然也无法满足全国碳市场建设阶段对统一法制的需求。国家立法与试点立

---

① European Commission："Monitoring, reporting and verification of EU ETS emissions"，https://climate.ec.europa.eu/eu-action/eu-emissions-trading-system-eu-ets/monitoring-reporting-and-verification-eu-ets-emissions_en，last visited on December 3rd, 2024.

法间、试点立法间存在的报告要求、监督管理、法律责任等方面的差异，会导致碳排放报告规制的不公平性，损及部分控排企业的权益，那么控排企业会出于经济利益的维护而出现虚报、瞒报、拒报等抵制行为。因此，应在总结试点阶段"摸着石头过河"获得的正反两方面的经验基础上，把碳排放报告制度纳入高位阶的立法，由其作出统一的报告信息要求、明确的主体权力（利）义务和责任设定等实体内容安排和具体的报告编制、委托核查、审定等程序内容设计，从而为规制控排企业的碳排放报告行为提供统一的法律依据。

2. 构成碳市场机制有效运行的基础

碳排放报告在碳市场机制的运行中发挥着重要功能，体现在：其一，碳排放报告在 MRV 体系中具有"承上启下"的作用，即控排企业的碳监测情况构成了碳排放报告的核心信息数据，而承载这些重要信息的碳排放报告又是核查机构核查的对象；其二，碳排放报告为主管部门的配额分配和企业配额清缴提供信息基础，这是因为在对控排企业分配配额前首先需要确定一定时期内企业的真实排放量，以此为基准计算出应发放的配额，若控排企业虚报、瞒报、拒报真实碳排放量，配额分配将无法进行或出现分配不公，配额注销量同样面临不准确、不合法的问题；其三，碳排放报告是主管部门监管的重要手段，主管部门可通过碳排放报告监督控排企业的报告行为，促使其依法进行报告，尽可能保证数据的完整、真实和规范。显然，试点阶段的报告问题使我们认识到，在较高位阶的立法中明确碳排放报告制度才能统一规范控排企业的报告行为。

（二）控排企业碳排放报告制度构建的基本原则

1. 真实性原则

碳排放数据质量是碳排放权交易体系的基础，[①] 若纵容控排企业对碳排放报告数据弄虚作假，国家的温室气体总量控制目标设定、配额分配方案确定、碳核查开展以及配额清缴等工作均会受到不同程度的影响。因此，构建控排企业碳排放报告制度应该把真实性原则作为基本遵循。所谓真实性原则是指控排企业的碳排放报告中的信息应是客观存在的、具有一致性。其一，客观

---

① 参见史学瀛、赵腾宇：《碳排放数据造假的信用规制》，载《学术探索》2023 年第 8 期。

存在。即碳排放报告不应该包含重大错误，在信息的选择和表达上要保持中立，报告结果能够真实地反映控排企业的实际情况。其二，一致性。即碳排放报告中涉及的监测方法和数据设置应保证可在不同时段之间的可比性，并且须保持报告数据准确的一致性，即当存在能够提高温室气体排放监测的准确性方法时，碳排放报告应保持及时更新与调整。另外，需要注意的是，真实性原则的客观存在、一致性特点蕴含着准确性之意，所以不宜把准确性单独作为一项构建原则。

2. 完整性原则

即便控排企业提供的碳排放报告信息是客观、准确的，但若存在信息遗漏或残缺等不完整或不完备的现象，同样会影响到政府的碳市场决策，也会增加核查、履约等工作的难度。换言之，碳排放报告信息（尤其是碳排放量数据）的真实、完整是碳市场有效规范运行的生命线。[1] 是故，构建控排企业碳排放报告制度还应该遵循完整性原则，即控排企业的碳排放报告中的信息应是全面而完备的。该原则要求，"一般性描述"部分应尽可能反映企业的基本信息、生产信息等内容；"碳监测系统描述"部分应涵盖满足监测条件的所有排放设施，以及涉及所有温室气体排放的全部燃料燃烧排放和工业过程排放；[2]"碳排放量计算"部分应完整计算边界内所有过程的碳排放量，不应有任何遗漏。

3. 规范性原则

目前，国家碳市场已由试点碳市场阶段发展至国家碳市场阶段，相应的国家碳市场法律制度建设应在试点立法经验的基础上走向规范化。碳排放报告制度作为一项核心制度其构建还要遵循规范性原则。该原则是指碳排放报告制度应有统一、明确的实体和程序内容安排。具体来讲，在实体内容方面上，应拓展碳排放报告的信息范围，明确碳排放报告的编制、委托核查和提交审定中有关主体的权力（利）和义务，明确控排企业、碳市场主管部门和

---

① 参见陈虎、胡静：《关于碳排放报告弄虚作假行政责任条款的建议》，载《环境经济》2023年第12期。

② 参见齐绍洲等：《低碳经济转型下的中国碳排放权交易体系》，经济科学出版社2016年版，第291页。

公众等主体的法律责任。在程序内容方面上，首先，应明确碳排放报告的编制程序，如获取数据资料—量化实际碳排放量—拟定报告初稿；其次，应明确碳排放报告的委托核查程序，如选择核查机构—签署委托协议—配额核查；最后，应明确碳排放报告的提交审定程序，如报告采用何种方式、形式上报至省级碳市场主管部门。

（三）控排企业碳排放报告制度的立法思路

鉴于碳排放报告制度之重要，立法总体思路上可考虑在将来的《应对气候变化法》"碳市场管理"一章或者《生态环境法典》"绿色低碳发展编"中确立碳排放报告制度，如可表述为"碳市场主管部门应加强对控排企业碳排放报告行为的管理，国家鼓励公众对控排企业的碳排放报告行为进行监督"。从务实的角度看，在《碳排放权交易管理暂行条例》修改时对此作出具体规定更为可行。

1. 控排企业碳排放报告制度的实体设计

（1）拓展碳排放报告的信息范围。目前，试点碳排放报告的信息范围间存在差异，相较欧盟其信息范围显得较简单，较难满足复杂多变的实践活动。据此，可借鉴欧盟经验把现有的碳排放报告信息范围予以适度拓展。譬如，"一般性描述"部分应增加控排企业的主要经营数据的说明，如主要产品、产能、产量、产值等信息的说明；"监测系统描述"部分应增加测量方式真实性的信息和不确定性的说明；"碳排放量计算"部分应详细区分使用燃料、质量守恒方法、连续排放检测等不同情况下的碳排放量，还应包括选用变量发生永久或暂时变化的说明、采用后备方法时各参数的代理数据等。尽管这些内容应由具体的配套规定加以规定，但条例中应明确国家碳市场主管部门调整碳排放报告内容的职责。那么，《碳排放权交易管理暂行条例》第 11 条可增加 1 款置于本条首位，可表述为"国务院碳交易主管部门负责完善碳排放报告的内容要求"。

（2）明确碳排放报告规制中多元主体的权力（利）义务。碳排放报告规制中的不同主体的权力（利）义务配置应明确不同的环节。详细说来：

第一，碳排放报告编制阶段。实践中编制碳排放报告被认为是控排企业的事情，而与其他主体无涉，这种缺乏监管、监督的报告编制活动会产生报告编制质量问题。要解决这一问题，需要明确相关主体在碳排放报告编制过程的权力（利）和义务。譬如，立法上可以规定国家碳市场主管部门享有制定碳排放报告内容要求和格式范本、督促控排企业编制碳排放报告等权力，同时对控排企业负有提供统一、明确的报告内容要求和格式范本并作出说明的义务；控排企业享有获取碳排放报告编制内容和格式范本、就相关疑问要求主管部门及时作出答复的权利，同时负有依照规定完成碳排放报告编制的义务；公众享有对主管部门制定碳排放报告编制依据、督促控排企业编制碳排放报告和控排企业编制碳排放报告等行为进行监督的权利，同时负有提供相关违法事实、线索和证据的义务。

第二，碳排放报告委托核查阶段。目前，碳排放报告的委托核查主要是由碳市场主管部门以购买服务的形式进行委托，在这一过程中也应该明确相关主体的权利（力）、义务。具体来说，应明确规定碳市场主管部门享有自主选择、委托符合核查资质要求的核查机构的权力，同时负有对所选择核查机构向社会作出说明的义务；控排企业对主管部门选择核查机构享有监督的权利，并负有配合核查机构核查的义务；公众对委托核查行为、碳市场主管部门的监管行为等进行监督的权利，并负有提供相关违法事实、线索和证据的义务，公众参与可以起到辅助碳市场监管、促进交易公平的作用①。

第三，碳排放报告提交审定阶段。该阶段不应仅规定控排企业向碳市场主管部门提交碳排放报告和核查报告的义务，整个过程也应受到制约与监督。也就是说，立法上可以规定：控排企业享有就如何提交碳排放报告向所在地省级碳市场主管部门咨询并获得明确答复的权利，同时负有按照要求向主管部门提交碳排放报告的义务；省级碳市场主管部门享有对控排企业提供的碳排放报告进行形式和实质审查的义务，对于不符合报告要求的碳排放报告负有向控排企业作出解释、说明的义务，以便其现场更改或者补充信息后再次提交；公众有对控排企业的报告行为和主管部门的审查行为进行监督的权利，发现违法行为时享有向有关部门进行检举和控告的权利，并负有证明违法事实存在等义务。

（3）明确碳监测计划中不同主体的法律责任。当下的碳排放报告责任设置突出强调控排企业的报告责任，不够重视碳市场主管部门的监管责任，也

①　参见谭柏平、邢铈健：《碳市场建设信息披露制度的法律规制》，载《广西社会科学》2021年第9期。

忽视了公众监督的责任，这显然与权义责相统一的法理不符。因此，应在合作规制理念下重构碳排放报告中多元主体的责任分担机制。既然控排企业、碳市场主管部门和公众等主体在碳排放报告诸阶段均享有一定权力（利）、负有一定义务，那么当这些主体违法行使权力（利）、不履行有关义务时就需要承担一定的法律责任。鉴于试点碳市场和国家碳市场阶段碳排放报告法律责任部分的弊病，可作如下重构：

第一，统一控排企业的碳排放报告法律责任。根据《中华人民共和国行政处罚法》第 13 条、第 14 条规定，若已有法律和法规对行政处罚的行为、种类和幅度作出规定，那么部门规章、省级人民政府规章和较大市人民政府规章只能在此范围内细化规定；若尚未有法律和法规规定的，上述行政规章仅可设定警告或一定数额罚款。另外，该法第 11 条第 1 款规定，行政法规除限制人身自由外其他类型的行政处罚均有权设定。长期以来，由于我国尚未有法律、行政法规对控排企业违反碳排放报告义务的行为作出规定，以致上述部门规章、地方政府规章仅能设定有限的行政处罚类型。新近出台的《碳排放权交易管理暂行条例》针对碳排放报告相关行为，也仅在第 21 条、第 22 条、第 23 条规定了罚款、责令停产整治、没收违法所得、取消检验检测资质、限制从业五种行政处罚类型，并没有把警告、通报批评、暂扣许可证件、降低资质等级等其他处罚类型予以综合考虑，显然难以更科学、合理的规制社会危害程度不同的控排企业报告行为。因此，未来该条例修改时，建议法律责任部分可以在设定行政处罚的权限内把有关的行政处罚类型全部纳入进来，以适用于不同的违法情形。

第二，明确碳市场主管部门的法律责任。既然碳市场主管部门享有监督控排企业在碳排放报告的编制、委托核查和提交审定中的有关行为的权力，那么为防止其出现权力寻租、滥用现象，也应该有明确的相应的责任设置。尤其要明确碳市场主管部门在上述环节中的法律责任，确保其依法行政。《碳排放权交易管理暂行条例》第 4 条虽可理解为把碳排放报告等碳交易相关活动纳入国家、省级碳市场主管部门监管范围。但是，《碳排放权交易管理暂行条例》第 19 条、第 20 条仅"抽象"规定了生态环境主管部门、其他相关部门及其工作人员违反职责时的行政处分、行政处罚责任，具体违法行为不够明确。解决方案可在该条例修改时采用"抽象+列举"的方式予以明确。

第三，明确公众监督的法律责任。同样，公众在享有上述监督权的同时，也应当遵守《保密法》《环境保护法》等法律中关于国家秘密、商业秘密和个人隐私保护的规定，否则应依法承担相应的行政处罚、民事赔偿和刑事责任。基于此认知，《碳排放权交易管理暂行条例》责任部分应增加关于公众、专家等主体监督责任的条款，可表述为"公众、专家等主体在下列监督活动中泄露国家秘密、商业秘密和他人隐私的应依法承担相应的责任。（一）控排企业的碳监测计划编制、备案、实施和变更，碳排放报告编制、委托核查和提交审定……活动；（二）碳市场主管部门对碳监测计划、碳排放报告……监管活动；……"

2. 控排企业碳排放报告制度的程序设计

碳排放报告制度的程序要求，主要应体现在碳排放报告的"编制、核查、审定"三个环节，详细说来：

（1）碳排放报告的编制。该阶段控排企业应按照碳市场主管部门提供的碳排放报告模板中所载信息要求，来获取数据资料、量化实际排放量、汇总并拟定报告初稿。首先，获取数据信息。数据资料获取是编制程序的首要步骤，也是控排企业参与碳排放交易的前提，亦可反映企业是否具备监控实际碳排放并进行报告的能力[①]。控排企业收集数据资料时不能遗漏组织边界内的任何排放源的任何数据。获取数据资料后，控排企业需对获取的不同年度、不同来源的数据资料进行整理、复查、核实、比对以控制数据质量，[②] 为实际排放量的量化做准备。其次，量化实际排放量。实际排放量的计算要科学严谨，其计算须遵照科学的量化流程：第一步界定边界，边界包括控排企业的温室气体排放边界和基准年，排放边界由组织边界和运行边界构成，前者确定量化的实体范围和相关内容，后者则是明确组织边界内的排放源，基准年是碳排放报告所要求报告的年份，选择须具有代表性和可比性；第二步确定排放因子，国家和地方的温室气体核查与报告指南通常采用排放因子法计算排放量，排放因子是由统计计算得出并由国家碳交易主管部门发布，其可降低排放结果计算的不确定性；第

---

① 参见王燕、张磊：《碳排放交易市场化法律保障机制的探索》，复旦大学出版社 2015 年版，第 199~200 页。

② 参见郑爽等：《全国七省市碳交易试点调查与研究》，中国经济出版社 2014 年版，第 121 页。

三步计算排放量，控排企业可通过活动数据与排放因子的乘积得出实际排放量。最后，汇总并拟定报告初稿。量化结果是多而分散的，需要根据碳排放报告模板规定的格式，逐一整理汇总，汇总后还要附上相关的计算方法、说明资料等，初稿基本形成，然后将报告初稿提交企业审议以决定是否可以提交委托核查。整个报告编制过程，控排企业均可就任何报告编制问题与省级碳市场主管部门进行沟通，以确保质量。据此分析，《碳排放权交易管理暂行条例》可设专门条款，规定"控排企业应根据要求，进行数据资料收集、实际碳排量量化和初稿拟定以完成碳排放报告初稿编制。"

（2）碳排放报告的委托核查。核查是第三方核查机构对碳排放报告中排放数据和信息的真实性、可信性和准确性的处理。控排企业编制完成碳排放报告后，通常由所在地省级碳市场主管部门以购买服务的方式委托核查机构核查。委托核查也应遵循一定的要求：首先，选择核查机构。核查机构推荐名单一般经"公开征集—自主申报—专家评审—公示"程序产生。但试点以来，我国核查机构管理不够明确，国家碳交易主管部门和省级碳交易主管部门均有推荐权，且评审标准不一，主观性较强，核查机构核查能力也参差不齐。《碳排放权交易管理暂行条例》已认识到了核查工作的重要性，将全国碳排放权交易及相关活动的技术规范制定权统一到了生态环境部。鉴于此，省级碳市场主管部门可按照核查技术规范要求，综合注册资本、软硬件设施、专业人员配备等因素选定核查机构。其次，签署委托协议。核查机构选定后，省级碳市场主管部门需安排内设法规部门起草委托核查合同，合同起草完成后交第三方核查审查，若核查机构有异议，双方可协商处理，若无异议则签署书面协议并加盖双方单位公章。签署协议后，核查机构须成立核查工作组，制定详尽的核查计划并提交给控排企业。再次，配合核查。核查以书面核查为主，现场核查为辅。书面核查是对碳排放报告中活动数据收集标准采用、数据测量方法选用、数据的一致性、保存记录的完整性、排放因子的选用、总量化结果正确性等进行的检查与核实。[1] 现场核查是核查组的工作人员深入企业，实地了解监测设备运行、历史排放数据存档等情况，以此帮助核查人

---

[1] 参见焦小平主译：《欧盟排放交易体系规则》，中国财政经济出版社2010年版，第59页。

员判断碳排放报告信息的真实性、准确性、完整性。若核查人员对碳排放报告相关信息存疑，控排企业接到核查机构通知后应根据要求及时提供相关数据信息或作详细说明，有必要现场核查时，控排企业应及时允许核查人员进入控排企业调查。最后，核查机构根据核查结果出具相应的核查报告，由控排企业将核查报告与碳排放报告层报省级碳交易主管部门审定。同样，在碳排放报告委托核查中，控排企业与核查机构、主管部门就核查要求、形式、时间等进行沟通，以确保核查工作按期完成。基此认知，《碳排放权交易管理暂行条例》可以明确规定，在控排企业完成报告初稿经企业内部审核通过后，由省级碳市场主管部门确定核查机构、签署委托核查协议后对碳排放报告进行核查。

（3）碳排放报告的提交审定。碳排放报告的提交程序较为简单。一般来说，碳排放报告先经第三方核查机构核查通过，然后按照法定形式要求报企业注册地的市级发展改革委，该市级发展改革委汇总本辖区内的控排企业和其他单位的碳排放报告后，报省级发展改革委审定。控排企业的报告提交应符合法定形式和格式上的要求：首先，提交形式。国外碳交易管理立法和我国试点碳交易管理立法普遍要求，控排企业须提交书面和电子版形式的碳排放报告，电子版碳排放报告要按照官方碳排放报告模板逐项填写完整，然后上传至官方的温室气体报告系统供审核，纸质版碳排放报告须按照官方份额数量要求提供，在加盖控排企业公章后层报省级碳交易主管部门审定。其次，一并提交。碳排放报告要与核查报告一并提交省级碳交易主管部门审定。省级碳交易主管部门结合两个报告来确认控排企业的年度实际碳排放量，并以此作为本年度履约和下年度配额分配的依据。因此，控排企业须同时提交这两个报告，对报告的提交形式、方式等问题可向碳市场主管部门进行咨询，后者应及时作出准确的回复。因此，《碳排放权交易管理暂行条例》还应明确规定，核查机构出具核查报告后，企业应根据要求将碳排放报告和核查报告一并层报省级碳市场主管部门审定。

第五章　规制保障：控排企业碳排放
环境风险沟通制度的构建

　　碳市场机制已成为国际社会公认的消纳控排企业碳排放环境风险的重要手段，但其在我国的实践尚处于探索阶段。作为一个新鲜事物，政府、企业和公众对此认知存在不同的差异。譬如，政府借助专家理性认为，通过市场机制可迫使控排企业减排以降低或避免碳排放环境风险；大多数控排企业（尤其是新纳入企业）于实践中却因该机制的复杂性而显得无所适从，甚至出现认识错误，如"翔峰公司诉深圳发改委行政处罚案"中翔峰公司在"用电量减少和碳排放总量减少的关系"上出现了理解错误；公众更是知之甚少，其参与多流于形式。那么，风险沟通就尤为重要。从合作规制的有效性来讲，一方面相关主体应进行充分的碳市场信息公开，以切实保障各方参与主体的信息知情权，奠定规制碳市场中控排企业行为的信息基础；另一方面应确保公众能参与规制并发挥实质性的作用，奠定规制碳市场中控排企业行为的民主基础。

第一节　风险沟通的一般原理

一、风险沟通的意蕴

（一）风险沟通的源流

　　风险沟通源自对早期风险管理模式的反思，并由美国环保实务界率先提出，而后逐渐受到学界关注。二战后，美国的科学技术得到较快发展，并被成功应用到医学、环境等诸多领域，技术专家的权威不断得到认可，联邦政府也开始设置一些医疗、环保等部门以规制健康、环境等领域的风险，这共同促使美国在 20 世纪 60 年代形成了政府主导下的以技术专家为中心的风险管理模式。依循该模式，技术专家先运用专业知识对风险进行评估，并根据评估结果提出风险消弭的专业知识，然后政府以此为基础制定相应的政策并公之于众以指导公众的风险应对行动。正是这种专业化的风险管理模式，使得专业训练有素的技术专家成为主角，而公众则被置于边缘化的附属地位。但是，若该模式下的政府政策付诸实践的话，可能会受到公众的阻力。因为专家评估与公众风险认知间存在显著差异。譬如，专家评估认为抽烟诱发肺癌的风险很大，而公众对之却不以为然；专家评估认为发生核泄漏风险的概率极低，而公众却"谈核色变"，乃至出现激烈的抵制核项目运动。

面对此窘境，实务界开始反思这种风险管理模式，20 世纪 70 年代美国第一任环保署长威廉·卢克希斯最先提出了"风险沟通"概念，1983 年 6 月时任环保署长拉克尔肖斯在一次讲演中进一步意识到：风险评估过程与风险评估结果的使用过程应被区分，这是由于专家对风险的科学评估和公众对风险的主观感知间存在差异，后者是风险管理过程中不可或缺的影响因素；有效的风险管理应确保公众对风险知情，使他们参与到决策过程中来。[1] 拉克尔肖斯的主张逐渐得到学界、政界和公众的认可，由此美国的风险管理从专家中心模式转向了风险沟通模式。进入 20 世纪 80 年代以来，风险沟通成为学界研究的热点，开始出现在学术研讨会的议题和项目名称中，学术成果数量开始增加。

（二）风险沟通的概念

风险沟通在发展过程中，逐渐形成了一个广泛认同的定义："风险沟通是个人、群体和机构之间交换信息和看法的互动性过程；这一过程涉及多种多样的信息，既包括有关风险性质的信息，也包括表达关切、看法的信息，或者对风险信息或风险管理的立法和机构安排做出反应的信息"[2]。据此定义，一个实质意义上的有效的风险沟通应具备如下特征：

---

① See Ruckelshaus, William, D. "Science, Risk, and Public Policy", *Vital Speeches of the Day*, 1983, Vol. 49, No. 20, p. 612.

② National Research Council, *Improving Risk Communication*, National Academy Press, 1989, p. 21.

1. 沟通主体的互动性

在传统的行政管理关系中仅涉及行政主体与行政相对人，而风险沟通的主体则更为广泛，涉及政府、企业（组织）、个人等诸多利益相关主体，如碳排放环境风险沟通的主体包括碳市场主管部门、控排企业和公众等多种主体。这些主体间的关系不再是传统环境行政管制理念下的基于行政管理关系而进行的信息单向告知或通知，而是彼此间"以一种平等的、开放的和互动的方式多向沟通对话"①，就风险议题进行交流、协商。

2. 沟通信息的广泛性

不同主体掌握的信息资源不同，信息不对称问题客观存在。例如，碳市场主管部门掌握着碳排放总量信息、配额分配信息等，控排企业占有准确反映自身情况的碳监测信息、碳排放报告信息等，交易机构拥有碳市场交易信息，公众也形成各种碳排放风险的感性信息。解决此问题，就需要各相关主体参与决策过程，将自己掌握的有关信息与其他主体共享，重建各主体间的关系，以增进互信。

3. 沟通时间的全程性

从时间上看，风险沟通并非一个独立的环节，其贯穿于风险评估、风险管理的各环节。例如，碳排放环境风险评估议题的提出、协商、评论、完善和评估报告的形成，碳排放环境风险资格管理（会员资格的获取、变更、终止，碳交易员的产生、交易、退出）、碳监测计划管理过程（计划的编制、备案、变更）和碳排放报告过程（报告编制、核查和审定）等管理中均涉及风险沟通。

二、风险沟通的功能

（一）化解风险规制活动的合法性危机

风险规制是一项决策于未知的活动，不确定性使行政主体的这项活动出现了合法性危机。表现在：其一，不确定性对作为行政决策重要依据的专家理性提出了挑战。不断积累的专业知识和实践经验使得专家对风险问题作出

---

① 戚建刚、易君：《灾难性风险行政法规制的基本原理》，法律出版社 2015 年版，第 289 页。

正确判断的能力及其公众认可度得到提升，但是面对充满不确定性的更加复杂的环境风险，科学的局限性、专家知识的缺陷也愈加显著，专家理性的权威受到挑战。譬如，在 IPCC 的专家拿出证据证明全球变暖事实的同时，一些高能耗、高排放、高污染的企业也拿出全球变冷的证据去反驳专家结论的不可靠性。其二，不确定性激发了利益相关者的维权意识。不确定性的存在令专家无法垄断特定领域的风险知识，一些利益相关者为避免因专家知识的偏颇或专家被决策者俘获而遭受损失，要求通过参与决策过程在调和专家理性与公众理性间紧张关系的同时维护自身利益。例如，随着碳市场机制的覆盖范围不断扩大，越来越多的企业被纳入控排，控排企业、公众要求参与碳市场决策的呼声也变得强烈。其三，不确定性打破了行政主体的决策垄断。传统的科学遵循的是，运用科学的理论、测量方法、防范手段便可识别、评估和控制一切风险。但是，现实中频现的极端天气、极地冰雪大面积消融等各种环境风险使这种设想成为"泡影"。这令建立在风险评估基础上的行政决策也充斥着不确定性，基此利益相关者不甘于被动接受风险后果，转而要求参与决策过程以改变风险决策的行政独断现状。

风险沟通不失为解决上述危机的一种有效方案。一方面，它有助于在政府、企业等主体间弥合认知差异，达成风险共识，使得风险规制决策更易得到认可或接受。这是因为实质性的风险沟通要求，不仅需要政府提供充足的支撑信息与理由，还应认真听取利益相关者的不同观点或疑惑并作出及时、全面的解释或回复，此过程可循环往复，不必苛求"完全统一"，只要经过民主协商达成基本共识便可。另一方面，它是公众参与环境风险规制决策的应然要求。这是因为有意义的公众参与要求信息能被充分披露、公众知情权得以切实保障、参与主体间能形成互动等，有效的风险沟通无疑能实现这些要求。

（二）促使企业主动调整排放行为

实质意义上的风险沟通通过信息公开、公众参与能起到风险规制的作用。这是因为通过风险交流和沟通，公众在理解企业环境行为的基础上能够对企业所造成的环境风险作出自己的判断和决策，并通过自己的行为对企业施加压力，促使企业自我规制；通过风险沟通，企业减少排放的持续努力都被公之于众，这也很好地激励了那些不仅仅是追求"达标"的企业发挥主动性和创造性，进一步追求卓越。① 例如，在碳排放环境风险沟通中，控排企业的碳监测、碳排放等情况将对政府、公众等沟通主体公开，这会令控排企业产生更大的减排压力，迫使其采用减少产量、采用清洁生产技术等手段以确保特定年度内的碳排放水平不超出碳市场主管部门的许可量，甚至为了将更多盈余配额转化为经济利益而主动加大减排力度。

三、控排企业碳排放环境风险沟通的实现

（一）控排企业碳排放环境风险沟通的基本原则

实质意义上的碳排放环境风险沟通的目标旨在通过碳市场主管部门、控排企业和公众等主体间的互动交流形成对碳排放环境风险的基本共识，重塑这些主体间的关系，促进对碳市场控排企业行为的有效规制。要实现这一目标，碳排放环境风险沟通应遵循以下原则：

1. 平等性原则

所谓平等性原则是指在碳排放环境风险沟通中，各利益相关方均有机会参与沟通且彼此地位是平等的，即各利益相关方参与机会均等、地位平等。申言之，各主体间的关系不是环境行政管制理念下的行政管理关系，而是合作规制理念下的合作关系，任何一方主体均具有独立性而不从属于其他主体。这是因为以平等的方式进行对话和协商，各方才能既充分地表达自己的主张，又能尊重他方的观点，进而才可能就碳排放环境风险的性质、程度、控制性等议题达成共识，从而增进彼此间的信任。

2. 透明性原则

所谓透明性原则是指在碳排放环境风险沟通中，各参与方在平等的基础上进行的交流沟通应是公开透明的。该原则要求：一方面，碳市场主管部门任何涉及碳排放环境风险的规制活动均应公开透明，主动接受来自控排企业的质询和公众的监督。对此，碳市场主管部门应及时、客观和全面地公布权限范围内的有关信息，并理性、客观地展示证据。另一方面，控

---

① 参见郭红欣：《环境风险法律规制研究》，北京大学出版社 2016 年版，第 156~157 页。

排企业和公众也应向碳市场主管部门报告有关碳排放环境风险的信息。例如，控排企业应定期向碳市场主管部门报告碳监测、碳排放等情况，定期向公众披露碳信息情况；公众可以向碳市场主管部门报告潜在的碳排放环境风险信息。

（二）控排企业碳排放环境风险沟通的核心要素

合作规制理念下的碳排放环境风险沟通强调的是碳市场主管部门、控排企业和公众间的有效互动。这种互动的实现离不开碳市场信息公开和公众参与这两大核心要素。其中，碳市场信息公开是进行碳排放环境风险沟通的基础和前提；而公众参与则为碳市场主管部门主导下碳排放环境风险规制提供了充足的信息资源。

1. 碳市场信息公开

（1）碳市场信息的内涵。信息是人们通过一定的载体对事物特征、现象、本质和规律的描述，其具有客观广泛性、可获取性、可存储性、可传播性和可利用性的特点。碳市场信息是碳市场机制运行的过程中所形成的有关企业碳排放、碳市场管理、碳交易等方面的信息总称。显然，碳市场信息公开具有公开范围及主体的广泛性特征。例如，控排企业编制的碳监测计划、碳排放报告等控排主体信息，碳市场主管部门掌握的碳排放总量、配额分配、MRV 等市场管理信息，碳交易所负责的碳市场交易量、交易价格等市场交易信息。

（2）碳排放环境风险规制对碳市场信息公开的要求。在碳排放环境风险规制中，碳市场信息公开应满足如下要求：

第一，客观性。所谓客观性是指信息产生于碳市场机制运行过程，不以公开者和接受者的思想为转移。碳市场信息公开要达到客观性的要求，须满足真实性、正当性和合法性三个要素。真实性是指如实反映事物的本来情况，这一要素要求控排企业、碳市场主管部门等主体提供的有关信息应经得起核实；正当性是指一部法律或一项制度被人民或公众认为是合理的、合乎道义的，从而使人民或公众自愿服从或认可的品性，这一要素体现了人们对碳市场信息公开实践中的正义追求；合法性是指与国家法律规定相一致或为现行法律所确认或保护，主要是从实证法规范上讲的，更多的是关注形式上的合法，这一要素体现了人们对碳市场信息公开的规范性要求。

第二，可靠性。所谓可靠性是指基于碳市场机制运行而产生的碳市场信息，所公开的信息没有经过人为伪造或篡改，是确定的、具有使用和共享价值的。碳市场信息公开要达到可靠性的要求，须满足确定性、有用性两个要素。所谓确定性是指信息被无差错地描述（仅仅允许科学的误差存在），且能通过一定的载体进行记录与保存，这一要素禁止和反对人为篡改、伪造碳市场信息；所谓有用性是指能够被人们所加工、使用，这一要素要求公开的碳市场信息对人们应是有用的、有益的。

第三，全面性。所谓全面性是指碳市场机制运行中各主体掌握的有关信息一般均应进行完整的公开。理论上，有效的风险沟通要求碳市场主管部门、控排企业、交易所和公众等主体掌握的有关信息均应公开。但是，这里的全面性并非绝对的一律公开。具言之，凡是属于法定范围内的碳市场信息公开，只有全部公开时才是全面的；若涉及国家安全、国防安全、经济安全、商业秘密和个人隐私等法定禁止公开情形的，即使除去这些禁止公开的信息，其公开也是全面的。

第四，易获取性。所谓易获取性是指基于碳市场机制运行而产生的碳市场信息，其公开途径应确保被公众所获知。易获取性要求各有关主体以适当的、多元的手段进行公开。

2. 公众参与

（1）公众参与的内涵。在中文语境下，英文"public participation"主要有公众参与和公共参与两种译法，前者最为常见，实践中常被替换使用。"公众"一词有公共（the public）和大众（the masses）的含义；"参与"指生活或利益受影响者去影响有关决策的行为。一般意义上的"公众参与"是指"公共权力在进行立法、制定公共政策、决定公共事务或进行公共治理时，由公共权力机构通过开放的途径，从公众和利害相关的个人或组织获取信息，听取意见，并通过反馈互动对公共决策和治理行为产生影响的各种行为。"①

---

① 蔡定剑：《公众参与及其在中国的兴起》，载蔡定剑主编：《公众参与：风险社会的制度建设》，法律出版社 2009 年版，第 5 页。

（2）公众参与碳排放环境风险规制的功能。在碳排放环境风险规制中，公众参与可以发挥以下功能：

第一，信息互换功能。公众参与可以使公众在表达自身诉求信息的同时能获取来自碳市场主管部门、控排企业等其他主体的信息，各主体间可以实现信息共享。

第二，利益平衡功能。碳市场主管部门和控排企业因利益追求不同在规制行动中常表现为关系紧张、利益冲突，公众参与可以中立者的身份对二者行为的监督，从而协调和平衡其利益。

第三，共识促进功能。公众参与可使公众进行充分的诉求表达和分享决策权，最终实现由碳市场主管部门、控排企业和公众等主体以"合作"的方式共同促进共识的达成。

第二节　面向控排企业的碳市场信息公开制度的立法构建

一、我国面向控排企业的碳市场信息公开制度的实践检视

（一）试点碳市场信息公开制度的立法现状

目前，碳市场信息公开已作为一项制度纳入国家和试点碳市场立法调整，具言之：

1. 行政法规和部门规章中的碳市场信息公开

行政法规《碳排放权交易管理暂行条例》有多个条文对碳市场信息公开进行了规定。其第3条第1款把"公开"作为基本原则之一；第5条第1款要求全国碳排放权注册登记机构、全国碳排放权交易机构向社会公开登记、交易的收费项目、收费标准和管理办法；第8条要求国务院生态环境主管部门、省级生态环境主管部门分别向社会公开重点排放单位的确定条件、年度重点排放单位名录；第10条规定国务院生态环境主管部门提出碳排放权交易覆盖的温室气体种类和行业范围、制定重点排放单位的确定条

件以及年度碳排放配额总量和分配方案，应当征求省级人民政府、有关行业协会、企业事业单位、专家和公众等方面的意见；第 11 条第 3 款要求重点排放单位向社会公开年度排放报告中的排放量、排放设施、统计核算方法等信息；第 12 条第 1 款规定省级生态环境主管部门应当向社会公开核查结果；第 21 条第 3 项规定了重点排放单位未按照规定向社会公开年度排放报告中的排放量、排放设施、统计核算方法等信息的罚款、责令停产整治责任；第 27 条要求国务院生态环境主管部门将重点排放单位等交易主体、技术服务机构因违反本条例规定受到行政处罚等信息纳入国家有关信用信息系统并依法向社会公布。

部门规章《碳排放权交易管理办法（试行）》的第一章至第三章、第五章至第七章均涉及碳市场信息公开制度。其中，第一章"总则"的第 3 条把"公平公开"作为碳交易的重要原则；第 4 条第 2 款要求生态环境部按程序向社会公开"全国碳排放权交易市场覆盖的温室气体种类和行业范围"。第二章"温室气体重点排放单位"的第 9 条规定了省级生态环境主管部门"确定本行政区域重点排放单位名录"并向社会公开的义务；第 10 条规定了重点排放单位公开交易及相关活动信息的义务。第三章"分配与登记"的第 18 条规定了全国碳排放权注册登记机构向社会公开变更登记的义务；第 19 条第 2 款规定了重点排放单位、机构和个人向社会公开相关注销情况的义务。第五章"排放核查与配额清缴"的第 25 条第 3 款要求重点排放单位定期公开编制的年度温室气体排放报告。第六章"监督管理"的第 32 条要求生态环境部和省级生态环境主管部门按照职责分工定期公开重点排放单位年度碳排放配额清缴情况等信息；第 33 条规定了全国碳排放权注册登记机构和全国碳排放权交易机构及时公布碳排放权登记、交易、结算等信息的义务；第 35 条第 2 款要求重点排放单位和其他交易主体按照规定及时公开全国碳排放权交易及相关活动信息的义务。第七章"罚则"第 38 条第 2 款规定了全国碳排放权注册登记机构和全国碳排放权交易机构及其工作人员泄露有关商业秘密时的处理路径。可见，《碳排放权交易管理办法（试行）》主要从信息公开主体、公开范围和公开责任三个方面规定了碳市场信息公开制度（见表 9）。

表 9　《碳排放权交易管理办法（试行）》中的碳市场信息公开情况

立法文件	信息公开主体	信息公开范围	信息公开责任
《碳排放权交易管理办法（试行）》	生态环境部	全国碳排放权交易市场覆盖的温室气体种类和行业范围、全国重点排放单位年度碳排放配额清缴情况	——
	省级生态环境主管部门	本行政区域重点排放单位名录、本行政区域重点排放单位年度碳排放配额清缴情况	——
	重点排放单位	交易及相关活动、年度温室气体排放报告	——
	重点排放单位、机构和个人	自愿注销碳排放配额的情况	——
	全国碳排放权注册登记机构	变更登记、碳排放权登记与结算信息	泄露有关商业秘密时依规定处理
	全国碳排放权交易机构	碳排放权交易信息	泄露有关商业秘密时依规定处理
	核查机构	——	——

2. 地方政府规章中的碳市场信息公开

"两省五市"试点的地方政府规章除上海市外，其他试点均在总则部分把"公开"作为碳市场管理和碳交易的重要原则。为贯彻这一原则，这些试点的立法主要从信息公开的主体、范围和法律责任三个方面对碳市场信息公开制度进行了规定（见表10）①。具体体现在：

---

①　表格内容根据"两省五市"现行试点立法自制，相关立法包括：《湖北省碳排放权交易管理暂行办法》《上海市碳排放管理办法》《天津市碳排放权交易管理暂行办法》《北京市碳排放权交易管理办法》《重庆市碳排放权交易管理办法（试行）》《广东省碳排放管理试行办法》（2020 修订）和《深圳市碳排放权交易管理办法》（2024 修正）。

第一，碳市场信息公开主体。7个试点立法除北京市、天津市、广东省外，其他试点均把省（市）级碳市场主管部门、交易所、重点排放单位作为碳市场信息公开的主体。但是，在碳市场信息公开主体的具体名称上稍有差异：①省级碳市场主管部门的名称方面，广东省、北京市、上海市将之称为"省（市）生态环境部门"，湖北省、深圳市将之称为"省人民政府（市）生态环境主管部门"，天津市、重庆市将之称为"市生态环境局"；②交易所的名称方面，广东省称之为"交易所"，北京市、上海市、重庆市、湖北省、天津市、深圳市为"交易机构"；③重点排放单位的名称方面，上海市、天津市分别称之为"纳管单位""纳入企业"，北京市、重庆市、湖北省、深圳市为"重点排放单位"，广东省则区分为"控排企业和单位、报告企业"。但各试点未把核查机构作为信息公开主体。

第二，碳市场信息公开范围。各试点立法中的各主体信息公开范围不尽相同，有的较广、较具体，有的则较窄、较抽象。①省级碳市场主管部门的碳市场信息公开范围方面。北京市、天津市试点立法分别规定了两类信息的公开，前者为"重点碳排放单位的确定条件，碳排放单位名单"，后者为"纳入企业名单，纳入企业履约情况"。上海市试点立法规定了"温室气体种类和行业范围，纳管单位确定条件，年度纳管单位名录，年度碳排放配额分配方案，碳普惠方法学和减排项目、减排场景"六类信息。重庆市、广东省、湖北省、深圳市试点立法均规定了四类立法，分别为"重点排放单位名录，碳排放配额总量确定与分配方案，重点排放单位年度碳排放配额清缴情况，对核查服务机构的考评结果"、"本省配额分配实施方案，控排企业和单位、报告企业履行本办法的情况，核查机构名录，碳排放管理和交易的相关信用信息"、"本省行政区域内重点排放单位名录，设定年度碳排放配额总量，起草碳排放配额分配方案，重点排放单位、第三方核查机构、碳排放权交易机构等的信用状况"和"重点排放单位名单，年度配额分配方案，重点排放单位年度碳排放配额履约情况等信息，行政处罚"。②交易所的碳市场信息公开范围方面。7个试点立法均规定了交易所或交易机构的碳市场信息公开义务。北京市、上海市、天津市、重庆市、广东省、湖北省、深圳市试点交易机构或交易所公开信息的范围分别为

"交易的收费项目和收费标准"、"制定碳排放权交易规则，交易行情、成交量、成交金额等交易信息，可能影响市场交易的重大信息，交易的收费项目和收费标准"、"碳排放权交易即时行情、按日市场行情表"、"交易行情、成交量、成交金额等交易信息，及时披露可能对市场行情造成重大影响的信息"、"交易行情、交易价格、交易量等信息，及时披露可能导致市场重大变动的相关信息，交易规则"、"及时公布碳排放权登记、交易、结算等信息"和"碳排放权交易市场相关信息"。

第三，重点排放单位的碳市场信息公开范围方面。除北京市、天津市、广东省试点立法没有明确外，其他试点立法都要求重点排放单位履行公开义务。上海市要求公开"年度排放报告中温室气体排放相关信息"；重庆市要求公开"碳排放相关信息，年度温室气体排放报告"；湖北省要求公开"年度温室气体排放报告"；深圳市要求公开"碳排放相关信息，上一年度目标碳强度完成情况"。

第四，碳市场信息公开的法律责任。在碳市场信息公开的法律责任设置上，有的试点采取抽象规定的方式设定有关责任，有的试点则采用具体规定的方式明确有关责任，还有的试点则未明确相关法律责任。例如，北京市立法抽象规定了市生态环境部门和交易机构的法律责任。广东省、深圳市则相对具体，广东省试点规定了省生态环境部门违规泄露与配额交易相关的保密信息的行政责任、刑事责任，交易所未按照规定公布交易信息的罚款责任，核查机构未经许可擅自使用或者发布被核查单位的商业秘密和碳排放信息的罚款责任；深圳市试点规定了市生态环境主管部门违法履行职责的行政处分和刑事责任，重点排放单位未按规定公开上一年度目标碳强度完成情况的罚款责任，交易机构未按规定公布碳排放权交易市场相关信息的罚款责任，核查机构未履行保密义务的罚款责任、赔偿责任。湖北省未明确规定省生态环境主管部门信息公开的法律责任，规定了交易机构、重点排放单位泄露商业秘密、技术秘密或者有构成其他违反交易监管规定行为的法律责任。上海市、天津市、重庆市试点则未明确规定信息公开责任。

表 10 "两省五市"试点碳市场立法中的碳市场信息公开情况比较

试点省市	信息公开主体	信息公开范围	信息公开责任
北京市	市生态环境部门	（1）重点碳排放单位的确定条件； （2）碳排放单位名单。	不履行本办法规定的职责，滥用职权、玩忽职守，利用职务便利谋取不正当利益的，依法追究法律责任
	交易机构	交易的收费项目和收费标准	
上海市	市生态环境部门	（1）温室气体种类； （2）行业范围； （3）纳管单位的确定条件； （4）年度纳管单位名录； （5）年度碳排放配额分配方案； （6）碳普惠方法学和减排项目、减排场景。	——
	纳管单位	年度排放报告中温室气体排放相关信息	——
	交易机构	（1）制定碳排放权交易规则； （2）交易行情、成交量、成交金额等交易信息； （3）可能影响市场交易的重大信息； （4）交易的收费项目和收费标准。	——

续表

试点省市	信息公开主体	信息公开范围	信息公开责任
天津市	市生态环境局	（1）纳入企业名单； （2）纳入企业履约情况。	——
	交易机构	碳排放权交易即时行情、按日市场行情表	——
	第三方核查机构	——	——
重庆市	市生态环境局	（1）重点排放单位名录； （2）碳排放配额总量确定与分配方案； （3）重点排放单位年度碳排放配额清缴情况； （4）对核查服务机构的考评结果。	——
	重点排放单位	（1）碳排放相关信息； （2）年度温室气体排放报告。	——
	交易机构	（1）交易行情、成交量、成交金额等交易信息； （2）及时披露可能对市场行情造成重大影响的信息。	——

续表

试点省市	信息公开主体	信息公开范围	信息公开责任
深圳市	市生态环境主管部门	（1）重点排放单位名单； （2）年度配额分配方案； （3）重点排放单位年度碳排放配额履约情况等信息； （4）行政处罚。	未按照本办法规定履行管理职责的，依法追究行政责任；涉嫌犯罪的，依法移送司法机关处理
	重点排放单位	（1）碳排放相关信息； （2）上一年度目标碳强度完成情况。	未按规定公开上一年度目标碳强度完成情况的，责令限期改正；逾期未改正的，处5万元罚款，情节严重的，处10万元罚款
	交易机构	碳排放权交易市场相关信息	未按规定公布碳排放权交易市场相关信息的，责令限期改正，处5万元罚款，情节严重的，处10万元罚款
	核查机构	——	未履行保密义务的，责令限期改正，处5万元罚款，情节严重的，处10万元罚款；造成损失的，依法承担赔偿责任
湖北省	省人民政府生态环境主管部门	（1）本省行政区域内重点排放单位名录； （2）设定年度碳排放配额总量； （3）起草碳排放配额分配方案； （4）重点排放单位、第三方核查机构、碳排放权交易机构等的信用状况。	在碳排放权交易管理过程中玩忽职守、滥用职权、徇私舞弊的，依法给予处分

续表

试点省市	信息公开主体	信息公开范围	信息公开责任
湖北省	省碳排放权交易机构	及时公布碳排放权登记、交易、结算等信息	泄露商业秘密、技术秘密或者有构成其他违反交易监管规定行为的，依照其他有关规定处理
	重点排放单位	年度温室气体排放报告	泄露商业秘密、技术秘密或者有构成其他违反交易监管规定行为的，依照其他有关规定处理
广东省	省人民政府	本省配额发放总量	
	省生态环境部门	（1）本省配额分配实施方案；（2）控排企业和单位、报告企业履行本办法的情况；（3）核查机构名录；（4）碳排放管理和交易的相关信用信息。	违规泄露与配额交易相关的保密信息，造成严重影响的，由有关机关责令改正并通报批评；情节严重的，对负有责任的主管人员和其他责任人员，由任免机关或者监察机关按照管理权限给予处分；构成犯罪的，依法追究刑事责任
	交易所	（1）交易行情、交易价格、交易量等信息；（2）及时披露可能导致市场重大变动的相关信息；（3）交易规则。	未按照规定公布交易信息的，由省生态环境部门责令改正，并处1万元以上5万元以下罚款
	核查机构	——	未经许可擅自使用或者发布被核查单位的商业秘密和碳排放信息的，由省生态环境部门责令限期改正，并处3万元以上5万元以下罚款

（二）试点碳市场信息公开制度的尚存弊病

1. 碳市场信息公开存在的问题

综上梳理来看，目前我国碳市场信息公开仍然比较局限，这与合作规制理念的"多元主体间的信息共享"的要求存有较大距离。主要体现在：

第一，碳市场信息公开义务主体较为单一。上述立法普遍把碳市场主管部门、交易所、重点排放单位作为碳市场信息公开的义务主体，三者的分工是：碳市场主管部门负责碳市场有关行政管理信息的公开，交易所负责有关交易信息的公开，重点排放单位负责有关碳排放信息的公开。与此同时，核查机构的碳市场信息公开主体地位被排除在外，并美其名曰"保护商业秘密"诸云，未考虑控排企业自愿公开其相关信息和出于公共利益保护需要强制公开有关信息等情形，还未考虑核查机构是否可进行一定的信息公开。

第二，碳市场信息公开范围较为保守。"保守"体现在碳市场主管部门、交易所、重点排放单位公开的信息"形式内容公开多，实质内容公开少；原则性内容公开多，具体性内容公开少；公众容易知道的公开多，最想知道的公开少"。例如，无论是行政法规、部门规章还是各试点的地方政府规章，关于碳市场主管部门公开的控排企业名单、核查机构名单、配额分配方案和各种具体的管理办法等方面的碳市场管理信息和交易所公开的交易规则和交易行情信息，基本上无关控排企业的"痛痒"。而诸如各控排企业的配额实际分配情况、碳排放具体数据和核查信息等触及控排企业"神经"的信息却鲜见公开。

第三，碳市场信息公开法律责任不太合理。既然不同的主体拥有不同的碳市场信息公开义务，那么当这些主体违反其信息公开义务时理应承担相应的法律责任。然而，现行碳市场信息公开立法却违背了"权义责相统一"的法理。例如，《碳排放权交易管理暂行条例》《碳排放权交易管理办法（试行）》分别规定了生态环境部和省级生态环境主管部门的碳市场信息公开义务，但却未明确规定其违反这些义务时相应的法律责任；各试点立法在法律责任设置上更是呈现出主体责任"不统一、不明确乃至缺失"的现象。

2. 碳市场信息公开存在问题的原因分析

我国碳市场信息公开之所以出现上述问题，主要是因为存在如下问题：

（1）制度设计未能体现合作规制理念。目前，我国碳市场信息公开的立法是传统环境行政管制理念指导下的产物，从上文部门规章到各试点地方政府规章，均未能体现风险合作规制的理念。合作规制理念强调多元主体参与、多元主体间信息共享、多元主体责任共担，而上述立法却是"信息公开主体较为单一，信息公开范围较为保守，信息公开责任不太合理"。

（2）碳市场信息公开缺乏本土立法经验，实践中存在多重顾虑。一方面由于碳市场具有不同于传统的环保市场、能源市场和金融市场的特殊性，国内有关信息公开的法律均不涉及碳市场信息公开，更未明确将之纳入，以致缺乏可资参考的本土立法经验，只能"摸着石头过河"进行探索。另一方面实践中控排企业"不愿意公开"，主要有以下顾虑：其一，担心泄露商业秘密，因为公开碳排放等信息可能会使重要的生产信息、管理信息、知识产权信息、采取保密措施的技术信息等影响企业发展的信息被其他企业（主要是同行业的企业）获取或者不正当使用，从而对自身发展构成威胁，甚至造成重大的经济损失；其二，担心引发纠纷，因为如实公开碳排放信息会引来本可避免的环境侵权诉讼或者普通的民事纠纷；其三，担心招致处罚，对违法控排企业来说，如实公开碳排放信息可能会使碳市场主管部门对其进行行政处罚，无法定抗辩事由则会被采取行政强制措施。[①] 核查机构"不敢公开"，其担心公开相关的核查信息会泄露控排企业的商业秘密，承担不利法律后果。

二、欧盟面向控排企业的碳市场信息公开制度的立法实践与评鉴

（一）欧盟面向控排企业的碳市场信息公开的立法实践

欧盟的环境信息公开立法可以追溯到 1990 年欧共体通过的《关于自由获取环境信息的 90/313 指令》，该指令最先把环境信息的知情权作为一项独立的权利予以报告；受 1992 年《里约宣言》原则 10 对公众知情权的倡导的影响，联合国欧洲经济委员会起草的《公众在环境领域获得信息、参与决策和诉诸司法的公约》（以下简称"奥胡斯公约"）于 1998 年 6 月在丹麦奥胡斯通过，该公约旨在为联合国欧洲经济委员会所辖国家设立公众获取环境信息的标准；为贯彻奥胡斯公约，欧盟在 2003 年 1 月颁布了《关于公众获取环境信息和废止 90/313 指令的 2003/4 指令》，该指令共 24 个条文，正文规定了立法目的、环境信

---

① 参见王国飞：《论企业碳排放信息公开的法律限度》，载《湖北经济学院学报》2014 年第6 期。

息、请求获取环境信息、公开例外规定等内容。这些立法尽管对欧盟碳市场信息公开立法产生一定影响，但是欧盟碳市场信息公开立法集中体现在其第 2003/87/EC 号指令和第 2007/589/EC 号指令 C（2007）3416 号。

1. 碳市场信息公开范围

（1）碳市场信息的法定公开。欧盟的第 2003/87/EC 号指令第 15 条 a、第 17 条分别对"信息披露""信息获取"进行了规定。其中，第 15 条 a 规定："成员国和欧盟委员会应保证所有与配额分配有关的决议和报告以及排放监测、报告和核查信息在第一时间内披露以保障信息获取的非歧视性"；第 17 条规定："按照 2003/4EC 号指令，关于配额分配的决定、成员国参与项目活动的信息或成员国授权私有和公有实体参与项目活动的信息、温室气体排放许可要求的排放报告和权力机构所持有的信息都应向公众公开"。① 不难看出，欧盟碳市场信息的法定公开范围包括以下事项：①有关配额分配的决议和报告；②碳监测、碳排放报告和碳核查等 MRV 信息；③成员国参与项目活动的信息或成员国授权私有和公有实体参与项目活动的信息；④权力机构所持有的信息。

（2）碳市场信息公开的例外情形。第 2003/87/EC 号指令第 15 条 a 还对"专业机密"保护作了规定，如"除非凭借适用法律、法规或行政条款，包含专业机密的信息可以不为他人或机构披露"。也就是说，原则上商业秘密等专业机密不对外公开，除非法律、法规或行政条款另有规定。为此，第 2007/589/EC 号指令 C（2007）3416 号规定，经营者可以在其报告中指明哪些信息是被视为商业上敏感的信息。②

2. 碳市场信息公开主体

成员国主管碳市场的机构是各成员国碳市场信息公开的最主要的义务主体。成员国可以设置一个或多个管理机构，当涉及多个管理机构时应协调好相互间的关系。例如，第 2003/87/EC 号指令第 18 条要求，成员国要作出适当的行政安排，可以指定一个或者多个适当的主管机构执行该指令的规则，

---

① 焦小平主译：《欧盟排放交易体系规则》，中国财政经济出版社 2010 年版，第 32、34 页。

② 参见焦小平主译：《欧盟温室气体排放监测与报告指南》，中国财政经济出版社 2012 年版，第 42~43 页。

当指定的主管机构是多个时，须按照该指令的要求对这些主管机构的工作进行协调。[1]

（二）欧盟面向控排企业的碳市场信息公开制度的评鉴

欧盟是碳市场机制的积极倡导者、践行者，其在碳市场信息公开方面的确作了一些有益的探索。例如，相较我国，欧盟的碳市场信息公开更注重碳排放报告、配额分配等实质内容的公开，并对防止商业秘密泄露作了专门规定。尽管如此，欧盟的碳市场信息公开也存在一些问题，如既未明确碳市场信息公开的（多元）主体责任，也没有把控排企业和核查机构作为信息披露义务主体。缺乏刚性责任机制，碳市场信息公开制度于实践中很可能被无形消解，难以实现应然的信息公开要求。显然，这离建立多元主体间"信息共享、责任共担"的理想碳市场信息公开制度相差甚远。未来我国的碳市场信息公开有关立法可以在总结国内外经验教训的基础上实现突破。

三、重构面向控排企业的碳市场信息公开制度的法律思考

（一）面向控排企业的碳市场信息公开制度的立法价值

1. 保障公众环境知情权

环境知情权（right to environmental information）是社会成员依法获取、知悉环境信息的权利。[2] 公众作为环境知情权的权利主体，其有权获得（可能）对其利益构成影响的有害物质或活动的信息，这一权利的实现需要有关义务主体对环境信息进行充分、全面的公开。但是，试点阶段的国内碳市场信息公开囿于公开义务主体和公开信息范围狭窄、责任分担机制缺失等问题，不足以保障公众的环境知情权。因此，未来立法应明确把核查机构同碳市场主管部门、交易所、控排企业一并作为碳市场信息公开的义务主体，并明确各主体的碳市场信息公开范围和责任分担机制，这将有助于公众环境知情权的实现。

2. 奠定规制控排企业行为的信息基础

碳市场信息具有分散性、指向性的特点。所谓分散性是指碳市场信息由不

---

① 参见韩良：《国际温室气体排放权交易法律问题研究》，中国法制出版社 2009 年版，第 356 页。

② 马燕、焦跃辉：《论环境知情权》，载《当代法学》2003 年第 9 期。

同的主体生成并由这些主体分别占有。例如，碳市场主管部门掌握着本行政区域内的碳市场管理信息，交易所掌握着本平台内的碳市场交易信息，核查机构掌握着委托主体的碳市场核查信息，控排企业拥有着除上述主体以外的其他碳市场信息。所谓指向性是指各种类型的碳市场信息普遍指向控排企业行为。申言之，碳市场主管部门的碳市场管理信息是管理碳市场中控排企业行为过程中所形成的信息，交易所的碳市场交易信息主要是碳市场中控排企业行为情况的综合反映，核查机构的碳市场核查信息是针对控排企业碳排放报告行为所形成的信息，控排企业自身的信息自不待言。可见，通过立法确立碳市场信息公开制度能够奠定合作规制控排企业行为的信息基础。

（二）面向控排企业的碳市场信息公开制度的构建原则

1. 平衡性原则

所谓平衡性原则是指碳市场信息公开涉及公众知情权的保障与公共利益、私人利益的维护间的冲突问题，应对各种利益进行考量，以寻求各方利益的妥当平衡。换言之，碳市场信息公开应"谋求对立的价值或利益获致平衡，以实现社会的最大值为目标"[①]。平衡性原则要求，有关碳市场信息公开的法律规则设计应考虑所涉及利益，并衡量法律所旨在赋予价值的利益及牺牲的利益，力求在碳市场信息公开与商业秘密保护之间获得平衡。平衡性原则的实现，需要基于公共利益和私人利益的维护而对公众环境知情权进行适当限制。

2. 协调性原则

所谓协调性原则是指碳市场信息涉及不同的公开义务主体，这些主体间需要就信息公开进行协调。也就是说，不同层级、同一层级的碳市场主管部门间，各交易所间、核查机构间以及控排企业应明确各自的碳市场信息公开范围，不应出现重复、冲突或模糊等问题。该原则要求，立法上应有相应的制度安排，在明确这些碳市场信息公开义务主体的同时，具体列举其信息公开的事项。

（三）面向控排企业的碳市场信息公开制度的立法路径

建议在将来的《应对气候变化法》"碳市场管理"一章中可以建立碳市场信息公开制度，可抽象地表述为"碳市场主管部门、核查机构、控排企业等主

---

① 杨仁寿：《法学方法论》，中国政法大学出版社 2013 年版，第 222 页。

体在各自权限内依法进行碳市场信息公开。"在《碳排放权交易管理暂行条例》中可以从实体和程序两个方面对碳市场信息公开进行完善，具体来讲：

1. 面向控排企业的碳市场信息公开制度的实体设计

（1）拓宽碳市场信息公开的义务主体范围。目前，碳市场信息公开的义务主体主要是国务院生态环境主管部门、省级人民政府生态环境主管部门、重点排放单位、全国碳排放权交易注册登记机构和全国碳排放权交易机构。国务院生态环境主管部门、省级人民政府生态环境主管部门掌握着碳市场管理信息资源，全国碳排放权交易注册登记机构和全国碳排放权交易机构掌握着碳市场主体的注册登记、交易信息资源，作为重点排放单位中最主要的控排企业掌握着自身碳排放信息，其信息公开义务主体地位自不待言。实际上，核查机构掌握着碳市场核查信息资源，若其不承担起核查信息公开义务，公众难以获取控排企业碳排放的真实情况信息，此方面的信息知情权自然无法实现，因此需要将其纳入信息公开义务主体范围。那么，《碳排放权交易管理暂行条例》也应把核查机构作为碳市场信息公开的法定义务主体。

（2）拓展碳市场信息公开的信息范围。试点碳市场信息公开的范围较窄，且实质性内容存在不足。《碳排放权交易管理暂行条例》也未能超脱既存窠臼，所列信息仍限于一些"基本信息"，如登记、交易的收费项目、收费标准和管理办法，重点排放单位的确定条件、年度重点排放单位名录，温室气体种类和行业范围，年度碳排放配额总量和分配方案。这些信息范围难以保障公众的知情权，可在吸取国内和欧盟经验教训的基础上进行适当拓宽。本书认为，可以公开义务主体为标准，将碳市场信息分为以下四类：

第一，碳市场管理信息。该类信息公开实行国务院生态环境部门和省级人民政府生态环境部门两级管理。前者负责全国范围内的碳市场管理信息公开，应包括以下事项：①纳入控排的温室气体种类、行业；②纳入重点排放单位的名单及确定标准；③配额的分配、拍卖、使用、存储、回购、注销及CCER抵消、稳定调节资金等方面的管理办法；④重点排放单位年度配额清缴情况；⑤符合资质要求的核查机构名单和经批准的交易机构名单及其管理办法；⑥交易机构、核查机构、控排企业的信用信息；⑦不涉及商业秘密的碳监测、碳排放报告信息。后者负责本行政区域内的碳市场信息公开，应包括如下事项：①本行政区域内的重点排放单位名单；②本行政区域内配额分配的方案、决定；③本行政区域内控排企业的配额清缴情况。

第二，碳市场交易信息。该类信息要区分全国碳排放权交易机构（即全国交易所）和地方碳排放权交易机构（即地方交易所）。全国交易所可以公开以下信息：全国重点排放单位的登记、交易的收费项目、收费标准和管理办法。各地方碳排放权交易机构在公开范围上应作统一要求，主要包括如下内容：①发布本交易所的交易规则；②发布交易行情、成交量、成交金额等本交易所的交易信息；③发布本交易所发现的影响市场重大变动的信息。

第三，碳市场核查信息。除了省级人民政府生态环境主管部门可以公布本行政区域的核查结果外，核查机构作为一个独立机构，在不泄露控排企业商业秘密和不同省级人民政府生态环境主管部门公开事项冲突的前提下可发布如下碳市场核查信息：①发布本核查机构接受委托进行核查的控排企业名单；②发布本核查机构接受委托后完成年度核查任务的总体情况。

第四，控排企业自愿公开信息。控排企业除了要履行年度碳排放报告中的排放量、排放设施、统计核算办法等法定的公开事项外，还可以自愿公开涉及商业秘密的碳市场信息，如碳减排内部控制信息、碳监测结果信息等。

此外，还应明确碳市场信息公开的例外情形。一方面以公共利益适当限制公众环境知情权，当公开碳市场信息会损及公共利益时则不予公开，如：①公开的碳市场信息会影响到气候外交或外事活动、政府可信度或公众利益的；②公开的碳市场信息会影响在审案件、追查刑事犯罪或碳市场主管部门执行公务的；③公开的碳市场信息会影响国家环境事务重大决策的；④公开的碳市场信息会严重影响碳市场的安全、秩序的稳定。另一方面以私人利益限制公众环境知情权，当公开碳市场信息会损及法律保护的私人利益时一般不应公开，如：①公开的碳市场信息可能会泄露控排企业的技术秘密、经营秘密和管理秘密等商业秘密，给其带来重要经济损失或损害其市场竞争地位的；②公开的碳市场信息可能会泄露个人隐私的；③公开的碳市场信息可能会影响到控排企业正在进行的契约活动的。

综上，《碳排放权交易管理暂行条例》修改时，在信息公开部分应明确多元信息公开义务主体、划分各类义务主体信息公开的具体范围以及公开的例外情形。

（3）建构碳市场信息公开的多元责任。既然碳市场信息公开涉及多元义务主体且每类义务主体须履行多项信息公开义务，那么当这些主体违反相应的信息公开义务时均应有相应的责任条款设置，而不应限于《碳排放权交易管理暂行条例》规定的对重点排放单位等交易主体、技术服务机构违法的行政处罚责任和《碳排放权交易管理办法（试行）》规定的全国碳排放权注册登记机构和全国碳排放权交易机构及其工作人员泄露有关商业秘密时的责任。那么，在《碳排放权交易管理暂行条例》修改时可设置一些条款，分别规定碳市场主管部门违反碳市场管理信息公开义务、交易所违反碳市场交易信息公开义务、核查机构违反碳市场核查信息公开义务、控排企业发布虚假或不实信息时的法律责任。

2. 面向控排企业的碳市场信息公开制度的程序设计

为保证碳市场信息公开的质量，各类碳市场信息首先应由相应的信息公开义务主体进行相应的信息收集、整理、筛选、分析，然后根据公开要求进行信息整合，信息整合完成后还应经内部审核，确认无误后才可以通过碳市场主管部门的官方网站、交易机构的交易平台网站、核查机构的门户网站和控排企业的门户网站等媒介向社会公布。因此，《碳排放权交易管理暂行条例》修改时可对碳市场信息公开做一些程序上的要求，如"各类碳市场信息公开义务主体应保证信息公开质量，信息一般经信息收集、整理、筛选、分析、整合和审核后才能向社会公开"。

第三节　面向控排企业的碳市场公众参与制度的立法构建

一、我国面向控排企业的碳市场公众参与制度的实践检视

（一）"两省五市"试点碳市场公众参与的现状

1. 行政法规和部门规章中的公众参与

行政法规《碳排放权交易管理暂行条例》、部门规章《碳排放权交易管理

办法（试行）》中公众参与仅体现在对碳市场管理信息、碳市场交易信息等信息知情权和对碳市场主体相关活动监督权的保障方面。具言之：

（1）碳市场管理信息的知情权。该类信息知情权主要体现在《碳排放权交易管理暂行条例》和《碳排放权交易管理办法（试行）》的有关条文中。其中，《碳排放权交易管理暂行条例》第9条第2款、第10条、第12条第1款分别规定了公众对重点排放单位的确定条件和年度重点排放单位名录、提出碳排放权交易覆盖的温室气体种类和行业范围、制定重点排放单位的确定条件以及年度碳排放配额总量和分配方案、核查结果等碳市场管理信息的知情权；《碳排放权交易管理办法（试行）》第9条、第32条分别规定了公众对省级行政区域重点排放单位名录、重点排放单位年度碳排放配额清缴情况等碳市场管理信息的知情权。具体信息范围上一节已述及，此处不再赘述。

（2）碳市场交易信息的知情权。该类信息知情权主要在《碳排放权交易管理办法（试行）》中有体现。例如，《碳排放权交易管理办法（试行）》第10条、第33条第1款分别要求重点排放单位公开交易及相关活动信息和全国碳排放权注册登记机构和全国碳排放权交易机构公布碳排放权登记、交易、结算等信息。

（3）碳市场主体相关活动的监督权。《碳排放权交易管理暂行条例》和《碳排放权交易管理办法（试行）》均设有专门条款赋权公众对碳市场主体相关活动进行监督。例如，《碳排放权交易管理暂行条例》第18条规定了任何单位和个人对监管部门进行举报的权利；《碳排放权交易管理办法（试行）》第35条、第36条分别鼓励公众、新闻媒体对市场交易主体进行监督，明确赋予公民、法人和其他组织对市场交易主体进行举报的权利。

2. 地方政府规章中的公众参与

试点的地方政府规章中普遍规定了公众对碳市场信息的知情权，部分试点还明确了公众在碳市场决策中的参与权。

（1）碳市场信息的知情权。"两省五市"试点的地方政府规章中普遍规定了省级碳市场主管部门的碳市场管理信息公开义务、交易所的碳市场交易信息公开义务、重点排放单位的碳排放信息公开义务。公众碳市场信息知情权实现，需要前述主体履行相应的碳市场信息公开义务，各自信息公开义务范围上一节已作梳理，不再累述。

（2）碳市场决策的参与权。在"两省五市"试点中，北京市、上海市、湖北省、重庆市、广东省的地方政府规章对公众参与碳市场决策过程作了规定（见表11）。其中，北京市试点立法要求，重点碳排放单位提交的排放报告、核查报告、碳排放控制措施的监督检查和一般报告单位的排放报告检查可通过专家评审的方式。上海市试点立法要求，"拟订、制定实行碳排放配额管理的温室气体种类和行业范围、纳管单位确定条件、年度碳排放配额分配方案"过程中主管部门应征求行业协会、企业事业单位、专家和公众的意见。湖北省试点立法规定，"设定年度碳排放配额总量、起草碳排放配额分配方案"过程中，主管部门须广泛听取有关机构、控排企业、专家和社会公众的意见，听取意见可通过论证会、听证会等方式。重庆市试点立法要求，"制定配额管理细则"过程中，主管部门应听取包括公众在内的多方主体的意见。广东省试点立法要求主管部门制定配额分配实施方案，须经主管部门、相关部门、相关领域专家、行业协会和控排企业代表组成的配额分配评审委员会评审，最后由省政府批准后公布。此外，各试点省市在制定地方政府规章过程中，往往要向社会公开征求意见，并对其意见进行反馈。例如，《上海市碳排放管理试行办法》（已失效）制定时，曾为期10天征求公众意见，征求意见过程中共收到书面信件2封、电子邮件10封和网络平台留言10条，政府通过网络平台对这些意见进行了统一回复或反馈。

表 11　试点立法对公众参与碳市场决策的规定

试点立法条文	公众参与决策的范围	公众参与决策的形式
《湖北省碳排放权交易管理暂行办法》第 11 条	设定年度碳排放配额总量、起草碳排放配额分配方案	论证会、听证会等
《上海市碳排放管理办法》第 11 条	拟订、制定实行碳排放配额管理的温室气体种类和行业范围、纳管单位确定条件、年度碳排放配额分配方案	——

试点立法条文	公众参与决策的范围	公众参与决策的形式
《重庆市碳排放权交易管理暂行办法》第8条第2款①	制定配额管理细则	——
《广东省碳排放管理试行办法》（2020修订）第11条	制定配额分配实施方案	配额分配评审委员会
《北京市碳排放权交易管理办法》第23条第1款	重点碳排放单位提交的排放报告、核查报告以及碳排放控制措施的监督检查，一般报告单位的排放报告检查	专家评审
《天津市碳排放权交易管理暂行办法》②	——	——
《深圳市碳排放权交易管理办法》（2024修正)③	——	——

（二）我国碳市场语境下公众参与制度存在的问题

1. "劣质"的碳市场公众参与

经过以上梳理可以发现，我国碳市场领域的立法已对公众参与的范围和形式作了一些规定，为公众监督碳市场主管部门、交易机构、控排企业等主体的行为提供了法律依据，也为碳排放环境风险合作规制目标的实现提供了可能。但是，审视这些规定，公众参与显得较为"劣质"，表现在：

（1）被动参与。行政法规、部门规章和各试点地方政府规章虽然对公众

---

① 遗憾的是，现行《重庆市碳排放权交易管理办法（试行）》并未明确设置公众参与决策的条款。

② 《天津市碳排放权交易管理暂行办法》未明确设置公众参与决策的条款，但在第26条赋予公众监督的权利。

③ 《深圳市碳排放权交易管理办法（2024修正）》未明确设置公众参与决策的条款，但在第48条赋予公众投诉、举报等监督的权利。

的碳市场信息知情权作了规定，这里不仅存在上一节提到的公开义务主体、公开范围的有限性问题，而且存在的突出问题是信息的单向传递，即由"碳市场主管部门（碳市场管理信息发射主体）→公众（信息接受主体）""交易机构（碳市场交易信息发射主体）→公众（信息接受主体）""重点排放单位（碳市场碳排放信息发射主体）→公众（信息接受主体）"。显然，公众始终处于部分碳市场信息的接受端，无法与信息的发射主体进行互动交流。

（2）形式参与。无论是部门规章还是各试点地方政府规章，对公众参与碳市场决策的规定均过于简单，有宣示之嫌。行政法规《碳排放权交易管理暂行条例》虽有一定进步，但对公众参与碳市场决策的事项较有限；部分试点地方政府规章虽提到公众参与碳市场决策，但存在语焉不详的问题。总体来看，公众参与碳市场决策的范围较窄且缺乏实质意义，公众参与碳市场决策的形式未能统一或普遍明确，公众参与碳市场决策的程序更是存在缺失的问题，那么公众参与决策在实践中难免会流于形式。

（3）自利参与。公众参与具有明显的自利倾向。以笔者 2015 年参与的 H 试点配额分配实施方案征求意见会为例，参会人员由主管部门有关负责人、方案起草专家、企业代表和公众代表等组成。其中，公众无论是否存在利害关系均可自愿申请参加，实际上主要是相关研究机构的人员、高校师生。公众参与该会议的目的多样，如为了课题研究、完成学位论文、了解实务等，但鲜有本着维护环境公共利益的目的去参与。

（4）缺乏问责的参与。行政法规、部门规章和试点地方政府规章普遍未对公众违法行使参与权、不履行参与义务等情形设定相应的法律责任。

2. 碳市场公众参与出现"劣质"的肇因分析

我国碳市场公众参与之所以会出现上述不足，主要有以下深层次原因：

（1）碳市场公众参与制度的指导理念问题。碳市场信息的被动获取、碳市场决策的形式参与等弊病反映出现行碳市场公众参与制度具有鲜明的传统环境行政管制理念色彩。这一理念下的公众参与强调的是环境行政主体与行政相对人间的信息单向传递，表现为责任的单一性。显然，该理念下的碳市场公众参与自然无法实现"主体间互动交流、多元信息共享和责任共担"。

（2）碳市场公众参与制度的内在设计缺陷。现行碳市场公众参与制度存在两个方面的内在缺陷：其一，实体缺陷。现行碳市场公众参与制度涉及公众参与设定年度配额总量、制定配额分配实施方案等有限的权利，参与权的内容构成存在局限性；却没有规定公众参与的义务和责任。其二，程序缺陷。法律程序由时间要素和空间要素构成，时空要素可以抑制公众参与的随意性，指引公众参与行为。但是，碳市场公众参与制度在程序上既缺乏参与时间的规定，又存在参与空间不足的问题。

二、欧盟面向控排企业的碳市场公众参与制度的立法实践与评价

（一）欧盟面向控排企业的碳市场公众参与制度的立法实践

"公众"是第 2003/87/EC 号指令中一个重要术语，指令第 3 条将之定义为"根据国家立法或者实践，一人或多人以及协会、机构或者团体"。公众参与主要体现在国家分配计划、配额分配、排放装置暂时排除申请等方面。具言之：

1. 公众参与国家分配计划

指令第 9 条第 1 款要求，在各个时期，每个成员国均应发展一个国家分配计划，该计划要载明不同时期的配额分配总量和配额分配方法。但是，该计划要建立在客观和透明标准的基础上，并对公众的评论予以适当考虑。该指令的附件三"国家分配方案的标准"之九专门规定，国家分配计划"要包括征求公众意见的条款以及在作出配额分配决定之前如何适当考虑这些意见"。实践中，"当国家分配计划为成员国所通过后，在提交欧盟委员会时需要向公众公开以便在欧盟委员会作出正式决定前，公众有机会对碳排放额的分配发表意见"[1]。

2. 公众参与配额分配

欧盟碳市场首期是 3 年（2005 年 1 月 1 日至 2007 年 12 月 31 日），以后各期均为五年（2008 年 1 月 1 日起，每五年为一期），各期的配额分配均要适当考虑公众的意见。其一，在 3 年期中，指令第 11 条第 1 款要求成员国决定这一时期配额分配总量和每个装置的经营者的配额分配。但是，决定至少应在该期开始前的 3 个月作出，并确保是建立在国家分配计划基础上，适当考虑了公众的评论。其二，在 5 年期中，指令第 11 条第 2 款要求成员国决定相

---

① 王燕、张磊：《碳排放交易法律保障机制的本土化研究》，法律出版社 2016 年版，第 242 页。

应时期配额分配总量，并启动对每个装置经营者的配额分配程序。但是，决定至少应在相应时期开始前的 12 个月作出，并确保是建立在国家分配计划基础上，同样需要适当考虑公众的评论。

3. 公众参与装置暂时排除

各成员国可在首期结束前向欧盟委员会申请暂时排除在欧盟计划之外的装置。申请应列明具体装置并予以公告，公众可以对此发表意见。欧盟委员会可以考虑公众对申请的意见，决定对装置进行限排、MRV（监测、报告与核证）或给予处罚等。

（二）欧盟面向控排企业的碳市场公众参与制度的评价

相较国内，欧盟的碳市场公众参与制度的参与范围有所拓展，参与时间较为明确，公众意见也被强制要求予以考虑，这些规定对于实现具有实质意义的碳市场公众参与具有重要意义，这些经验可为我国相关立法提供参考。同时，我们也应看到欧盟碳市场公众参与尚存在诸多不足：其一，碳市场公众参与的权利依然有限，且缺乏公众参与的具体义务和责任。例如，未规定公众参与碳排放环境风险评估的权利，也未涉及公众参与碳市场资格、碳监测计划管理和碳排放报告等碳市场管理的权利，相应的义务和责任缺失更是自不待言。其二，碳市场公众参与的程序尚需要进一步的明确和细化。例如，程序的时间要素方面仅仅是规定了一个大致时间，不够确切会导致各成员国的规定出现不一。因此，我国将来在进行相关立法或者立法修改时，可在借鉴欧盟经验和教训的基础上对碳市场公众参与制度进行构建。

三、构建面向控排企业的碳市场公众参与制度的法律思考

（一）面向控排企业的碳市场公众参与制度的立法价值

1. 促进碳市场规制决策的民主化

自 2011 年启动"两省五市"试点碳市场建设起，我国一直有"碳市场靠政府"的观念，以政策推动碳市场建设。渐渐人们认识到，碳市场机制旨在通过温室气体控排来防范碳排放环境风险，但该机制涉及多元主体间的利益冲突问题从长远看，单纯依靠政府（尤其是碳市场主管部门）单方权力作出碳市场决策是行不通的。那么，碳市场主管部门在作出有关的碳市场规制决

策中需要引入公众参与，使其全程知情与参与，如此一来达成的规制决策才容易得到各方认同与支持，多元利益冲突才能得以调和。据此分析，在立法中确立碳市场公众参与制度可为碳市场规制决策民主化的实现提供法律保障。

2. 增强公众对碳市场行为的监督意识

公众的碳市场行为监督意识，是公众主观上对碳市场行为问题的认知水平及基于此而采取相应行动的意愿程度的表现形式的总称。从碳市场实践看，碳市场机制似乎离公众很遥远，即使个别试点允许公众参与碳市场决策、碳交易，但是参与积极性并不高。因为在公众的潜意识中碳市场是一个"政府建设，控排企业参与"的市场，加之碳市场公众参与制度存在的实体和程序上的缺陷，使其看起来好像"漠不关心"。实际上，碳市场建设中的专家费、管理费、软硬件建设与维护费等诸多费用出自国家财政（即纳税人的钱），加之公众是碳排放环境风险的实际承受者，公众自然应享有监督碳市场不同主体行为的权利。所以，未来立法或者立法修改可以通过赋予公众参与的权利，明确公众参与的义务和责任、设定公众参与的具体程序，将有助于改变公众参与意识不足的问题。

（二）面向控排企业的碳市场公众参与制度的构建原则

1. 以实现"共同善的公众参与"为目标

共同善（common good）是指共同体所具有的共同利益及其实现。申言之，共同善是共同体成员的福祉和完满的最基本的方面，构成了共同体的实践选择与行动的意义来源。① 它具有如下内涵：其一，个体利益的超越性。共同善体现的是各成员基于公共理性普遍承认的公共利益，因此其超越了各参与者的局限和自利。其二，合作关系的维系。各成员有共同的需要，需要一致的行动去实现，而共同善可以为之提供指引，维护其合作关系。

共同善的公众参与是一种以实现公共利益为目的的公众参与形式。根据法律工具主义的观点，共同善的公众参与有助于提高公众参与的质量，其实现离不开规则之治，需要法律的保障。因此，实现共同善的公众参与要求，

---

① 参见郑玉双：《实现共同善的良法善治：工具主义法治观新探》，载《环球法律评论》2016年第3期。

应在构建碳市场公众参与制度时明确公众参与的权利、设定公众参与的义务和责任，以及程序上的时空保障。

2. 应体现主体间的"互动对话"

现行的碳市场公众参与制度的被动性、形式性等弊病不利于实现公众参与的信息互换、利益平衡和共识促进等功能。应该重新塑造公众与其他碳市场主体间的关系，使得各主体间在风险规制沟通中地位平等、可以互动对话。互动对话要求，相关立法不仅应保证公众的信息知情权，而且应保证其对决策过程的参与权，如在规制决策过程中应充分考虑公众的意见。

（三）面向控排企业的碳市场公众参与制度的立法思考

同前述制度的立法思路一样，可以在《应对气候变化法》"碳市场管理"一章中纳入碳市场公众参与制度，可作原则性的规定，如"公众可以依法参与碳市场的相关活动"。这里的"依法"是指《碳排放权交易管理暂行条例》，其可对碳市场公众参与制度作出更加具体的规定。

1. 碳市场公众参与制度的实体设计

（1）明确碳市场公众参与的事项范围。除设定年度配额总量、制定配额分配方案等事项外，可借鉴欧盟经验，为防止碳市场主管部门权力滥用或权力寻租，应把控排企业的排除申请也纳入公众参与的事项，之所以未用"装置暂时排除"的表述，是因为我国和欧盟存在核算要求不同，前者核算实体是以整个企业为主体，而后者则是具体到不同的设施。另外，从碳排放环境风险合作规制的角度，风险评估和风险管理中均涉及民主理性，让公众参与到风险评估过程、风险管理过程（如碳市场资格、碳监测计划和碳排放报告等管理环节）才能更好地规制碳排放环境风险产生的重要源头——碳市场中的控排企业行为。那么，可在《碳排放权交易管理暂行条例》中设置1条，其第1款明确拓展公众参与（监督）的具体事项，具体可采用"抽象+列举"的方式，如"公众享有碳市场活动的权利，其可以参与以下事项：（一）参与研究提出碳排放权交易覆盖的温室气体种类和行业范围；（二）参与制定重点排放单位的确定条件；（三）参与年度碳排放配额总量和分配方案制定过程；（四）参与控排企业退出申请的评议；（五）参与评估标准的制定；（六）参与碳市场会员、交易员等资格管理过程；（七）参与碳监测计划编制、碳排放报告编制、碳核查等管理过程"。

（2）设定碳市场公众参与的义务范围。具有实质意义的公众参与通常建立在一定的碳市场信息基础上，若一味地强调保障公众的碳市场信息知情权和参与权，而不对其权利行使加以适当约束的话，又可能会产生基于经济利益而泄露有关的国家秘密、控排企业的商业秘密或者他人个人隐私的问题。因此，可在上条的基础上增加1款作为第2款，设定碳市场公众参与中保守有关秘密的义务，如"公众参与碳市场活动中应依法履行保密义务，不得泄露国家秘密、商业秘密和个人隐私"。

（3）实施碳市场公众参与的全面问责。根据权利、义务、责任相统一的法理，当公众不依法行使上述碳市场参与权利和不依法履行保密义务时，就应该承担相应的法律责任。那么，可以在《碳排放权交易管理暂行条例》中增加有关公众参与责任的相应条款，例如，可表述为，"公众、专家等主体在下列监督活动中泄露国家秘密、商业秘密和他人隐私的应依法承担相应的责任。（一）控排企业的碳监测计划编制、备案、实施和变更，碳排放报告编制、委托核查和提交审定……活动；（二）碳市场主管部门对碳监测计划、碳排放报告……监管活动；（三）碳市场主管部门提出碳排放权交易覆盖的温室气体种类和行业范围、制定重点排放单位的确定条件、制定年度碳排放配额总量和分配方案、审议控排企业退出申请……其他监管活动。"

2. 面向控排企业的碳市场公众参与制度的程序设计

（1）明确碳市场公众参与的时间。碳市场实践中，不同的规制事项发生的时段不同，因此公众参与的时间也应在体现实践差异性的基础上予以明确。其中，科学的年度配额总量设定、配额分配方案制定应建立在上一年度碳监测、碳排放报告、碳核查、主管部门审定和配额清缴情况等工作的基础上，这些工作完成一般是每年的6月份左右。① 控排企业申请退出也是建立碳排放

---

① 实践中，"两省五市"试点的年度碳排放总量设定和配额分配方案制定时间并不统一，存在1月份（如广东2016年度配额分配方案）、3月份（如湖北2014年度配额分配方案）、5月份（如重庆2013年度配额分配方案）、10月份（如深圳2014年度配额分配方案）、11月份（如北京和上海2013年度、天津2014年度的配额分配方案）等情形。严格来讲，除重庆较合理外，其他试点的时间安排很难保证年度碳排放总量设定和配额分配方案制定的科学性，因为这些工作需要建立在MRV等工作提供的准确的数据信息基础上，而其中的诸多数据信息只有在履约期（基本）完成时才能较准确的获知。

核算的基础上，最终在履约期内核定年度碳排放量低于规定的控排纳入门槛时才能退出，反之则不能（除非出现企业合并、分立、注销、吊销等情形），这样的工作与其他未申请退出企业的时间要求大致相当，即 6 月份左右。碳排放环境风险评估建立在碳监测、碳排放报告等提供的数据基础上，所以时间上也应在 6 月份左右。碳排放环境风险管理中的会员和碳交易员的确定应在参与交易活动前的合理时间，若 6 月份开始新的交易年度，那么会员和碳交易员的资格确定至少应在 6 月份前；碳监测计划是面向下一个履约年度的计划，所以宜在下一个履约年度开始前提交，大致也在 6 月；碳排放报告是针对上一个履约年度的报告，那么应在履约周期结束前确定合理时间，可安排在 5 月。

（2）明确碳市场公众参与的空间。碳市场公众参与需要借助一定的载体，即"空间"。这样的载体是公众同碳市场主管部门、核查机构、控排企业等主体进行交流、沟通的场所。例如，年度配额总量设定、配额分配方案制定方面的论证会、讨论会、征询会和公开征求意见；控排企业申请退出控排的评议会；碳排放环境风险评估议题的协商会、评议会；以及碳市场资格管理、碳监测计划编制、碳排放报告编制等风险管理方面的讨论会等。

综上分析，可借鉴欧盟的经验，在《碳排放权交易管理暂行条例》中对碳市场公众参与的时间要素予以规定，并结合实践对空间要素予以明确。因此，条例在碳市场公众参与的程序上可设置 1 条并分为 2 款，如"碳市场主管部门应在新的交易年度开始前的一个月内作出调整碳排放权交易覆盖的温室气体种类和行业范围、制定重点排放单位的确定条件、制定年度碳排放配额总量和分配方案、审议控排企业退出申请、评估碳排放环境风险和实施碳排放环境风险管理等决定。前款决策应对公众在论证会、讨论会、评议会等参与形式上的意见予以适当考虑"。

结语：迈向碳排放环境风险规制的
环境法治之路

　　传统能源和自然资源的极大消耗引起的碳排放环境问题已成为国际社会共同关注的重大环境议题，运用碳市场机制解决该问题已达成广泛共识。我国政府自2011年起已启动"两省五市"试点碳市场建设，后又启动并积极推进国家碳市场建设。控排企业成为该机制最重要的参与主体和实施主体。与之相随，政府的规制行动呈现出威权管制的现象，体现在：政府主导并垄断了整个规制活动，作为规制对象的控排企业处于被动服从、接受的地位，公众等其他利益相关者也被边缘化或忽视，丧失了话语权和参与权。不可否认，这种环境行政管制理念在危害行为、危害物质、因果关系等均可经证实的传统环境问题领域依然发挥着并将继续发挥着不可替代的作用。但是，若将此理念简单套用以指导碳排放环境风险规制行动，就会产生"强人所难"的问题，自然难以达到预期规制效果。这是因为，这一环境法强烈依赖的传统法律理念建构于工业社会基础上，而时下的碳排放环境风险却呈现出"碳市场控排企业不法行为（违法行为、规避行为）—碳排放源（能源活动和工业生产过程）—过量排放—大气环境容量资源被不法利用—生态环境、公众健康受损"这一特殊生成机理，具有因果关系的间接性、利益关系的复杂性、危害后果的多元性等特征，展露出了不同于传统环境问题的特质，致使传统规制理念与时下风险出现了理论与实践的脱节，无法胜任这一特殊、复杂风险规制的现实需求。"翔峰公司诉深圳市发改委行政处罚案"就是一个很好的例证，它进一步引发了对"命令—控制"环境行政管制理念专断的弊病和过程规制制度（风险评估、风险管理和风险沟通）供给不足的反思。那么，面对控排企业行为引致的碳排放环境风险及其规制困境，该如何应对？需要环境法学者给出一个法律解决方案。

鉴于环境行政管制理念和规制制度的弊病，加之碳排放环境风险的特殊性、复杂性，显然仅仅依靠政府有限理性实施威权管制已经无法实现有效规制的目的，需要寻求多元合作。因此，应先需要找到适应碳排放环境风险规制的理念，以此理念来指导风险规制制度的革新。传统环境风险规制存在科学、民主二元对立的进路，忽视了环境风险二元属性（主观性和客观性）的内在联系，造成环境风险规制中出现了科学理性与民主理性割裂的问题。碳排放环境风险的二元性（客观存在性、主观建构性）启迪了人们整合传统的规制进路，弥合规制中科学理性与民主理性的断裂与对立的现象。合作规制理念应备受青睐，其拥有环境善治、协商民主等深厚的思想观念基础，具有"规制主体的多元性、规制客体的公共行政事务指向性、规制内容的多元主体间的权利义务关系、规制责任的多元主体责任分担、规制信息的互动共享、规制过程的全程性"的特征，显然能够契合碳排放环境风险的特殊性，能够最大限度地发挥各种不同主体间的知识、经验、信息等优势，能够兼顾、平衡规制中的科学理性和民主理性，能够解决碳排放环境风险传统规制理念的专断问题，能够解决碳排放环境风险规制制度的不足性问题。

制度需要理念加以统御，而理念的实现又离不开制度的适配。与传统环境行政管制理念不同，合作规制理念下的碳排放环境风险过程规制制度构建考虑了政府、控排企业、公众、专家等多元主体的不同功能，融合了科学理性和民主理性，可赋予制度新的内涵。碳排放环境风险评估具有科学性与民主性，政府、专家、控排企业、公众等多元主体在风险评估中发挥着不同的作用，克服实践中风险评估中科学理性的局限、民主理性的阙如需要重释这两种理性，前者并非纯粹的"客观理性"而是"共同体高度认同"，后者不应是"公众个体理性"而应是以共同善实现为目的的"公共理性"。对此，应在未来的《应对气候变化法》立法中确立碳排放环境标准制度以为评估控排企业引起的碳排放环境风险提供法律依据，设置体现合作规制理念的碳排放环境风险评估制度为评估该风险提供实体和程序保障。碳排放环境风险管理并非单纯的价值判断过程，还涉及科学判断问题，是一种熔铸了科学理性和民主理性的合作式管理。那么，《碳排放权交易管理暂行条例》再修改时，应以合作规制理念为指导对传统环境行政管制理念下的资格管理制度、碳监测计划制度和碳排放报告制度等管理制度进行革新，使其具有源头风险预防或控制碳市场控排企业不法行为的功能。与此同时，碳排放环境风险的评估、管理中均离不开沟通，碳市场信息公开和公众参与是实现风险沟通的两个核心要素。其中，碳市场信息公开制度应改变当前公开义务主体单一、公开范围过窄、公开责任不合理等弊病，平衡不同主体的利益、协调各自公开界限；碳市场公众参与制度也不应是被动的、形式的、自利的、缺乏问责的"劣质参与"，而应是体现互动的、指向共同善的、富有实质意义的参与。同样，在该条例修改时，需要用合作规制理念指导这两个制度的构建。显然，本书无意构建面面俱到、庞杂的碳排放环境风险规制制度体系，而是抓住体现风险源头预防的几个关键制度；也无意否认其他制度在既有领域发挥的特定功能。

碳排放环境风险法律规制是一个新的环境法议题。尽管本书从立法论的角度作了上述初步探索，但是仍然有诸多问题值得去深思。正如吕忠梅教授等学者所指出，碳排放市场法治建设呈现出立法滞后、司法困境重重。譬如，碳排放环境风险合作规制与《碳排放权交易管理暂行条例》《应对气候变化法》等现行和未来立法的关系，需要进一步深入研究。再如，最高人民法院已明确把碳排放案件列入案件审理范围，那么对碳排放环境风险应如何进行司法控制，我国目前没有经验可循。另外，碳排放环境风险行政规制与司法救济应如何对接，同样没有明确的、直接的法律依据。可以说，我国的碳排放环境风险规制的环境法治建设之路才刚刚起步，有许多新问题需要环境法学者进行探索性研究，建设任务任重道远！

参考文献

中文著作

［1］［德］乌尔里希·贝克：《风险社会》，何博闻译，译林出版社 2004 年版。

［2］［德］乌尔里希·贝克：《世界风险社会》，吴英姿、孙淑敏译，南京大学出版社 2004 年版。

［3］［英］安东尼·吉登斯：《失控的世界》，周红云译，江西人民出版社 2001 年版。

［4］［英］安东尼·吉登斯：《现代性的后果》，田禾译，译林出版社、凤凰出版传媒集团 2011 年版。

［5］［美］史蒂芬·布雷耶：《打破恶性循环：政府如何有效规制风险》，宋华琳译，法律出版社 2009 年版。

［6］［美］凯斯·R.孙斯坦：《风险与理性——安全、法律及环境》，师帅译，中国政法大学出版社 2005 年版。

［7］［英］伊丽莎白·费雪：《风险规制与行政宪政主义》，沈岿译，法律出版社 2012 年版。

［8］［英］珍妮·斯蒂尔：《风险与法律理论》，韩永强译，中国政法大学出版社 2012 年版。

［9］［美］理查德·波斯纳：《法律的经济分析》，蒋兆康译，法律出版社 2012 年版。

［10］［美］布赖恩·比克斯：《法理学：理论与语境》，邱昭继译，法律出版社 2008 年版。

［11］［美］E.博登海默：《法理学：法律哲学与法律方法》，邓正来译，中

国政法大学出版社 2004 年版。

[12] [日] 黑川哲志：《环境行政的法理与方法》，肖军译，中国法制出版社 2008 年版。

[13] [瑞典] 克里斯蒂安·阿扎：《气候挑战解决方案》，杜珩、杜珂译，社 会科学文献出版社 2012 年版。

[14] [美] 埃里克·波斯纳、戴维·韦斯巴赫：《气候变化的正义》，李智、 张键译，社会科学文献出版社 2011 年版。

[15] [美] 詹姆斯·萨尔兹曼、巴顿·汤普森：《美国环境法》，徐卓然、胡 慕云译，北京大学出版社 2016 年版。

[16] [德] 汉斯·J. 沃尔夫、奥托·巴霍夫、罗尔夫·施托贝尔：《行政法 （第三卷）》，高家伟译，商务印书馆 2007 年版。

[17] [德] 埃贝哈德·施密特－阿斯曼等：《德国行政法读本》，于安等译， 高等教育出版社 2006 年版。

[18] [英] 阿瑟·塞西尔·庇古：《福利经济学》，金镝译，华夏出版社 2013 年版。

[19] [日] 植草益：《微观规制经济学》，朱绍文、胡欣欣等译，中国发展出 版社 1992 年版。

[20] [美] 丹尼尔·F. 史普博：《管制与市场》，余晖等译，格致出版社、 上海三联书店、上海人民出版社 2008 年版。

[21] [英] 安东尼·奥格斯：《规制：法律形式与经济学理论》，骆梅英译， 中国人民大学出版社 2008 年版。

[22] [美] 史蒂芬·布雷耶：《规制及其改革》，李红雷等译，北京大学出版 社 2008 年版。

[23] [美] 埃莉诺·奥斯特罗姆：《公共事物的治理之道——集体行动制度 的演进》，余逊达、陈旭东译，上海三联书店 2000 年版。

[24] [美] 科恩：《论民主》，聂崇信、朱秀贤译，商务印书馆 1988 年版。

[25] [美] 詹姆斯·博曼、威廉·雷吉主编：《协商民主：论理性与政治》， 陈家刚等译，中央编译出版社 2006 年版。

[26] [美] 丹尼尔·A. 法伯、罗杰·W. 芬德利：《环境法精要》，田其云、

黄彪译，南开大学出版社 2016 年版。

［27］［美］恩格、史密斯、博凯里：《环境科学：交叉关系学科》，王建龙等译，清华大学出版社 2009 年版。

［28］［美］罗斯科·庞德：《通过法律的社会控制》，沈宗灵译，商务印书馆 2010 年版。

［29］［英］安德鲁·多布森：《绿色政治思想》，郇庆治译，山东大学出版社 2005 年版。

［30］［英］谢尔顿·克里姆斯基、多米尼克·戈尔丁编著：《风险的社会理论学说》，徐元玲、孟毓焕、徐玲等译，北京出版社出版集团、北京出版社 2005 年版。

［31］［英］巴里·巴恩斯、大卫·布鲁尔、约翰·亨利主编：《科学知识：一种社会学的分析》，邢冬梅、蔡仲译，南京大学出版社 2004 年版。

［32］［美］约翰·克莱顿·托马斯：《公共决策中的公民参与：公共管理者的新技能与新策略》，孙柏瑛等译，中国人民大学出版社 2005 年版。

［33］［德］中共中央马克思恩格斯列宁斯大林著作编译局编：《马克思恩格斯选集（第一卷）》，人民出版社 1995 年版。

［34］［德］哈特穆特·毛雷尔：《行政法学总论》，高家伟译，法律出版社 2000 年版。

［35］［美］苏珊·哈克：《理性地捍卫科学——在科学主义与犬儒主义之间》，曾国屏、袁航等译，中国人民大学出版社 2008 年版。

［36］［德］哈贝马斯：《公共领域的结构转型》，曹卫东等译，学林出版社 1999 年版。

［37］［美］罗伯特·V. 珀西瓦尔：《美国环境法——联邦最高法院法官教程》，赵绘宇译，法律出版社 2014 年版。

［38］［美］约翰·R. 诺朗、帕特里夏·E. 萨尔金：《气候变化与可持续发展法精要》，申进忠、曹彩丹译，南开大学出版社 2016 年版。

［39］［英］理查德·威廉姆斯：《组织绩效管理》，蓝天星翻译公司译，清华大学出版社 2002 年版。

［40］杨仁寿：《法学方法论》，中国政法大学出版社 2013 年版。

［41］舒国滢等：《法学方法论问题研究》，中国政法大学出版社 2007 年版。

［42］舒国滢主编：《法理学导论》，北京大学出版社 2012 年版。

［43］梁慧星：《法学学位论文写作方法》，法律出版社 2012 年版。

［44］刘岩：《风险社会理论新探》，中国社会科学出版社 2008 年版。

［45］何跃军：《风险社会立法机制研究》，中国社会科学出版社 2013 年版。

［46］林丹：《乌尔里希·贝克风险社会理论及其对中国的影响》，人民出版社 2013 年版。

［47］潘斌：《社会风险论》，中国社会科学出版社 2011 年版。

［48］柯坚：《环境法的生态实践理性原理》，中国社会科学出版社 2012 年版。

［49］杨解君等：《面向低碳未来的中国环境法制研究》，复旦大学出版社 2014 年版。

［50］唐双娥：《环境法风险防范原则研究——法律与科学的对话》，高等教育出版社 2004 年版。

［51］郭红欣：《环境风险法律规制研究》，北京大学出版社 2016 年版。

［52］沈岿主编：《风险规制与行政法新发展》，法律出版社 2013 年版。

［53］金自宁编译：《风险规制与行政法》，法律出版社 2012 年版。

［54］刘刚编译：《风险规制：德国的理论与实践》，法律出版社 2012 年版。

［55］宋明哲：《公共风险管理——ERM 架构》，财团法人金融研训院 2015 年版。

［56］戚建刚、易君：《灾难性风险行政法规制的基本原理》，法律出版社 2015 年版。

［57］杨小敏：《食品安全风险评估法律制度研究》，北京大学出版社 2015 年版。

［58］吕忠梅主编：《环境法导论》，北京大学出版社 2008 年版。

［59］蔡守秋主编：《环境资源法教程》，高等教育出版社 2004 年版。

［60］汪劲：《环境法学》，北京大学出版社 2014 年版。

［61］陈慈阳：《环境法总论》，中国政法大学出版社 2003 年版。

［62］王曦主编：《国际环境法与比较环境法评论》，法律出版社 2005 年版。

［63］叶俊荣：《环境政策与法律》，中国政法大学出版社 2003 年版。

［64］ 周卫：《环境规制与裁量理性》，厦门大学出版社 2015 年版。

［65］ 林兵：《环境伦理的人性基础》，吉林人民出版社 2002 年版。

［66］ 陈海嵩：《国家环境保护义务论》，北京大学出版社 2015 年版。

［67］ 金自宁：《公法/私法二元区分的反思》，北京大学出版社 2007 年版。

［68］ 罗豪才主编：《软法的理论与实践》，北京大学出版社 2010 年版。

［69］ 杨解君：《中国行政法的变革之道——契约理念的确立及其展开》，清华大学出版社 2011 年版。

［70］ 杨建顺：《日本行政法通论》，中国法制出版社 1998 年版。

［71］ 罗仕国：《科学与价值：作为实践理性的法律推理导论》，中国社会科学出版社 2008 年版。

［72］ 许玉镇：《比例原则的法理研究》，中国社会科学出版社 2009 年版。

［73］ 席涛：《美国管制：从命令—控制到成本—收益分析》，中国社会科学出版社 2006 年版。

［74］ 熊秉元：《解释的工具：生活中的经济学原理》，东方出版社 2014 年版。

［75］ 俞可平主编：《治理与善治》，社会科学文献出版社 2000 年版。

［76］ 曹明德、刘明明、崔金星等：《中国碳排放交易法律制度研究》，中国政法大学出版社 2016 年版。

［77］ 胡炜：《法哲学视角下的碳排放交易制度》，人民出版社 2013 年版。

［78］ 王燕、张磊：《碳排放交易法律保障机制的本土化研究》，法律出版社 2016 年版。

［79］ 王燕、张磊：《碳排放交易市场化法律保障机制的探索》，复旦大学出版社 2015 年版。

［80］ 葛全胜、方修琦等编著：《中国碳排放的历史与现状》，气象出版社 2011 年版。

［81］ 唐方方主编：《气候变化与碳交易》，北京大学出版社 2012 年版。

［82］ 国家应对气候变化战略研究和国际合作中心、清洁发展机制项目管理中心（碳市场管理部）：《2016 中国碳市场报告》，中国环境出版社 2016 年版。

［83］ 郭冬梅：《应对气候变化法律制度研究》，法律出版社 2010 年版。

［84］范英、莫建雷、朱磊等：《中国碳市场：政策设计与社会经济影响》，科学出版社 2016 年版。

［85］戴彦德、康艳兵、熊小平等：《碳交易制度研究》，中国发展出版社 2014 年版。

［86］郭冬梅：《中国碳排放权交易制度构建的法律问题研究》，群众出版社 2015 年版。

［87］张士元主编：《企业法》，法律出版社 2005 年版。

［88］陈诗一等主编：《应对气候变化：用市场政策促进二氧化碳减排》，科学出版社 2014 年版。

［89］许吟隆等：《气候变化对中国生态和人体健康的影响与适应》，科学出版社 2013 年版。

［90］孙永平主编：《碳排放权交易概论》，社会科学文献出版社 2016 年版。

［91］林健主编：《碳市场发展》，上海交通大学出版社 2013 年版。

［92］殷培红、王媛、李蓓蓓等：《金融危机前主要经济体温室气体减排路径研究》，气象出版社 2014 年版。

［93］王毅刚：《中国碳排放权交易体系设计研究》，经济管理出版社 2011 年版。

［94］刘兰翠等编译：《主要发达国家的温室气体排放申报制度》，中国环境科学出版社 2012 年版。

［95］王小龙：《排污权交易研究：一个环境法学的视角》，法律出版社 2008 年版。

［96］中国社会科学院语言研究所词典编辑室编：《现代汉语词典》，商务印书馆 2005 年版。

［97］于海：《西方社会思想史》，复旦大学出版社 1993 年版。

［98］王锡锌：《公众参与和行政过程——一个理念和制度分析的框架》，中国民主法制出版社 2007 年版。

［99］信春鹰主编：《〈中华人民共和国环境保护法〉学习读本》，中国民主法制出版社 2014 年版。

［100］陈惠珍：《中国碳排放权交易监管法律制度研究》，社会科学文献出

社 2017 年版。

[101] 聂力：《中国碳排放权交易博弈分析》，首都经济贸易大学出版社 2014 年版。

[102] 吴宏杰编著：《碳资产管理：低碳发展之路任重而道远》，北京联合出版公司 2015 年版。

[103] 苏树辉、袁国林主编：《温室气体减排与碳市场发展报告（2016）》，世界知识出版社 2016 年版。

[104] 焦小平主译：《欧盟温室气体排放监测与报告指南》，中国财政经济出版社 2012 年版。

[105] 焦小平主译：《欧盟排放交易体系规则》，中国财政经济出版社 2010 年版。

[106] 郝海青：《欧美碳排放权交易法律制度研究》，中国海洋大学出版社 2011 年版。

[107] 王毅刚等：《碳排放交易制度的中国道路——国际实践与中国应用》，经济管理出版社 2011 年版。

[108] 中国质量认证中心、清华大学环境学院、国家发改委能源研究所编著：《企业碳排放管理国际经验与中国实践》，中国质检出版社、中国标准出版社 2015 年版。

[109] 张宁：《中国碳市场建设初探——理论、国际经验与中国的选择》，中央编译出版社 2013 年版。

[110] 中国清洁发展机制基金管理中心、大连商品交易所：《碳配额管理与交易》，经济科学出版社 2010 年版。

[111] 齐绍洲等：《低碳经济转型下的中国碳排放权交易体系》，经济科学出版社 2016 年版。

[112] 郑爽等：《全国七省市碳交易试点调查与研究》，中国经济出版社 2014 年版。

[113] 蔡定剑主编：《公众参与：风险社会的制度建设》，法律出版社 2009 年版。

[114] 韩良：《国际温室气体排放权交易法律问题研究》，中国法制出版社

2009 年版。

中文论文

［1］吕忠梅、王国飞：《中国碳排放市场建设：司法问题及对策》，载《甘肃社会科学》2016 年第 5 期。

［2］林而达等：《气候变化国家评估报告（Ⅱ）：气候变化的影响与适应》，载《气候变化研究进展》2006 年第 2 期。

［3］章国锋：《反思的现代化与风险社会——乌尔里希·贝克对西方现代化理论的研究》，载《马克思主义与现实》2006 年第 1 期。

［4］王树义、皮里阳：《论第二代环境法及其基本特征》，载《湖北社会科学》2013 年第 11 期。

［5］熊灵、齐绍洲、沈波：《中国碳交易试点配额分配的机制特征、设计问题与改进对策》，载《武汉大学学报（哲学社会科学版）》2016 年第 3 期。

［6］贝克、邓正来、沈国麟：《风险社会与中国——与德国社会学家乌尔里希·贝克的对话》，载《社会学研究》2010 年第 5 期。

［7］周珂、侯佳儒：《环境法学与民法学的范式整合》，载《河海大学学报（哲学社会科学版）》2007 年第 2 期。

［8］柯坚：《环境行政管制困局的立法破解——以新修订的〈环境保护法〉为中心的解读》，载《西南民族大学学报（人文社科版）》2015 年第 5 期。

［9］斯科特·拉什、王武龙：《风险社会与风险文化》，载《马克思主义与现实》2002 年第 4 期。

［10］谢晖：《论规范分析方法》，载《中国法学》2009 年第 2 期。

［11］黄辉：《法学实证研究方法及其在中国的运用》，载《法学研究》2013 年第 6 期。

［12］康艳兵、熊小平、赵盟：《碳交易本质与制度框架》，载《中国发展观察》2015 年第 10 期。

［13］沈一兵：《从环境风险到社会危机的演化机理及其治理对策——以我国十起典型环境群体性事件为例》，载《华东理工大学学报（社会科学版）》2015 年第 6 期。

［14］ 李小平等：《宝鸡城市土壤重金属生物活性与环境风险》，载《环境科学学报》2015 年第 4 期。

［15］ 胡海清等：《1953—2011 年小兴安岭森林火灾含碳气体排放的估算》，载《应用生态学报》2013 年第 11 期。

［16］ 易先良：《环境法文化初探》，载《比较法研究》1991 年第 3 期。

［17］ 王国飞：《体育环境侵权的识别与定位——兼评〈侵权责任法〉环境污染责任条款》，载《西安体育学院学报》2016 年第 2 期。

［18］ 殷杰兰：《论全球环境治理模式的困境与突破》，载《国外社会科学》2016 年第 5 期。

［19］ 江必新、李春燕：《公众参与趋势对行政法和行政法学的挑战》，载《中国法学》2005 年第 6 期。

［20］ 乌尔里希·贝克、郗卫东：《风险社会再思考》，载《马克思主义与现实》2002 年第 4 期。

［21］ 柯坚：《事实、规范与价值之间：环境法的问题立场、学科导向与实践指向》，载《南京工业大学学报（社会科学版）》2014 年第 1 期。

［22］ 金自宁：《作为风险规制工具的信息交流 以环境行政中 TRI 为例》，载《中外法学》2010 年第 3 期。

［23］ 戚建刚：《我国食品安全风险规制模式之转型》，载《法学研究》2011 年第 1 期。

［24］ 俞可平：《法治与善治》，载《西南政法大学学报》2016 年第 1 期。

［25］ 周珂、腾延娟：《论协商民主机制在中国环境法治中的应用》，载《浙江大学学报（人文社会科学版）》2014 年第 6 期。

［26］ 刘超：《协商民主视阈下我国环境公众参与制度的疏失与更新》，载《武汉理工大学学报（社会科学版）》2014 年第 1 期。

［27］ 乔治·M. 瓦拉德兹、何莉：《协商民主》，载《马克思主义与现实》2004 年第 3 期。

［28］ 王子灿：《专利法的"绿化"：风险预防原则的缘起、确立和适用》，载《法学评论》2014 年第 4 期。

［29］ 刘权：《作为规制工具的成本—收益分析——以美国的理论与实践为

例》，载《行政法学研究》2015 年第 1 期。

［30］周卫：《美国环境规制中的风险衡量》，载《中国地质大学学报（社会科学版）》2008 年第 5 期。

［31］戚建刚：《我国行政决策风险评估制度之反思》，载《法学》2014 年第 10 期。

［32］王鲁权：《环境风险评估制度构建的基本理论问题研究》，载《大连海事大学学报（社会科学版）》2016 年第 6 期。

［33］虞崇胜、张继兰：《环境理性主义抑或环境民主主义——对中国环境治理价值取向的反思》，载《行政论坛》2014 年第 5 期。

［34］哈琳娜·布朗、罗伯特·L. 戈布尔、金自宁：《风险评估中的科学家》，载《交大法学》2013 年第 4 期。

［35］谢晓非、郑蕊：《风险沟通与公众理性》，载《心理科学进展》2003 年第 4 期。

［36］戚建刚：《食品安全风险属性的双重性及对监管法制改革之寓意》，载《中外法学》2014 年第 1 期。

［37］陈贻健：《论气候变化法的科学基础——社会建构主义的视角》，载《江西社会科学》2016 年第 10 期。

［38］沈岿：《风险治理决策程序的应急模式——对防控甲型 H1N1 流感隔离决策的考察》，载《华东政法大学学报》2009 年第 5 期。

［39］蔡曙山：《论技术行为、科学理性与人文精神——哈贝马斯的意识形态理论批判》，载《中国社会科学》2002 年第 2 期。

［40］周谨平：《社会治理与公共理性》，载《马克思主义与现实》2016 年第 1 期。

［41］龚微：《大气污染物与温室气体协同控制面临的挑战与应对——以法律实施为视角》，载《西南民族大学学报（人文社科版）》2017 年第 1 期。

［42］陈健华等：《国内外企业温室气体排放核算标准的比较分析》，载《气候变化研究进展》2016 年第 6 期。

［43］刘明明、徐伟：《美国温室气体排放标准立法评析及经验借鉴》，载

《环境污染与防治》2012 年第 8 期。

[44] 宋锡祥、高大力：《论英国〈气候变化法〉及其对我国的启示》，载《上海大学学报（社会科学版）》2011 年第 2 期。

[45] D. M. 拉姆斯博滕等：《英国气候变化风险评估》，载《水利水电快报》2012 年第 1 期。

[46] 王慧：《美国地方气候变化立法及其启示》，载《中国地质大学学报（社会科学版）》2017 年第 1 期。

[47] 孟军本：《管理概念源头追问》，载《长春工业大学学报（社会科学版）》2014 年第 2 期。

[48] 刘慧、谭艳秋：《欧盟碳排放交易体系改革的内外制约及发展趋向》，载《德国研究》2015 年第 1 期。

[49] 秦天宝、付璐：《欧盟排放交易的立法进程及其对中国的启示》，载《江苏大学学报（社会科学版）》2012 年第 3 期。

[50] 李挚萍：《碳交易市场的监管机制研究》，载《江苏大学学报（社会科学版）》2012 年第 1 期。

[51] 黄德林、王国飞：《欧盟地下水保护的立法实践及其启示》，载《法学评论》2010 年第 5 期。

[52] 朱最新、曹延亮：《行政备案的法理界说》，载《法学杂志》2010 年第 4 期。

[53] 马燕、焦跃辉：《论环境知情权》，载《当代法学》2003 年第 9 期。

[54] 郑玉双：《实现共同善的良法善治：工具主义法治观新探》，载《环球法律评论》2016 年第 3 期。

[55] 吕艳滨：《论信息公开在政府治理中的作用》，载《中国社会科学院研究生院学报》2014 年第 4 期。

[56] 卢嘉瑞：《空间资源的开发与利用》，载《中国社会科学》1992 年第 5 期。

[57] 王国成：《理性经济行为的实质与科学化演进》，载《中国社会科学院研究生院学报》2009 年第 1 期。

[58] 王敬波：《政府信息公开中的公共利益衡量》，载《中国社会科学》

2014 年第 9 期。

［59］郭洪水：《当代风险的科学建构》，载《中国社会科学院研究生院学报》
2013 年第 1 期。

［60］张嫚：《环境规制与企业行为间的关联机制研究》，载《财经问题研究》
2005 年第 4 期。

［61］中山大学法学院课题组：《论中国碳交易市场的构建》，载《江苏大学
学报（社会科学版）》2012 年第 1 期。

［62］戴凡、周勇：《加州碳排放权交易市场的法律基础》，载《科学与管理》
2014 年第 2 期。

［63］王明远：《论碳排放权的准物权和发展权属性》，载《中国法学》2010
年第 6 期。

［64］杨泽伟：《碳排放权：一种新的发展权》，载《浙江大学学报（人文社
会科学版）》2011 年第 3 期。

［65］潘家华：《人文发展分析的概念构架与经验数据——以对碳排放空间的
需求为例》，载《中国社会科学》2002 年第 6 期。

［66］陈文颖、吴宗鑫、何建坤：《全球未来碳排放权"两个趋同"的分配方
法》，载《清华大学学报（自然科学版）》2005 年第 6 期。

［67］郑少华、孟飞：《论排放权市场的时空维度：低碳经济的立法基础》，
载《政治与法律》2010 年第 11 期。

［68］丁丁、潘方方：《论碳排放权的法律属性》，载《法学杂志》2012 年第
9 期。

［69］凤振华、魏一鸣：《欧盟碳市场系统风险和预期收益的实证研究》，载
《管理学报》2011 年第 3 期。

［70］董德利：《碳交易、市场理性与国际气候合作研究》，载《中州学刊》
2014 年第 6 期。

［71］袁杜娟：《我国碳排放总量控制与交易制度构建》，载《中共中央党校
学报》2014 年第 5 期。

［72］张磊：《温室气体排放权的财产权属性和制度化困境——对哈丁"公地
悲剧"理论的反思》，载《法制与社会发展》2014 年第 1 期。

［73］ 李媛媛：《中国碳保险法律制度的构建》，载《中国人口·资源与环境》2015 年第 2 期。

［74］ 马海涌、张伟伟、李泓仪：《国际碳市场的风险、监管及其对我国的启示》，载《税务与经济》2011 年第 6 期。

［75］ 魏东、岳杰、王璟珉：《碳排放权交易风险管理的识别、评估与应对》，载《中国人口·资源与环境》2012 年第 8 期。

［76］ 张帆、李佐军：《中国碳交易管理体制的总体框架设计》，载《中国人口·资源与环境》2012 年第 9 期。

［77］ 曹明德：《中国参与国际气候治理的法律立场和策略：以气候正义为视角》，载《中国法学》2016 年第 1 期。

［78］ 曹明德、崔金星：《欧盟、德国温室气体监测统计报告制度立法经验及政策建议》，载《武汉理工大学学报（社会科学版）》2012 年第 2 期。

［79］ 李艳芳、张忠利：《二氧化碳的法律定位及其排放规制立法路径选择》，载《社会科学研究》2015 年第 2 期。

［80］ 李艳芳、张忠利：《欧盟温室气体排放法律规制及其特点》，载《中国地质大学学报（社会科学版）》2014 年第 5 期。

［81］ 张忠利：《韩国碳排放交易法律及其对我国的启示》，载《东北亚论坛》2016 年第 5 期。

［82］ 吕忠梅：《环境法学研究的转身——以环境与健康法律问题调查为例》，载《中国地质大学学报（社会科学版）》2010 年第 4 期。

英文著作

［1］ Scott D. Deatherage, *Carbon Trading Law and Practice*, Oxford University Press, 2011.

［2］ Douglas, M. & WildayskyA., *Risk and Culture*, University of California Press, 1982.

［3］ Douglas. J. Crawford-Brown, *Risk-based Environmental Decisions Culture and Methods*, Kluwer Academic Publishers, 1999.

［4］ A. Sen., *Development as freedom*, Oxford University Press, 1999.

[5] Stephen Breyer, *Breaking the Vicious Cycle: Toward Effective Risk Regulation*, Harvard University Press, 1993.

[6] M. Kloepfer (Hrsg), *Umweltstaat*, Springer, 1989.

[7] Richard J. Pierce, Sidney A. Shapiro, *Paul R. Verkuil: Administrative Law Process*, The Foundation Press, 1985.

[8] National Research Council, *Improving Risk Communication*, National Academy Press, 1989.

[9] Lumann, *N. Risk: A Sociological Theory*, de Gruyter Press, 1991.

[10] Neuhoff, *K. Climate Policy after Copenhagen: The Role of Carbon Pricing*, Cambridge University Press, 2011.

[11] Yeong-Bin Lee, Chen-Kuo Lee, *A Study on International Emissions Trading*, Cambridge University Press, 2011.

[12] Annet Nakamatte, *Achieving Cost-Effectiveness and Equity: Analysis of the International Emissions Trading System*, University of Alberta, 2007.

[13] R. Weiler, F. Krause & W. Sachs, *Reading the Kyoto Protocol: Ethical Aspects of the Convention on Climate Change*, Eburon Academic Publishers, 2005.

[14] The United Nations Development Program, *Human Development Report 2007/2008*, Palgrave Macmillan, 2007.

[15] Dales J H. Pollution, *Property and Prices*, University of Toronto Press, 1968.

[16] Farhana Yamin, Joanna Depledge, *International Climate Change Regime A Guide to Rules*, Institutes and Procedures, Cambridge University Press, 2004.

[17] Loren R. Cass, *The Failures of American and European Climate Policy International Norms*, *Domestic Politics and Unchevable Commitments*, State University of New York Press, 2006.

[18] Dieter Helm, *Climate Change Policy*, Oxford University Press, 2005.

[19] Dworkin, *R. Taking Rights Seriously*, Cambridge University Press, 1977.

［20］ Elli Louka, *International Environmental Law: Fairness, Effectiveness, and World Order*, Cambridge University Press, 2006.

［21］ Ian Ayres, John Braithwaite, *Responsive Regulation: Transcending the Deregulation Debate*, Oxford University Press, 1992.

［22］ Jonas Ebbesson, Phobe Okowa（eds.）, *International Justice and Environmental Law*, Cambridge University Press, 2009.

［23］ Michael Faure, Marjan Petters（eds）, *Climate Change and Eurpean Trading*, Edward Elgar Publishing, Inc. , 2008.

［24］ Neil Gunningham and Peter Grabosky, *Smart Regulation: Designing Environmental Policy*, Clarendon Press, 1998.

［25］ Kahn A. E. , *The Economics of Regulation: Principles and Institutions*, Wiley, 1970.

［26］ David Freestone, Charlotte Streck, *Legal Aspects of Implementing the Kyoto Protocol Mechanisms: Making Kyoto Work*, Oxford University Press, 2005.

［27］ Andrew Dobson, *Justice and the Environment*, Oxford University Press, 1998.

［28］ Eric A. Posner, David Weisbach, *Climate Change Justice*, Princeton University Press, 2010.

［29］ Tim Hayward, *Constitutional Environmental Rights*, Oxford University Press, 2004.

［30］ Karsten Neuhoff, *Climate Policy after Copenhagen: The Role of Carbon Pricing*, Cambridge University Press, 2011.

［31］ A. Denny Ellerman, Paul L. Joskow. , *Markets for Clean Air*, Cambridge University Press, 2000.

英文论文

［1］ Robert Baldwin, "Regulation lite: the rise of emissions trading", *Regulation & Governance*, 2008, Vol. 2, No. 2.

［2］ Markus Lederer, "Market Making via Regulation: The Role of the State in Carbon Markets", *Regulation &Governance*, 2012, No. 6.

[3] Eric, Helleiner, Jason, et al., "Subprime catalyst: Financial Regulatory Reform and the Strengthening of US Carbon Market Governance", *Regulation & Governance*, 2013, No. 7.

[4] Cox P. M., Betts R. A., Collins M, et al., "Amazonian Forest Dieback under Climate-carbon Cycle Projections for the 21st Century", *Theoretical & Applied Climatology*, 2004, Vo. 78, No. 1/3.

[5] Root T. L., Price J. T., Hall K. R., et al., "Fingerprints of Global Warming on Wild Animals and Plants", *Nature*, 2003, Vol. 421, No. 6918.

[6] Pim, MartensAnthony, J., et al., "Vector-Borne Diseases, Development and Climate Change: An Editorial Comment", *Integrated Assessment*, 2001, Vo. 2.

[7] Juval Portugali, "Population, Society, and Environment on the Verge of the 21st Century: An Overview", *Discrete Dynamics in Nature and Society*, 1999, Vol. 3, No. 2-3.

[8] Garrett Hardin, "The Tragedy of the Commons", *Science*, 1968, No. 162.

[9] Power M., Mccarty L. S., "A Comparative Analysis of Environmental Risk Assessment/Risk Management Frameworks", *Environmental Science & Technology*, 1998, Vol. 32, No. 9.

[10] Cary Coglianese, Gary E. Marchant, "Shifting Sands: The Limits of Science in Setting Risk Standards", *University of Pennsylvania Law Review*, 2003, Vol. 152, No. 285.

[11] Peter Huber, "Safety and The Second Best: The Hazards of Public Risk Management in the Courts", *Colum. L. Review*, 1985, No. 85.

[12] Fiorino, "D. J. Citizen partipation and Environmental Risk: A Survey of Institutional Mechanisms", *Science, Technology, and Human Valuse*, 1990, Vol. 15, No. 2.

[13] Dale Jamieson, "Uncertainty and Risk Assessment: Scientific Uncertainty and the Political Process", *The Annals of The American Academy of Political*

and Social Science, 1996, No. 35.

[14] Ruckelshaus, William, "D. Science, Risk and Public Policy", *Vital Speeches of the Day*, 1983, Vol. 49, No. 20.

[15] C. R. Sunstein, "Of Montreal and Kyoto: A Tale of Two Protocols", *Environmental Law Reporter News & Analysis*, 2008, Vol. 31, No. 1.

[16] E. A. Posner, "C. R. Sunstein, Climate Change Justice", *Geortown Law Journal*, 2007-2008, No. 96.

[17] Betsill, Michele, Hoffmann, Matthew J., "The Contours of "Cap and Trade": The Evolution of Emissions Trading Systems for Greenhouse Gases", *Review of Policy Research*, 2011, No1.

[18] Robert Baldwin, "Regulation Lite: The Rise of Emissions Trading", *Regulation&governance*, 2008, Vol. 2. No. 2.

[19] Eric Helleiner, Jason, Thistlethwaite, "Subprime Catalyst: Financial Regulatory Reform and the Strengthening of US Carbon Market Governance", *Regulation & Governance*, 2013, No. 7.

[20] Markus Lederer, "Market Making via Regulation: The Role of the State in Carbon Markets", *Regulation & Governance*, 2012, No. 6.

[21] Stefan Pickl, Erik Kropat, Heiko Hahn, "The Impact of Uncertain Emission Trading Markets on Interactive Resource Planning Processes and International Emission Trading Experiments", *Climatic Change*, 2010, No. 103.

[22] Jonas Meckling, "The Future of Emissions Trading", *WIREs Clim Change*, 2014, No. 5.

[23] Raphael Calel, "Carbon markets: a historical overview", *WIREs Clim Change*, 2013, No. 4.

[24] Christian de Perthuis, "Carbon Markets Regulation: The case for a CO2 Central Bank", *Climate Economics Chair*, 2011, No. 8.

[25] Ministry of Environment, "Emissions Trading Regulation under the Greenhouse Gas Reduction (Cap and Trade) Act-Consultation Paper", at http://www. doc88. com/p-918959845157. html.

［26］ Cui，Shu-Chien Hsu，"Project Complexity under Carbon Regulation and Tradings"，*The Proceedings of the 2010 CIB World Congress*，Salford，UK.

［27］ Frank B. Cross，"The Public Role in Risk Control"，*Environmental Law*，1994，No. 3.

［28］ S. Johnson，K Bowers，M Krauss，J Dunn，"Climate Change and Global Justice：Crafting Fair Solutions for Nations and Peoples"，*Harvard Environmental Law Review*，2022. No. 2.

［29］ D. A. Farber，"Basic Compensation for Victims of Climate Change"，*University of Pennsylvania Law Review*，2007，Vol. 155，No. 6.

［30］ Parmesan C，Yohe G. A ，"Globally Coherent Fingerprint of Climate Change Impacts across Natural Systems"，*Nature*，2003，Vol. 421，No. 6918.

学位论文

［1］ 李香民：《风险社会与我国法律观念的变革》，吉林大学 2012 年博士学位论文。

［2］ 赵鹏：《风险规制的行政法问题——以突发事件预防为中心》，中国政法大学 2009 年博士学位论文。

［3］ 张宝：《环境监管的法理审视》，中南财经政法大学 2012 年博士学位论文。

［4］ 彭飞荣：《系统论视角下的风险与法律互动》，湖南大学 2011 年博士学位论文。

［5］ 崔金星：《碳监测法律制度研究》，西南政法大学 2014 年博士学位论文。

［6］ 黄凯：《环境与健康风险的法律规制研究》，中南财经政法大学 2014 年博士学位论文。

［7］ 姜晓川：《我国碳排放权初始分配制度研究——以分配方式为中心》，江西财经大学 2012 年博士学位论文。

［8］ 陈冠伶：《国际碳交易法律问题研究》，西南政法大学 2012 年博士学位论文。

［9］ 郦莉：《全球气候治理中的公私合作关系——以碳市场的构建为例》，外

交学院 2013 年博士学位论文。

[10] 荆克迪：《中国碳交易市场的机制设计与国际比较研究》，南开大学 2014 年博士学位论文。

[11] 刘航：《中国清洁发展机制与碳交易市场框架设计研究》，中国地质大学 2013 年博士学位论文。

[12] 刘娜：《中国建立碳交易市场的可行性研究及框架设计》，北京林业大学 2010 年博士学位论文。

[13] 凤振华：《碳市场复杂系统价格波动机制与风险管理研究》，中国科学技术大学 2012 年博士学位论文。

[14] 庄德栋：《欧盟碳市场相依结构和风险溢出效应对碳排放权价格波动影响研究》，华南理工大学 2014 年博士学位论文。

[15] 刘婧：《基于强度减排的我国碳交易市场机制研究》，复旦大学 2010 年博士学位论文。

[16] 代迪尔：《产业转移、环境规制与碳排放》，湖南大学 2013 年博士学位论文。

[17] 张剑波：《低碳经济法律制度研究》，重庆大学 2012 年博士学位论文。

[18] 杨海：《风险社会的哲学研究——对资本主义风险逻辑的批判》，中共中央党校 2014 年博士学位论文。

[19] 王磊：《环境风险的社会放大的心理机制研究——社会表征结构对风险感知和应对的影响》，吉林大学 2014 年博士学位论文。

[20] 谈珊：《我国环境影响评价制度有效性研究——基于哈贝马斯"有效性"的三维意蕴》，中南财经政法大学 2016 年博士学位论文。

[21] 付璐：《欧盟温室气体排放交易机制的立法研究》，武汉大学 2010 年博士学位论文。

[22] 皮里阳：《论我国第二代环境法的形成与发展》，武汉大学 2013 年博士学位论文。

后　记

　　恍然间，我博士毕业已越七载，但却始终没有离开校园。或许是教师身份的缘故，想去正式的固化那段探寻的思考，以献给读博期间为此付出或提供帮助的人，这使我萌生了将博士学位论文付梓出版的冲动。出版前，由于国家和地方碳市场立法有了一定的变化，我对博士论文中相关立法及分析进行了适当调整，从而使研究内容显得不那么陈旧，但虑及当初的研究议题及结论具有一定的前瞻性，即便在国家推行"双碳"目标、发展气候法学的当下依然不过时，甚至部分研究结论正契合时下国家有关政策要求，部分制度设想正处于地方试点阶段并有望纳入国家相关环境立法，碳排放环境风险法律规制议题越发受到学界关注并有成为一个显性研究议题之趋势，基此考虑，本书基本保留了原真的思考。

　　回顾整个过程，顿感读博是一场难得的人生修行，修身帮助我解决内心之困顿，修为指引我探索事物之本源，修身修为的过程渐渐使我内心充满了感恩、感激之情！

　　感谢我的导师吕忠梅教授。慕名报考进入师门后，老师给我指定了经济学、法学等学科的经典书目，要求我每两周到办公室汇报一次学习情况，并根据学习情况给予针对性的指导；2015年老师离开武汉去全国政协工作，日常公务繁忙，但是她从未放松对我的要求，时常通过邮件、电话、微信等方式对我进行指导。囿于天资和基础，老师在我的法学思维训练、多学科知识储备、研究方法掌握、文献阅读指导等方面倾注了大量心血，在论文选题、开题、撰写及其修改等过程中更是渗透着感人的付出，至今我还珍藏着老师在往返欧洲考察的飞机上详细批阅的论文初稿。忘不了微信群近乎每天的学术文献分享，忘不了一次次悉心的长时论文指导，忘不了一场场深入的学术交流盛宴，更忘不了为学先为人的谆谆教诲……老师宽广的胸襟、正直的为人、广博的学识、深邃的见解、严谨的治学，感染着我，影响着我，激励着我！

感谢环境法研究所的老师们和同窗们。高利红教授、余耀军教授、尤明青教授、张忠民教授、陈虹副教授等老师对我的论文选题确定、研究思路理清、研究方法选择、研究框架形成，以及论文修改提出了宝贵的意见和建议。读博期间，研究所的郭怡平、李云鹤、夏勇、谈珊、刘子龙、王圣祥、程芳、宁伟、周勇飞、李培培、杨可俊、李亮、刘佳、王海晶、张兵、徐玺、孙璞等师兄弟姐妹、同学给予了诸多学习、生活上的鼓励与帮助，让我感受到了环境法所大家庭的温暖！

感谢对我论文开题、答辩提供指导的评委们。杜群教授、高利红教授、樊启荣教授、戚建刚教授、雷兴虎教授和罗吉副教授就开题报告的完善提出了中肯的修改建议；樊启荣教授、高利红教授、杜群教授、黄德林教授、余耀军教授、尤明青教授、张忠民教授、陈虹副教授在预答辩或正式答辩中对进一步提升论文质量提供了宝贵的完善建议，向他们表示致敬！

感谢对我论文撰写提供帮助的学界师友。冷罗生教授、苏义渊教授、高铭志教授、王燕教授、蒋小翼教授、朱颖副教授和依拉木江博士等师友向我提供了宝贵的境内外（馆藏）文献资料；黄德林教授、柯坚教授、邱秋教授、陈亮研究员、刘超教授、张宝教授、刘佳奇教授、熊晓青教授、张敏纯教授、王丹教授、孙永平教授、胡中华教授、蓝楠副教授、王腾副教授、徐鹏副教授等师友给予了我诸多关心和鼓励，对他们的帮助一并致谢！

感谢我的家人。辞职读博期间，妻子始终支持并作出了巨大牺牲，主动放弃了出国读博士后的初衷，独自挑起养家、照顾孩子的重担，四年来如一日，任劳任怨，无怨无悔！特别感谢我的父母、姐姐，四年期间我们聚少离多，即使家庭出现变故，他们向来都是"报喜不报忧"，不想让我分心，独自承受了太多，把思念之情化作纯朴的叮嘱和鼓励，默默的支持我！还要感谢我的两个孩子，其山涧清泉般的笑声消解了我科研期间的烦恼，其对新奇事物的追问又激励着我在科研的道路上求真务实！

最后，感谢中国政法大学胡静教授的推荐，感谢中国政法大学出版社阎明旗副社长的大力支持，感谢出版社艾文婷老师、李美琦老师的认真、专业的编校，使得拙著得以顺利出版，并与出版社结下初见之缘！

2024 年 11 月 29 日于武汉